峨嵋武术史略

四川省武术协会　编著

人民体育出版社

图书在版编目(CIP)数据

峨眉武术史略 / 四川省武术协会编著. - 北京：人民体育出版社，2017

ISBN 978-7-5009-5016-5

Ⅰ. ①峨… Ⅱ. ①四… Ⅲ. ①武术-体育运动史-研究-中国 Ⅳ. ①G852.092

中国版本图书馆 CIP 数据核字（2016）第 174053 号

*

人民体育出版社出版发行
三河兴达印务有限公司印刷
新　华　书　店　经　销

*

850×1168　32 开本　11.5 印张　208 千字
2017 年 4 月第 1 版　　2017 年 4 月第 1 次印刷
印数：1—2,000 册

*

ISBN 978-7-5009-5016-5
定价：30.00 元

社址：北京市东城区体育馆路 8 号（天坛公园东门）
电话：67151482（发行部）　　邮编：100061
传真：67151483　　邮购：67118491
网址：www.sportspublish.com

《峨眉武术史略》编委会

顾　问：习云泰　邓昌立

主　编：任　刚

副主编：赵　斌　温佐惠　史敬建

编　委：肖家泽　吴信良　尤再清

李庆国　庞庭华　付尚勋

陈振勇　龚茂富　曾庆宗

李　威　刘思言　赵幼生

陈　琳　历　娜

序 一

峨眉武术是与少林、武当齐名的中华三大武术流派之一，属于我国非物质文化遗产。它是集道教、佛教的养生练功方法和医学治病强身原理，以踢、打、摔、拿、跌、击、劈、刺等动作，通过长期实践、总结而成的各种徒手或器械攻防格斗功夫、套路。其特点鲜明，具有地方拳术的特殊属性，其技击手法细密、指掌兼用、身灵步活、刚柔并济、内外兼修。

峨眉武术以四川省峨眉山为发祥地，历史悠久，源远流长。据史料记载，峨眉武术源于殷商，距今已有 3000 多年历史。峨眉派开山祖师司徒玄空，是有史记载的中华武术第一人。明末清初时期峨眉武术的发展达到鼎盛，到近现代也得以传承。为振兴峨眉武术，传承巴蜀文化，四川省于 2004 年成立了峨眉武术研究会，发展至今会员人数已达 2000 余人。与此同时，峨眉武术会员在欧洲、美洲也成立了多家峨眉武术馆，深受世界武术爱好者的欢迎；为全方位正规地培养峨眉武术人才，成都、乐山、峨眉、夹江等地纷纷建立武术学校；为扩大中华武术国内外影响力，四川省每两年举办一届“国际峨眉武术节”，从2007年至2015年已成功举办五届。

峨眉武术既是中华武术历史发展的见证，又是珍贵的、具有重要价值的武术文化资源。1983年，在国家体委的组织下，四川省体育运动委员会开始启动民间峨眉武术资料的整理挖掘工作，共涉及峨眉武术68个门派、2368种套路技击项目。期间走访了巴蜀境内所有60岁以上的峨眉派拳师，对他们的拳法套路、练功方法进行了录像和文字记录。编委会成员为更加翔实、更加完整地呈现峨眉武术的文化精髓，用历时两年多的时间将前期二十余年的大量资料查阅及现场考证进行了精心梳理，编写出我国正规出版的第一部叙述峨眉武术历史的文献《峨眉武术史略》。旨在通过记叙完整的峨眉武术发展历程和介绍大量图片资料以及峨眉武术历史人物，让读者近距离去感受峨眉武术独特的历史文化气息。不仅如此，《峨眉武术史略》还将拳法套路、练功方法和实战技巧进行了细致整理和准确描述，让读者对峨眉武术有了更详尽的了解，大大提高了该书的实用性。愿广大读者从中受益，愿峨眉武术承载的中华武术精神发扬广大。

中国武术九段　习云泰

《峨眉武术史略》书成

2016年6月18日

序 二

朗朗乾坤，堂堂武林。峨眉武术是我国非物质文化遗产的宝贵财富，是中华武术主要流派之一。集儒、释、道中华传统文化为一脉，巴蜀地域文化为一体，形成了峨眉武术独具的神思敏捷、形神兼备、身灵步活、拳脚生风、功法一体、攻守兼备、虚实并用、刚柔相济的武术风格。是中国武术历史上笑傲于江湖的武术旗帜，更是传承于当今，强身健体于人民的武林风景。

岁月无波，历史留痕。武术源远流长，在劳动生活中产生，在搏斗中提炼，随着社会的进步，不断弘扬和完善。峨眉武术发展至今已数千年，川内黄林、盘破、生门、青城等流派，传承清楚，拳、械、功、法精湛，文化内涵深厚，受众数十余万，是峨眉武术的主要组成之一。明末清初，两湖两广向四川大移民，将省外武术拳种带入巴蜀，极大地推动了峨眉武术的发展。抗战时期，南京国术馆的迁入，全国各优秀拳种在巴蜀大融合，使峨眉武术形成了百花齐放、百家争鸣的盛世时期。1988 年，《四川武术大全》的出版对峨眉武术有了大挖掘、大整理、大促进。

天地悠悠，日月春秋，盛衰有起伏，往来成古今。2010年，省武术运动管理中心、省武术协会完善了组织机构，提高了领导力，增强了活动力，建立了三十余个全省著名拳种的研究会，解决了各武术拳种的活动经费、武技传承、门派纷争等问题，促进了武林的大团结。2011年8月，峨眉武术首登央视擂台，展现了峨眉武者的精气神。四川武者历年在国际国内各大武术赛事中都取得了好成绩、好名声。四川省武术队和各武术馆校发展迅速，培养了大批的武术人才，峨眉武术文化传承与发展取得了丰硕的成果。

天行健，地势坤。惶惶华夏文明，烈烈凤凰涅槃。上善若水越千年，厚德载物承古今。开拓是古老的生命之路，创新是传承的武术之源。德是武之魂，术乃武之形。武林的希望是奋进。《峨眉武术史略》所传承的非物质文化遗产是传统文化的真善美，所展现的武术形神是有形的传统文化的精气神。俱往昔，丰功伟绩，看今朝，群英荟萃。崇文尚武，强我中华，壮我国民，助中华民族强盛是传承、发展峨眉武术的必然选择。

中国武术九段
国家级武术教练员 邓昌立

2016年6月18日

前 言

中华武术博大精深，历史悠久，拳种门派繁多。当前，峨眉武术作为中华武术重要的代表性流派之一，与少林、武当鼎足而立。峨眉武术远溯巴蜀先民，文献记载可考，技法特色鲜明，文化内蕴厚重，群众基础广泛。

虽然峨眉武术源远流长、高手辈出，但有关峨眉武术研究的专著仍相对较少，更缺乏系统深入的史籍性著作，此乃峨眉武术发展过程中的一大憾事。20 世纪 80 年代，在国家体委的组织领导下，四川地区进行了大量的民间武术挖掘整理工作，各门各派拳师争相献技、献宝，取得了可喜的成就。虽然最终没有形成专门针对峨眉武术的理论成果，但不可否认这次挖整对峨眉武术的发展具有积极的推动作用。进入 21 世纪后，峨眉武术被列为国家级非物质文化遗产，成为四川一大“品牌”资源。近几年来，尽管加大了对峨眉武术的保护、挖掘与传承力度，但各项研究工作尚处于起步阶段，理论研究分散，亟须对之进行全面系统的研究。为此，四川省武术协会自筹经费，成立专门的编委会，组织了一批精干优秀、专业知识丰厚的人员对峨眉武术开展研究，《峨眉武术史略》便是其中的成果之一。

从《峨眉武术史略》课题立项以来，龚茂富博士、曾庆宗先生率领科研团队查阅了大量的相关历史文献资料，做了较大规模的深入的田野调查，走访了众多峨眉武术代表性传承人，进行了扎实的卓有成效的工作。全书以时间为纵轴，以峨眉武术在各个历史时期的发展情况为横轴，对峨眉武术发展的历史脉络进行了较为详尽的梳理。全书分七章，围绕峨眉武术的萌芽、形成、成熟、发展、繁荣、技法特点与文化底蕴，以及峨眉武术轶事和近代以来峨眉武术较为杰出的代表性人物简介等方面而展开。为了更加全面地呈现峨眉武术，本书还对部分练功器材和峨眉武术发展的大事件加以简介作为附录置于文后，供读者查阅参考。

《峨眉武术史略》的出版对传承与发扬峨眉武术具有重要的价值和深远的意义。《峨眉武术史略》从峨眉武术的起源与萌芽开始，一直到当代峨眉武术的发展状况，系统地实录了峨眉武术的发展历程，完整地展现了峨眉武术的历史脉络和风采。《峨眉武术史略》一书开历史之先河，填补了峨眉武术无专门史籍的空白，书中的许多一手资料为后继研究奠定了坚实的理论基础，这对促进我国武术事业发展同样具有重要的价值与意义。

《峨眉武术史略》历经三年，八易其稿而终成，是集体智慧的结晶。因编者能力有限，故疏漏与不足在所难免，望广大读者不吝指正。

编写组

2016 年 1 月 18 日

目 录

第一章　峨眉武术的起源与萌芽

一、峨眉武术的产生

峨眉武术是指在巴蜀大地上孕育、生长，以及从外阜进入四川地区，吸收巴蜀传统文化思想而逐渐形成的风格独特、传承清晰，以技击为核心，同时兼及健身养生的诸多拳种的总称。峨眉武术在我国武术史上占有重要地位，其历史悠久，源远流长，博大精深。

任何历史文化现象的产生总是与当时的客观历史条件相联系，并有其产生和发展的过程。作为一种文化现象，峨眉武术亦不例外。当然，峨眉武术与其他武术，如少林武术、武当武术相比，在起源上有它的特殊性。峨眉武术不是某个开山祖师在短时间内所创建的，而是经历了一个较长的酝酿生长过程。具体来说，峨眉武术的孕育形成可以远溯上古，及至明清日臻成熟，流传至今。土生土长的四川本土武术与四川地区之外来武术的融合，共同构成了我们今天所看到的峨眉武术。可以说，巴蜀民族的生存需求、历朝历代的军事战争、原始宗教和巴蜀地域独有的历史大移民及南北武术文化大交融等客观历史条件促成了现今名噪中外的峨眉武术。

（一）生存需求与峨眉武术

峨眉武术的产生与巴蜀地域族群的生存需求紧密相关。远古时代，川西的蜀族与川东的巴族往往要面临着山高林密的生活环境，禽兽时常出没，民生艰苦。《韩非子·五蠹》中说，原始时代“人民少而禽兽众”，《淮南子·览冥训》记载，“往古之时，鸷鸟攫老弱，猛兽食颛民”，《山海经》中说，“封豨（野猪）脩蛇，皆为民害”。巴蜀先民在与猛兽斗争的残酷竞争中，本能地使用身体、石器、骨器、木棍等器械捕获猎物，在搏斗过程中逐渐孕育了技击降服技巧。

在远古时代，巴蜀各族人民在猎捕、防御禽兽的过程中，形成了防身自卫之术，掌握了搏杀技能，积累了“一拳一腿、一击一刺”的搏斗经验。这些最原始的搏斗技术为峨眉武术的诞生奠定了技术基础。

（二）军事战争与峨眉武术

如果说人与兽斗为峨眉武术积累了最原始的技击技术，那么军事战争则进一步直接地促进了峨眉武术的产生与发展。四川的巴蜀民族彪悍勇猛，自古好习武艺，常征讨四方或英勇御敌于当前。据《华阳国志·巴志》记载，殷末周初，巴蜀民族参与了伐纣之役，“周武王伐纣，实得巴蜀之师。著乎《尚书》。巴师勇锐，歌舞以凌殷人”[1]。

巴蜀民族中的“巴”异常勇猛强劲，在周王朝，列南方诸侯之首。荀子在《荀子·儒效》中说“巴”为“天下之显诸侯”。在春秋中后期，“巴”似乎是到了最为强盛的时期。兵峰所指，江北到达河南邓县，江南到达湖南沅、澧二水流域[2]。整个春秋战国时期，虽战乱频繁，但像“巴”一样基本由战争构成的历史实属罕见。1954年，巴县冬笋坝和昭化宝轮院发掘的战国后期巴族的墓葬，凡是男人墓中都出土了铜剑、铜钺、铜矛、铜戈、铜剑簇等武器，这从侧面反映出巴族是一个彪悍勇武的民族[3]。

“蜀”字在殷墟甲骨文和周原甲骨文中都有记载。蜀族为古氐羌族的一支，早期生活在岷江上游山谷之中。1957年，在新繁水观音发掘的殷商时代的蜀族墓葬，出土了大量的铜戈、铜簇、铜矛、铜斧、铜削等兵器[4]。1959年，在彭县竹瓦街发现了一处窖藏，其中的一个大陶缸中装了21件铜器，其中戈8件、戟1件、矛1件、

---

❶［晋］常璩. 华阳国志（校注）［M］. 刘琳，校注.成都：巴蜀书社，1984：24.

❷童恩正. 古代的巴蜀［M］. 重庆：重庆出版社，1998：29.

❸四川省博物馆. 四川船棺葬发掘报告［M］. 北京：文物出版社，1960.

❹四川省博物馆. 四川新繁水观音遗址试掘简报［J］. 考古，1959（3）.

钺2件、锛1件及其余铜器8件[1]。这反映了蜀国在远古时代与巴国一样骁勇善战。战争促进了戈、戟、矛、钺、刀、剑、弓弩等兵器锻造技术的发展，有些兵器还展现出了独特的巴蜀锻造技艺。

公元前316年，秦惠王挥师南下，先后吞并蜀国与巴国。虽自秦以后数千余年无大兵革，但在宋元战争中，四川地区再次染上战火，从1231—1280年的50年间，成都3次被占据。元末明初，巴蜀地区基本上在动乱中度过。元末农民大起义爆发后，红巾军首领明玉珍率军由楚入蜀，于1363年在重庆称帝，国号大夏。待其死后，其子明升10岁继位。诸将为争权夺利大动干戈。随后朱元璋派兵伐蜀，灭夏，1371年平定全川。明末清初，四川地区出现了罕见的连续80年的战乱。从明万历年间至明末，先后有土司杨应龙与奢崇明的大规模叛乱。于此同时，全川还爆发了轰轰烈烈的以“除五蠹”为中心的农民起义。明朝末年，李自成、张献忠农民起义军几次入川。张献忠在成都建立大西政权后，与明军及地方武装在全川进行了激烈的战争。随后，清军入川剿灭张献忠，继之又爆发了吴三桂反清战争。虽然吴三桂起兵云南，但一直打到汉中，四川再次被战火殃及。就这样，打打停停，四川地区的战火直到康熙二十年方才平息。

---

[1] 王家佑. 记四川彭县竹瓦街出土的青铜器［J］. 文物兵器，1961（11）.

“天下未乱蜀先乱”，冷兵器时代巴蜀地区的军事战争虽然常常使巴蜀民族生灵涂炭、民不聊生，但是无疑使人与人之间的徒手搏斗技能以及器械之间的拼杀等阵战武艺得到了积累与长足的发展。另外，军事战争也不断地催生着巴蜀人民的战斗意识与尚武精神。巴蜀先民在抗暴图存的军事战争中所形成的“巴渝武舞”这一演练形式，实质上就是峨眉武术的套路雏形，这些都为峨眉武术的创生与发展打下了坚实的基础，同时它也是峨眉武术发展的萌芽。

（三）原始宗教与峨眉武术

巫文化是中华文化发源的根基之一。自古以来，巴蜀地区巫觋信仰盛行。从三星堆祭祀坑与金沙遗址出土的大量文物来看，蜀地古时鬼神巫风信仰就比较流行普遍。据《华阳国志》记载，賨人（属巴人的一支）“种党劲勇，俗好鬼巫”。《后汉书·南蛮西南夷列传》也记载，巴郡南郡蛮“未有君长，俱事鬼神”。浓厚的巫觋之风，说明巴蜀民族有着强烈的原始宗教信仰。

巴蜀地区的这种巫觋原始宗教信仰对峨眉武术的生成应产生过重要的影响。武术套路的最初形态与“模仿巫术”有关[1]。模仿巫术与武术在目标上几乎是一致的，

[1] 程大力．中国武术——历史与文化［M］．成都：四川大学出版社，1995：219.

那就是将对手、敌人置于死地。著名人类学家马林诺夫斯基认为，原始人将一个有尖的骨或棍，箭头或某种动物的脊骨，用模仿的仪式向所要加害的人的方向刺去、投去或指着，便算要把那个人弄死[1]。古巴蜀民族在操作模仿巫术的过程中，模拟地向敌人击刺、劈砍、摔打等动作，直接影响了峨眉武术套路的形成。巫、武、舞在古时巴蜀人们那里是合而为一的，这一点在“巴渝舞”中体现得较为明显。著名的巴渝舞，就是在巴蜀之师伐纣交战前所跳的具有模仿巫术色彩的武舞。可以说，峨眉武术的雏形在巴蜀人的巫术活动中就存在了。

不过，巫术对峨眉巫术的影响并不局限于峨眉武术套路技术的形成，它对峨眉武术内功的发展也产生了重要的影响。内功是峨眉武术功法的重要组成部分，修习内功主要是“内练一口气”从而达到内壮的目的。如“峨眉十二庄”、岳门的“嗨字功”、僧门的“达摩易筋经”、绿林武术的“六合内功”等功法。此外，在峨眉武术众多门派的内功中，有大量的“易筋经”内容。易筋经为道教导引行气的养生内功。这些峨眉武术的内练功法与古代巴蜀导引术有着深切的渊源关系。郝勤认为，张道陵的行气术在结合巴蜀巫术的基础上，同时受到了南方魏伯阳《周易参同契》周天功和北方《太平经》内

[1] 马林诺夫斯基. 巫术科学宗教与神话［M］. 北京：中国民间出版社，1984：35.

视反观法的影响[1]。受巫术影响，同时吸收其他思想，张道陵在巴蜀确立的导引养生术，对于四川道教以及峨眉武术的内功养生具有积极的影响。

此外，巫术作为原始宗教对峨眉武术内功形成的影响可以远溯彭祖。彭祖为蜀人，善导引行气之术。《华阳国志·序志》说："彭祖本生蜀，为殷太史。"《庄子·刻意》载："此导引之术，养形之人，彭祖寿考者之所好也。"彭祖除了是殷太史，还是当时著名的巫师。《山海经》记载："开明东有巫彭、巫抵、巫阳、巫履、巫凡、巫相面对窫窳之尸，皆操不死药拒之。"这里的巫彭即为籛铿彭祖[2]。不仅如此，相传彭祖曾为帝尧之医，亦精通医术。彭祖导引行气之术对于巴蜀导引养生的发展和后来峨眉武术内功的修炼有着深远的影响。峨眉武术中有很多拳种的内功修炼都是通过外部形体动作和呼吸调整来增强内在的功夫。在巫觋原始宗教文化中，峨眉武术逐渐萌发成长，并一同参与构成了巴蜀巫、舞、武综合一体的原始文化。

（四）历史移民与峨眉武术

自古以来，巴蜀地区移民频繁。从古巴蜀先民到秦

---

❶郝勤. 古代巴蜀养生考［J］. 四川体育史料，1985（4）.

❷杨炳昆. 彭祖即巫彭［J］. 社会科学研究，1991（6）：87.

汉大移民再到“湖广填四川”，以及其间三国时期蜀汉政权的建立，巴蜀地区经历了一个个民族融合、文化交融的移民过程。无疑，这一复杂的融合过程造就了我们今天所看到的繁荣的巴蜀文化。在历史发展进程中，峨眉武术在外来文化与移民等诸多因素影响下，逐渐形成了拳种繁多、颇具特色的较为完备的技术体系。

公元前 316 年，秦惠文王灭蜀后为了稳固自己的统治，先后杀害了三位蜀侯，“移秦民万家以实之”（《华阳国志·蜀志》），并直接派郡守治理[1]。项羽本纪称，“秦之迁人皆居蜀”。这一历史大移民对四川地区的影响非常之大，甚至改变了巴蜀的风俗，《华阳国志》说，“原其由来，染秦化故”。

巴蜀之地偏居西南一隅，但自然条件得天独厚，尤其是在秦蜀郡太守李冰及其子率众在公元前 256 年左右修建都江堰之后，川西平原更是水旱从人，不知饥馑，农业富足，享有“天府之国”美誉。因此，在西汉初年关中地区发生大饥荒之后，刘邦“令民就食蜀汉”[2]。饥荒之年，秦汉统治者对人口的迁移奉行自由政策，《汉书》记载说，“其议民欲徙宽大地者，听之”[3]。可以推断在灾荒之年，必定有大量流民进入巴蜀富硕之地。据

---

[1]葛剑雄. 中国移民史（第二卷）［M］.福州：福建人民出版社，1997：26.
[2]班固. 汉书［M］. 北京：中华书局，1962.
[3]班固. 汉书［M］. 北京：中华书局，1962.

《后汉书》和《三国志》等典籍记载，东汉时期刘焉、刘备率领两大军团进入巴蜀，并久居其地。东汉末年，江夏人刘焉初为益州牧时，“南阳、三辅民数万户流入益州，焉悉收以为众，名曰‘东州兵’”❶（东汉时期，巴蜀地区属益州，三国时期改为蜀）。建安十二年（207年），刘备在赤壁之战中击败曹操之后，占据荆州，后率兵入蜀，建立蜀汉政权❷。随刘备等人入蜀的官兵以及民众不在少数。秦汉时期除了大量汉人移民进入巴蜀地区之外，还有两个较大势力的少数民族进入蜀地，即居住在云贵地区的叟和僚❸。

唐宋时期，巴蜀地区经历了进一步的民族融合。元末明初时巴蜀地区遭蒙古、流寇等的拉锯战造成人口锐减，明末清初时又被清军、张献忠流民军在四川的争夺战造成多次大屠杀，以及吴三桂发动的三藩之乱所导致四川人口的剧减。因此，元朝末年到明代洪武年间和清代顺治到乾隆年间，在政府主导下，发生了两次规模较大的“湖广”省（今湖北与湖南全境、广东等省）居民作为开垦团移居到巴蜀各地的移民潮，史称“湖广填四川”。“湖广填四川”移民运动为巴蜀地区带来了大量的

---

❶范晔. 后汉书［M］. 北京：中华书局，1956.

❷陈寿. 三国志［M］. 北京：中华书局，1959.

❸蒙默，刘琳，唐光沛，等. 四川古代史稿［M］. 成都：四川人民出版社，1988：150–154.

外来人口。据统计，“1661 年，四川人丁数只有 16096 人（人数 51923），仅占全国人口比重的 0.08%，可谓有土无人”[1]。而经过大量的移民后，到“1851 年达到 44752000 人，跃居全国第一”[2]。

巴蜀地区的历史大移民为巴蜀地区带来了源源不断的新的文化元素，在不同民族文化的碰撞交流过程中，巴蜀文化得以不断地更新繁荣。同时，也促进了不同“文化层”的重叠，最终形成了具有独立体系的巴蜀文化圈[3]。正是在这一文化环境中，峨眉武术逐渐走向成熟。20 世纪 80 年代武术挖掘整理工作后，四川出版了《四川武术大全》一书。据书中记载，当时挖整出的拳派多数源起于明清时期，其中清朝时期的占据近 80%之多。许多拳派，如僧门、赵门、会门、字门、绿林派等皆有外来人士传拳的传说。一方面是因为整个中国武术的成熟期为明清时期，另一方面它与明清时期大量的移民涌入四川有很大的关系。移民带来的武术在巴蜀文化氛围中，逐渐发生变迁进而嵌入了峨眉武术体系之中，在进一步丰富峨眉武术的同时，也使峨眉武术的结构更加完备与成熟。

---

❶江立华，孙洪涛．中国流民史古代卷［M］．合肥：安徽人民出版社，2001：153.

❷梁方仲．中国历代户口田地田赋统计［M］．见：路遇，腾泽之.中国人口通史［M］．济南：山东人民出版社，2000：851.

❸陈振勇，巴蜀武术文化探骊［D］．上海：上海体育学院，2006.

二、历史文本中的峨眉武术

表述是人类社会的普遍存在。在某种意义上，只有被表述的才是存在的，才是有意义的。峨眉武术的起源有其自然、社会等历史根源，同时也有着重要的历史文本表述。我们探讨峨眉武术必须参考先前存在的关于峨眉武术本身的客观记载，正是这些记载告诉我们什么是峨眉武术，或者说峨眉武术是什么、峨眉武术的起点在哪里等问题。关于峨眉武术的历史文本表述涉及以下几个层面：第一，峨眉武术是如何被记载的，或被记载了什么。第二，历史上的峨眉武术的技术特色主要是什么，典型器械、拳法是什么。第三，是谁关注了峨眉武术并进行了记载。

虽然，关于峨眉武术的历史文本经常被引用，但尚未进行集中的整理汇编过，此次编写关于峨眉武术的文本，我们尝试按历史时间顺序摘录以往关于峨眉武术的经典历史表述，在回应上述三个层面的同时，重在寻求峨眉武术的历史文本起源。

关于峨眉武术源起的其他表述，如传说、神话、故事等早已有之且流传甚广，这些表述将峨眉武术上溯至春秋战国时期的白猿祖师司徒玄空。对此大肆批判的学者不在少数。正是因为无从考证才使这些口头表述成为众矢之的。不过，表述也是一种文化的存在。从现有资料来看，关于峨眉武术的正史文本表述应从明代开始。明代郑若曾、唐顺之、吴殳等人在相关著作中，对峨眉武术给予了高度的评价，并对峨眉武术中的枪法、拳法等进行了总结。

（一）《江南经略》所表述的峨眉武术

《江南经略》为明人郑若曾所作。郑若曾（1503—1570年），为明朝苏州府昆山县人，字伯鲁，号开阳，是明清之际著名的军事家、战略家。明嘉靖中期（1550年前后），郑若曾因学识渊博，精研兵事，被时任剿倭总指挥的胡宗宪招入麾下效命，辅佐平倭事宜。在久经沙场后，郑若曾积累了丰富的战场争斗经验，书写了许多有关御倭方面的军事著作。其中8卷本的《江南经略》对兵务、江南内外形势，江南各地的山川、兵马、要害，战守事宜，战具、战备，积储与苏松之赋粮等进行了详细的论述。郑若曾在对这些信息进行表述的同时，明确提到了峨眉武术中的枪法。

使枪之家凡十有七：曰杨家三十六路花枪（其分出者曰大闪干，曰小闪干，曰大六合，曰小六合，曰穿心六合，曰推红六合，曰埋伏六合，曰边栏六合，曰大封臂，曰小封臂）；曰马家枪（上十八盘，中十八盘，下十八盘）；曰金家枪；曰张飞神枪；曰五显神枪（花枪七十二势)；曰拐突枪；曰拐刃枪；曰锥枪；曰梭枪；曰槌枪；曰大宁笔枪；曰拒马枪；曰捣马突枪；曰峨眉枪；曰沙家十八下倒手杆子；曰紫金镖；曰地舌枪。

《江南经略》初刻于明隆庆二年（1568年），明万历四十二年（1614年）隆庆本重刻，清康熙年间郑若曾子孙郑起泓、郑定远又行刻印，乾隆时收入《四库全书》。据郑若曾的统计，峨眉枪已经名列明代十七家枪法之中。这应该是类似于“峨眉派”或“峨眉武术”的最早亮相[1]。

（二）《手臂录》所表述的峨眉武术

虽然，峨眉枪被兵家所推崇表述，不过其真正声名鹊起还是要归因于明清之际吴殳在《手臂录》附卷中刊出程真如的《峨嵋枪法》。

吴殳（1611—1695年），江苏太仓人，因早年入赘到昆山，遂占籍昆山。吴殳又名吴乔，字修龄，博学高才，为明清之际文通武备的峨眉武术代表性传承人，尤精枪法。他是明朝灭亡后坚守志节的遗民，与顺治、康熙年间的文坛人物多有交往，经历和学术活动都十分复杂。明末清初之际，战乱频仍、国势危重，南北文人中曾出现一股研讨兵学和崇尚武艺的风气，风化所摩，学

---

[1] 郑若曾.《江南经略》，见《四库全书》文渊阁本“子部·兵家类”。

者比肩，徜徉其中的南北学者不一而足。不过，吴殳用功深厚，成就甚高。他数十年潜心其中，贯通古今，融会南北，成功地融合了文学、史学和武学，创造出独具一格的学术模式，是明清之际文武兼修学风中最突出的代表之一。吴殳有多种武学著作留传下来，直到现在仍然闪烁着光辉。其中非常著名的《手臂录》就记载了程真如表述的《峨嵋枪法》：

“昔蚩尤悖叛，而涿鹿兴师攻击之用始备，自此而代有征伐。如干将、莫邪、风胡、雪烛、浦元之涛，皆极其尽巧。神铸鬼熔，兵家器用，未易仆数也。乃谭艺者。必以枪为首，称其为诸兵器之门户也。若沙家杆子、马家六合，进退奇伏，跳荡盘旋，亦有能事。但开张漫衍，非夷原旷隰，未易设施，若遇险阻，即窘束矣。而短枪则地之大小险夷，无往不利，洵绝技也。承平既久，武备日弛，世鲜其传。西蜀峨嵋山普恩禅师，祖家白眉，遇异人授以枪法，立机空室，练习二载，一旦悟彻，遂造神化，遍游四方，莫与并驾。嘱余客游蜀中，造席晤言，师每首肯，问及武事，则笑而不答。余揣其意在求人也，因与荆江行者月空，礼师请教，师命余二人樵采山中，经历二载。师笑曰：‘二人良苦，庶可进乎。我有枪法一十八扎，十二倒手，攻守兼施，破诸武艺，汝砍采久而得心应手，不知身法臂法，已寓于是。’遂教余二人动静进止之机，疾迟攻守之妙。久之，余南还，又造沙家枪、马家兼棍枪，则意味疏浅，校之余师之法，相去远矣。不忘所自，命之曰峨嵋枪法。苟非其人，千金勿示，其珍之哉。海阳弟子程真如撰。”❶

吴殳在《手臂录》中除了收录了程真如所撰的《峨嵋枪法》之外，还对峨眉枪法的技法进行了总结与归纳，并对程真如的峨眉枪法进行了评论，为《峨嵋枪法》一文写了序言。按照在《手臂录》中出现的先后顺序，摘录如下：

治心篇

用技易，治心难。手足运用，莫不由心。心火不炽，四大自静。泰山崩于前而色不变，麋鹿起与左而目不瞬，能治心者也。法曰：“他行任他行，他搭由他搭，惹动真主人，龙动如摧拉。”

治身篇

持龙之道，身心为本。身法不正，则心无主而手失措，持龙不固，进退无节，机局荒唐也。故曰：“心动神离壳，神疲气必虚。”

沧尘子曰：“练习之工，积如邱山，则心不治而自治，不然，起心治心，只益其乱而已。”此真如言外之意，读者不可不神会也。

❶（吴殳.《手臂录》），马力. 中国古典武学秘籍录　[M]. 上卷. 北京：人民体育出版社，2006：285-286.

宜静篇

持龙贵静，静岂易言。必身心皆治，而后能静。故持龙如峙岳，如止水，淆之不浊，触之不摇，机深节短，使人莫测。龙静不可太凝，凝则势久，势久则心怠思沉而龙惫矣。故曰："金龙不贵鱼龙贵，野鹤无粮天地宽。"

宜动篇

动者为行龙，阳也。其性刚，其德暴。持龙者，当知其暴，制其刚（流和二法是也）。如行云流水，电射风飘，恍惚变幻，乍潜乍现，或有或无。与神消息求之，莫得其端，视之不见其迹，乃行龙法也。然动亦不可太过，太过则劳能，胜人者鲜矣。故曰："呼吸如经，其精愈固，来回有节，其妙无穷。"法曰："始如处女，后如脱兔。"

相暴制刚，即敬岩所谓脱化也。不脱化，游场多败，胜亦牛斗耳。

攻守篇

攻者捣其虚，守者备我瑕也。攻则一十八扎，随机而运，虚可实，可遇众龙，则鸳鸯更妙。守则十二倒手，劈可盖，可遇众龙，则缠扑为佳（即石之缠拿、缠拦）。不攻之攻，降枪倒手是也。不守之守，鸳鸯扎法是也。攻为阳，守为阴；降枪倒手，阴中之阳；鸳鸯扎法，阳中之阴，和枪倒手，龙不两着。息力养神，无如此善。回龙扎法，手中最利，谓之截龙。带打扎法，攻击莫当，是曰："狠手，攻守之法。"该括于斯，故曰："有开无扎，岂得伤人；有扎无开，焉能守己。"法曰："善攻者，攻人之所不守。善守者，守人之所不攻。"

审势篇

两龙相当，先审其强弱虚实，施之以强，以观其弱。施之以弱，以观其强。施之以速，以观其迟。施之以迟，以观其速。施之以守，以观其攻。施之以攻，以观其守。法曰："审敌之虚实而趋其危。"

形势篇

龙未形时，先须得地。我取高而与彼以下，我取夷而与彼以险，我取晦而与彼以明，我取阴而与彼以阳，我取长而与彼以短，我取劲而与彼以柔。取高则彼不能侵突，我得乘势而临之，取平则彼不能驰骋，我得挪移而进之。取晦则彼不见我形，因而扰之。取阴则彼为日所炫，因而欺之。取长取劲，则彼不能攻，我因而困之。先发制人，莫若虚扎带打二法，与卷枪击枪二倒手四法互出，人无所措手足矣。

戒谨篇

泞地还宜避，侵晨莫向东。灯前不举手，月下勿持龙。最恶时多酒，偏嫌腹已空。好胜休交妒，当取莫教松。此言游场临敌不论，当取莫当松，旨在言乎。是谓八戒，不知者不与言，不仁者不与传。谈元授道："贵乎择人。"

倒手篇

有劈枪倒手，有缠枪倒手，有流枪倒手，有和枪倒手，有击枪倒手，有盖枪倒手，有提枪倒手，有扑枪倒手，有钩枪倒手，有封枪倒手，有挑枪倒手，有卷枪倒手。劈贵坐膝，枪头起不过五寸，直劈而下，后手一出，以击其手。缠者，先虚搭，彼转下，我从上转右而下。彼又从左转上，我又从下转左而拿之也。流者，龙来或左或右，我身稍退，随其左右而劈之，待龙老直捣其主人。和者，挤挨扯托也（即后所谓先轻开业）。击者，左右击之，即继以缠入死龙之法也。盖者，进步斜压其枪也，彼动即戳。提者，革低来枪者也（枪根忌高，惟提枪根高）。扑者，似卷而打也。钩即拦也，其紧密者，肘贴胁下。封即拿也。挑者，彼盖我枪，我伺其起，枪稍松，即挑起扎之也。卷者，开步蹲坐而拿，直至彼前手取胜也。此十二倒手开枪之法也。

扎法篇

有单杀手，有左右串扎，有左右圈扎（即石之叠穿），有穿帘扎，（即颠提），有带打扎，有投壶扎（石名穿），有实扎，有回龙扎（石名就），有戳枪扎（即石之木鸡），有无中生有扎，有迎枪扎，有虚扎（石名圈手），有月牙枪，有子午枪，有螣蛇枪，有鸳鸯枪，有降枪。单杀手者，进步尽手扎之，伤人虽猛，自亦有空，不可轻用。惟恃腾跳（石名偷枪），先以带打则无虞矣。串即流俗通行者，粗法也。而峨嵋用之别有神解。圈者，串而串也。穿帘者（即颠提），破叉镗，投壶破地蛇之扎也。实扎不下招架，开前足，扎后手。回龙扎者（敬岩名就）。彼来枪，我随枪稍退。彼收枪，我乘虚而入。戳者，轻用挤挨手法，开之即扎也。无中生有者，于彼缠枪中退出，而用回龙枪也。迎者，两来枪而我中彼开也。虚扎者，串之无影者也。月牙者，串而子午也。子午者，单杀手之神妙者也。螣蛇者，涤环之扎也。坐膝进步，龙头稍高，左右连扎，妙在手法以制其动，然勿多游以衰我气。降枪者，龙来我斜压之，不令得起。彼挑起即捣其主人，彼不挑待龙老即进。此十八扎者，攻人之法也。

破诸器篇

枪破诸器，用各有宜。带打穿帘，左右插花，破插镗也。勾扑，破鞭剑也。长竹虽利，提击可降。双刀虽奇，带打必落。三停偃月，虚串用而亡精。神棍一根，降枪举而束手。虚迎兼用挫戟锋芒，插花互施，入牌门户，破艺要诀，悉吐于斯。带打可以破提刀势，而不能破风雷滚转。

身手法篇

身法乃艺之门户，进退盘旋，皆由身法。身法既正，则十二倒手、十八扎法，无不应心矣。手法，凡开枪后，手低则坚实，头起不过五寸，惟提后手则高。卷枪之法，前卷后出无不伤人。缠提盖拿，观彼来龙，为左为右，进步即胜。勾扑和封，尽在两手。实扎移身而进，鸳鸯开法行移坐膝，须身法躲闪，乃生死之门。子午、月牙两手微细功夫，单杀手左右插花，全赖腾跳进出。连扎带打，劈枪皆为狠手。

总要篇

（翁慧生补作，洞庭山东人）

持龙之法，贵乎坐膝。身心手足，相应为佳。凡扎之求中而中者，未尽善也。尽善者，不求中而中。不求中而中，人之所不及防，神妙莫测。求中而中，以巧取人，为彼识破，则反受伤矣。凡倒手，身心手足之运用，不离五尺，坐膝如鸳鸯缠和流降是也。身心相契，手足相孚。动则必当，来急勿忙，安闲久熟，自然中节。凡欲开人，先须守己，胜乃可全。若欲先发取胜，虽半胜也。凡开枪先轻拿近彼手乃重，起手重则无救应。轻重疾徐，贵相当也。龙来宜轻开者，恐彼阴阳互变，流而未定，我用重力，则顾右失左，顾左失右矣。故以轻开降住，使不得左右变幻。龙老则为我有矣，当取勿令松，谓不可放过也。若先发扎人，宜临犯其穴，必须留性，以防其挨龙直下，深宜戒之。凡应酬须知虚实，先为运补，得宜为妙。譬如彼龙虚来，我但用轻开之法，彼必与我空处尽力实来，待临主人二寸许，然后身心手足俱到，用缠降之类斜挨来龙，直犯其主人，无不败矣。诸扎法倒手，无一不善，攻守并得，超群绝伦之学也。

真如之没，后于敬岩十年，时游吴门，竟不一见，抱恨何极。此书其手授翁慧生、朱熊占者也。壬寅冬初，熊占以惠余，字字珠玉，如见其人，可宝也。沧尘子吴殳敬志。

评程真如峨嵋枪法

余汇集诸家之枪，遂得五百余法，以皆棍杂枪故。至如枪、棍本二器，岂可等视逐末，法愈多而枪意愈失。二家之法，遍行海内，知枪棍之辨者谁乎？余所师者，石敬岩也。其于习练，门路最正，工力最深，手臂最熟。晚年棍棒刀牌，入手皆化枪法，故于枪棍之界，不甚留心。余自于五百法深思久用，乃得其辨，而徽州程真如所著峨嵋枪法，惟有革法十二，扎法十八。不言立势，不言步法，卓哉。绝识家之正法眼藏也。然敬岩淄川之法，有以制百法者也。三十法中无之，彼岂不知，盖不轻泄于楮墨耳。其他行著，亦不可废。故余书合收百法，左右敬岩、真如博约之间。

峨嵋枪法原序

余髫年即好武事。崇祯癸酉，受马家枪法于常熟石敬岩二年。敬岩弃世，得其六七，后又得沙、杨二家法。复讯诸徽人，读《少林棍法阐宗》《耕余剩技》二书，识破程冲斗之技。十年之中，役心甚苦，致力甚劳，又甚自乐也。革代之后，心如死灰，笔墨俱已废阁，况枪法乎？辛丑冬，以呼德下相勉，作敬岩枪法记一篇，叙述大略，非独心所不存，兼以岁月良久，多所忘失也。壬寅，鹿城盛辛五延余为子师，其友吴门朱熊占，弓马精绝，而枪法得之程真如，真如亲授之峨嵋老僧。余与谈论，意气投合，因追数敬岩之法，以询质异同，而向所忘失者，顿还旧观，焕若神明焉。既追得之，不忍复弃，因作枪法元神空中鸟迹图及说一篇，枪法圆机说二篇，以发明敬岩、真如之正论。距辟冲斗之邪说一篇，以明马、沙、杨立法之本。作三家用法说一篇，以别其门庭之高下。作杨家枪说一篇，以正其源流。作竿子用法说一篇，以明沙之大异于马者。作枪根说二篇，以发明马家之根本。作闪赚颠提说一篇，以明大小之用。作脱化说一篇，以明终始之理。作短降长说一篇，以明不得已之故。作临阵兵枪说一篇，以不没冲斗之长。作古论注一篇，以为敬岩、真如之证据。作二十四式解及说各一篇，以详明破法。作子势图，以神二十四势之用。作戳法一篇，凡二十有一法。作革法一篇，凡十有六法。作步法一篇，凡十有七法。作行著一篇，凡一百有二法，行著者枪家口语，游场所用，以望尘知故，出奇制胜者也，共百五十六法。马、沙、杨三家之法皆备矣。作枪法微言一篇，后之有志于枪者，能戳革下十年苦工，四体不言而喻，得余此言，神而明之，上也。工力深久，不得余法者也，次也。手足生疏，得余此书，仅以助舌锋，眩无识者，斯为下矣。非吾徒也。夫将之击刺，犹儒者之文诗，不可不能。若过于求精，则为玩物丧志。而余入其元中，不能自已，然后知读书不求甚解之难能也。又尝考之，真如亲得于峨嵋，敬岩之师为刘德长，不言德长所自出。然敬岩常云：德初本少林僧，枪未造极，复遍游天下，而后特绝。夫曰遍游天下，安知不得之峨嵋乎？不然，何其如水入水也。夫技艺之学，必累代专门，然后推为正法眼藏。若一人独擅，后无传人，则名著而随泯。今石电之名，东吴父老犹能道之，而知德长者绝少。百年之外，后生闻见愈疏微矣。惟峨嵋师弟相传，历世不替，有志裹粮，即可亲炙，况冲斗邪说遍于海内，不标峨嵋为宗极，人亦何繇知邪正哉。是以余枪本得之敬岩，而辄名之曰峨嵋枪法。非独以其吻合，亦欲见此书者，知有峨嵋，则不锢于冲斗也。刘、石二公，九原有作，必快然于余言。壬寅中秋，娄上吴殳修龄父撰❶。

（三）汉画像石中记录的峨眉武术雏形

历史总是以不同的形式被书写表述。作为汉代历史的重要表述形式，汉画像石记载了当时的神话传说、典章制度、民风民俗等多样化的重要内容。李冰父子兴修水利之后，四川地域水旱从人，人们生活相对安定富足，这为文化艺术的发展奠定了基础，因此四川境内的画像石、棺、砖不仅数量多，而且精美绝伦。在四川境内出土的大量汉画像石，折射出了当时处于萌芽状态的峨眉

---

❶（吴殳.《手臂录》）马力. 中国古典武学秘籍录 ［M］. 上卷. 北京：人民体育出版社，2006：286-300.

武术形态。从四川出土的现有汉画像石、棺、砖来看，射鸟、百戏、弋射、剑舞、钺舞等与峨眉武术有一定的联系，是当时峨眉武术的反映。

图 1–1　新津崖墓石函射鸟[1]

图 1–2　纳溪崖墓石函百戏

[1] 图 1–1、图 1–2、图 1–4、图 1–6 引自中国画像石全集编辑委员会编，中国画像石全集（第 7 卷）·四川汉画像石，济南：山东美术出版社，2000.

图 1–3　弋射收获[1]
（成都市郊出土，
成都市博物馆藏）

图 1–4　讲武习射
（四川省博物馆藏）

图 1–5　宴观舞剑
（1956 年于彭县太平乡
出土，四川省博物馆藏）

[1] 图 1–3、图 1–5 引自高文，四川汉代画像砖，上海人民美术出版社，1987.

图 1–6　手执长矛奔袭（1955 年德阳县出土，四川省博物馆藏）

图 1–7　舞钺[1]（成都出土汉画像砖）

[1]陈振勇，巴蜀武术文化探骊［D］. 上海：上海体育学院，2006：53.

汉画像石所表述的峨眉武术活动中的兵器有弓箭、剑、长矛、钺 4 种，其中长兵器与短兵器各 2 种。图 1–1、图 1–3、图 1–4 反映了汉代社会四川地区弓箭习射的社会活动。其中，图 1–3 为弋射。弋射在古代为以绳索系矢而射。《论语·述而篇》记载，“弋不射宿”——涉猎的主要目标为天空的飞鸟。弋射所发射的是“矰”，为一种短矢。“矰者，缴系短矢谓之矰”（周礼，马融注）。班固在《西都赋》中也曾记载，“矰，矢也。郑瓦曰，结缴于矢谓之矰。矰高也”。“缴射矢长约八寸”，据《说文》记载，缴为一种生的丝缕。这幅拓片中射者所用的短矢就是矰。矰后系着缴，缴的另一端还连在可以滑动的磻上。图 1–4 为讲武习射。拓片图所示共有两人，其中左侧一人身后背负有数枝箭，右手持弓箭侧面站立，右侧另一人手持弓箭正面站立似在听其教诲示范。从两人所穿衣物来看，并非武士，更像文士的“礼射”。文人习射可以远溯西周，射为西周“六艺”之一。《周礼保氏》载：“保氏，养国子以道，乃教之以六艺……三曰五射。”

图 1–2、图 1–5 中展示出当时的剑舞所用器械有两种形制，一种为短剑，一种则为长剑。这一活动鲜明地呈现出娱乐活动的痕迹。图 1–7 的舞钺与之相似，带有娱乐性质。由此可见，汉代的长短兵器已经不只局限于在战场上作为拼杀的武器使用，它们也是娱乐社交场合的用具。据考证，钺在商代晚期就已逐渐退出战争的舞

台。周纬认为：“就作战方面论之，周武士之用斧，已不如商人之盛，迨至双锋剑出，与刀并用，用斧之风益衰。是以周代斧钺，多为工具，或用作仪仗及斩杀有罪之器，所谓斧钺之诛是也。”[1]由此可见，钺在汉代军事实战中的价值就已经微乎其微，仪仗功能应为其主要功用之一。

汉代画像石、砖等文本所记录的四川地区的演舞活动在整个汉代武艺中较为常见，这与秦后大一统的制度有很大关系。不过，这些画像石、砖等向我们展示了当时四川地区武艺活动对峨眉武术的形成的影响，这对于后期峨眉武术走向成熟具有重要的作用。

不难看出，峨眉武术的缘起异常复杂。它与巴蜀人们的生存需求、军事战争、原始宗教等密切相关。在秦、汉、唐、元、明、清等特殊历史时期，历史移民为峨眉武术的形成与发展注入了新的活力。汉画像石更是以直观可感的方式记载了峨眉武术在不同历史时期的萌芽状态。从上古以降的发展与积淀为峨眉武术的形成与发展奠定了坚实的基础，并为峨眉武术在明清之际走向成熟提供了可能。

---

[1]周纬. 中国兵器史稿［M］. 北京：三联书店，1957：104–106.

第二章　峨眉武术的形成与成熟

中国武术成熟于明清时期，峨眉武术概莫能外，也大抵如此。明代以前，在历史文献中峨眉武术的概念并没有被提出，或者没有被普遍接受。同时，遗留下来的关于峨眉武术的相关文献记载也相对较少。进入明清时期，峨眉武术逐渐走向成熟，首次被历史文献资料记载，出现了具有代表性的技艺与传承人，也有了较为清晰的传承脉络。当时，峨眉武术的影响在其他武术之上，誉满天下。峨眉武术在明清时期的形成与成熟，既得益于自身历史的沉淀与累积，同时也是不断与外来拳种交互融合的结果。

现在来看，峨眉武术体系主要由两部分构成：一部分是，大量的于明清时期传入的外来拳种（这些拳种在当时尚不能称之为峨眉武术，但是经过融合发展后已经成为峨眉武术的有机组成部分）；另一部分是，土生土长的本土武艺。

一、本土性峨眉武术拳种在明清的发展与传承

从起源上看，峨眉枪、峨眉拳、峨眉十二庄、黄林派、盘破门、化门、自门、杜门、子午门、任家教、雅安余家拳、通臂拳（其中一支为本土所传）等拳种，都是四川地区的本土武艺。鉴于篇幅等因素限制，本文无法全部收录，特选取其中影响较大、流传较广、特色较为鲜明的拳种撰写如下。

（一）峨眉枪

上文提到，初刻于明隆庆二年（1568 年）的《江南经略》首次提到了“峨眉枪”，郑若曾将其名列当时著名十七家枪术武艺之列。当时，枪作为长兵器在军队中属于常规配备武器，郑若曾在海防中积累了大量的战斗经验，他能够将峨眉枪与其他十六家枪术一道收入其代表作《江南经略》中，可见峨眉武术在当时的影响已经十分显著。随后，吴殳在《手臂录》中收录了程真如所撰的《峨嵋枪法》，更加使峨眉枪声名远播。

吴殳虽为文士，但同时也精通武艺，尤擅峨眉枪法，为峨眉武术在明代的杰出代表人物之一。吴殳在《手臂

录》中对峨眉枪法做出了高度的评价，对峨眉枪的训练与使用均进行了阐述，这也是峨眉武术首次理论性的总结。这在上文已经进行了摘录与阐述，此处不再赘言。不过，有一点还是有强调的必要。吴殳在《手臂录》中还将峨眉枪法与其他武艺进行了对比分析。他说："余南还，又造沙家枪、马家兼棍枪，则意味疏浅，校之余师之法，相去远矣。""杨家阴阳互转，与峨嵋同。但长则利于伤人，而亦苦于外重，根不能制其尖，运用不能如峨嵋之灵，此乃器之本然，虽大力者不能强也。""学峨嵋者，练习之功至于十分，则沙家望而却步，功归一篑，犹为沙、杨得半者所困。""峨嵋贱棍不屑杂。"[1]从吴殳的分析来看，虽然当时也存世有"石、沙、杨、马、少林、冲斗"等著名枪法，但峨眉枪在当时诸家枪法之中实属上等技艺，其他诸技莫于并驾。虽然，明代的峨眉枪法中不屑于掺杂棍法，但是峨眉武术发展到清朝时棍法技艺也相当高超。据《清史稿·艺术列传》载，有一名叫张之桐的安徽人善"峨嵋十八棍"，其特点是"多取洪门，敌硬斗强，以急为用"。与峨眉枪相比，由于传承问题，后期峨眉棍甚少被文献提及，因此峨眉棍只能被列为清朝具有代表性的峨眉技艺之一，却很难下一个繁盛的定论。

---

[1]（吴殳.《手臂录》）马力. 中国古典武学秘籍录 [M]. 上卷. 北京：人民体育出版社，2006：250-286.

虽然，明清时期正史记载的峨眉武术有枪、拳、棍等武艺，但是真正有清晰传承记载的仅峨眉枪一技。吴殳在《手臂录》中所收录的程真如所撰的《峨嵋枪法》以及他的序等部分记载了峨眉枪较为具体的传承谱系。《峨嵋枪法》载："西蜀峨嵋山普恩禅师，祖家白眉，遇异人授以枪法，立机空室，练习二载。一旦悟彻，遂造神化，偏游四方，莫与并驾。""因与荆江行者月空，礼师请教，师命余二人樵采山中，经历二载。师笑曰：'二人良苦，庶可进乎。我有枪法一十八扎，十二倒手，攻守兼施，破诸武艺，汝砍采久而得心应手，不知身法臂法，已寓于是。'遂教余二人动静进止之机，疾迟攻守之妙。久之，余南还，又造沙家枪、马家兼棍枪，则意味疏浅，校之余师之法，相去远矣。不忘所自，命之曰峨嵋枪法。"从上述记载可以看出峨眉枪法的第一位传承人应是西蜀峨眉山的普恩禅师，至于他和谁学的峨眉枪，文献没有记载。普恩禅师将峨眉枪传授给了程真如和月空两位徒弟。

那么，他们又将峨眉枪下传给谁了呢？这要从核心人物吴殳说起。吴殳是峨眉枪的代表性传承人，他师从石家枪法传人石电（号敬岩，公元？—1635 年，常熟人）。吴殳在《峨嵋枪法原序》中如此记载："余髫年即好武事。崇祯癸酉年，受马家枪法十常熟石敬岩二年。"事实上，据吴殳考证，石敬岩所传也为峨眉枪。他在《手臂录》中说："程真如亲得于峨嵋，确有可据，而枪法与敬岩悉同，则敬岩其亦峨嵋枪矣。”石敬岩是师从少林僧人刘德长，那为何吴殳说他传的是峨眉枪法？那是因为，吴殳认为少林刘德长大师在遍游江湖时学习了普恩禅师的峨眉枪法，也就是说，刘德长应为普恩禅师的再传弟子之一。《手臂录》载:“刘德长初亦出于少林，自嫌技未精，又遍游天下，不负所学云。殳谓刘师遍洲天下，则必受学法于峨嵋矣。不然，何以与普师之传如水入水也。”

吴殳除了向石敬岩学习枪法外，也向朱熊占学习了正宗的峨眉枪法。《手臂录》载：“壬寅，鹿城盛辛五延余为子师，其友吴门朱熊占，弓马精绝，而枪法得之程真如，真如亲受之峨嵋老僧。余与谈论，意气投合，因追述敬岩之法，以询质异同，而向所忘失者，顿还旧观，焕若神明焉。”至此，我们可以清晰地看出，峨眉枪沿着两条路线在传承，至吴殳时出现了交汇。峨眉僧人普恩禅师为峨眉枪第一位传人，其再传程真如、月空、刘德长等人。随后，程真如传弟子朱熊占，朱熊占再传吴殳。刘德长传弟子石敬岩，石敬岩再传吴殳。

此外，从《手臂录·石敬岩枪法记》中可以看出，刘德长除了传石敬岩一人外，还传有洪记、王富、韩二公子、韩仆来子、中丞公等人。“洪记、敬岩受命而为之者一年，乃许入室。惟时德长之徒最高者山东王富，次则敬岩与韩二公子，又次者韩仆公子，又次者为中丞公云”。根据吴殳的记载，峨眉枪在明及之前的传承情况如图 2–1 所示：

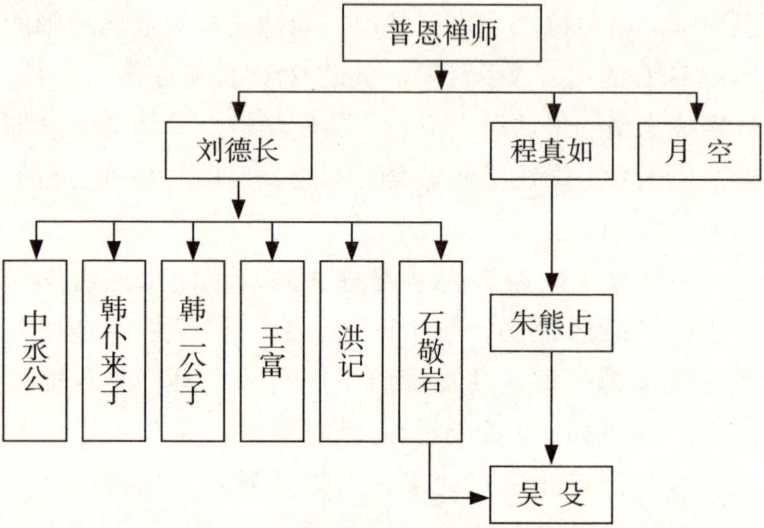

图 2–1　峨眉枪在明及之前的传承情况

（二）峨眉拳

峨眉拳也是不得不专门论述的明清时期的峨眉代表性技艺之一。早在明代，戚继光所著《纪效新书·拳经捷要篇》就提出了“巴子拳棍今之有名者”的论断。不过，峨眉拳在明清存名，主要归功于荆川先生唐顺之。唐顺之（1507—1560 年）字应德，一字义修，号荆川，江苏武进（今属江苏常州）人。嘉靖八年（1529 年），唐顺之取得会试第一名的好成绩，被赐官翰林编修，后调兵部主事。当时倭寇屡犯东部沿海一带，唐顺之以兵部郎中督师浙江，曾亲率兵船于崇明破倭寇于海上。唐顺之为明代儒学大师、军事家、散文家。他是嘉靖八才子之一，文武全才，提倡唐宋散文，与王慎中、归有光合称嘉靖三大家，是明代重要文学流派唐宋派的代表人物。

《荆川先生文集》是明人唐顺之的代表作之一，文集共 17 卷，其中文 13 卷、诗 4 卷。他在《荆川先生文集》中记录了《峨嵋道人拳歌》一首，成为后世论述峨眉武术必谈之文[1]：

浮屠善幻多技能，少林拳法世罕有。
道人更自出新奇，乃是深山白猿授。
是日茀堂秋气高，霜薄风微静枯柳。
忽然竖发一顿足，崖石迸裂惊砂走。
去来星女掷灵梭，夭矫妖魔翻翠袖。
犸狨含沙鬼戏人，髤髺磨牙鬒捕兽。
形人自诧我无形，或将跟絓示之肘。
险中呈巧众尽惊，拙里藏机人莫究。
汉京寻橦未趫捷，海国眩人空抖擞。
番身直指日车停，缩首斜钻针眼透。

---

❶ ［明］唐顺之．荆川先生文集·卷二［M］．上海：上海古籍出版社，1993．唐顺之撰《荆川集》卷三“峨嵋道人拳歌”见《四库全书》文渊阁本“集部·别集类·明洪武至崇祯”。

百折连腰尽无骨，一撒通身皆是手。
犹言技痒试贾勇，低蹲更作狮子吼。
兴阑顾影却自惜，肯使天机俱泄漏？
余奇未竟已收场，鼻息无声神气守。
道人变化固不测，跳上蒲团如木偶。

从《峨嵋道人拳歌》中我们可以看出，峨眉拳精彩绝伦，既重内力，又强调外形，刚柔相济。峨眉拳是手、眼、身法、步、精神、气力、功相结合的内外兼修。《峨嵋道人拳歌》展示出当时峨眉武术已经具备了高超的技法与极高的水平。

目前，河南地区是峨眉拳传承较为兴旺的地区之一。其传承人以孟宪超为代表。其再传弟子主要有：河南开封市的卢绍敬、程润力、徐卫东、陈宏伟、孙柯、刘顺河、高云鹏、曹阳；河南鹿邑县的王华轩、吕海林；广东广州市的董如军；北京市的靳保生；辽宁沈阳市的马如亮；广东陆丰市的米飞龙；福建汕头市的郑贵荣；河南虞城县的韩静波等。

（三）峨眉剑

峨眉武术中的“峨眉剑”发源于四川本土，为峨眉武术代表性短器械武艺之一，享有极高声誉，但古本史料记载不详。据李士信与刘慧宁合著的《峨眉剑术》记载，“峨眉剑术”有峨眉短剑十三势、峨眉青龙十三剑、峨眉凤尾十三剑等。此剑法由清代峨眉李慧心道长传给保定府差官李有，李传贺振芳，贺传盖殿勋，盖传李士信。至于何人传该剑法给李慧心道长，因时间久远，又缺乏文字记载，无从考证。除记载了峨眉剑技法，《峨眉剑术》还提供了峨眉剑歌与剑法口诀，摘录如下：

峨眉剑歌

峨眉十三剑，神技世间传。运化剑锋利，机敏应万变。猛力身内藏，精艺在手腕。轻巧胜千斤，伶俐快捷旋。心静如潭水，不改常容颜。遇敌后出手，半路再截拦。惹敌心焦躁，定中已圈套。心烦必自浮，其法必自乱。伺机速取胜，图穷剑锋显。运剑须自慎，凝神对方眼。精艺非梦得，撒汗苦心练。学艺勿贪多，滴水乃成涓。学一苦练一，一日数十遍。学二苦练二，早晚苦修炼。学三练多思，由三而有万。再练再思进，艺无止境言。久久励不怠，奇迹定出现。剑歌且勿歌，字句是真言。劝君要悟彻，峨眉有真传。

峨眉剑剑法口诀

峨眉十三剑总法，其法三十又二法。握持抱背提举架，抹穿绞挑崩云挂。刺带钻扫划点扎，摆截撩削戳斩压。刺托连劈剪腕花，法中有法变万法。

（四）峨眉十二庄

在众多峨眉武术拳种中，峨眉十二庄是特色鲜明、传播广泛的土生土长的拳种之一应是无可厚非的。峨眉十二庄起源于四川地区，但是拥有同名但源流不同、练功方法不同的两种功法。

其中一种峨眉十二庄起源于明末清初。湖北麻城县孝感乡人氏姜一怀（曾是武举孝廉），早年访寻高师至四川峨眉山，拜门于金顶朝天洞长老，终日习武练功，得其峨眉十二庄真传，后就业于四川南充县，嫡系家传十二庄于姜氏子孙后代。20 世纪 80 年代初全国武术挖掘整理时，十二庄的第 11 代传人，曾任民国 23 年重庆巴县武术馆教练，并多次参加川东、川南武术比赛的姜汉清将套路贡献于四川挖整组。这一套十二庄主要流传于川东、川南一带，南充地区尤盛。该功法以桩为主，动静相间。主要动作有：太乙桩、顺气桩、养气桩、吞弓桩、飞云桩、百步桩、静诚桩、起明桩、长庚桩、魁星桩、五行桩、罗汉桩。

另外一种峨眉十二庄，据传是在南宋时期峨眉山金顶寺的高僧白云禅师运用道家和医家中的阴阳虚实，人体腑脏盛衰的肌理，结合释门中的动静功法，融合一些武术动作，经过多年探讨琢磨，创编出一套峨眉庄气功，共十二节，后称十二庄（不传外人）。经过历代传承，后有峨眉山金顶寺永严法师承其衣钵，传此庄于镇健法师。后镇健法师与巨赞法师在上海会面研究中医，以师兄弟相称，在一段交往中，镇健传峨眉十二庄予巨赞。以后巨赞法师在四川收徒传艺，使此庄在四川流传。主要流传区域为通江县等地，代表人物为杨德明。这一功法的主要风格特点为，讲究先盘架子，后练呼吸吐纳，再练内景气脉运行，十二庄文武合用，擒拿八法，点穴击要，松沉虚实，动静相兼。其练功方法包括天地桩、之字桩、心字桩、游龙桩、龙鹤桩、鹤翔桩、风云桩、大字桩、小字桩、幽明桩等桩法。

峨眉十二庄是从天人相应、天人合一的观点出发，通过自然界天、地、风、云变化和鸟兽飞行奔竞姿态的观察，在中医气化论、经络论的基础上，依据人体气脉运行和生理变化规律而创立的优秀功法。它吸收了医、道两家导引、吐纳、按跷的特长和佛家禅修的优点，将气功、武术、医药、禅修、道学有机地融为一体。峨眉十二庄是起源于四川地区的特色性拳种，是峨眉武术具有代表性的重要组成部分。

（五）黄林派

黄林意黄山之林，起源于四川本土的武学门派，关于黄林派的起源有几种说法，其一，黄山因由“皇山”避讳改来，皇山意人皇之山，即峨眉山。开明氏古蜀国被秦灭后，改姓李，李家道人在峨眉山万年寺旁皇林坡观猴斗蛇搏创编火龙拳，传人李荣应唐高宗诏入宫参与儒释道三教论道胜出，号“老宗魁首”，立皇林派，后因避讳改黄林派。传至北宋陈抟，再传火龙真人，传张三丰，以山立派。后人根据万年寺楹联而命名“黄林派”。另外一种说法认为，清朝雍正年间，武林志士遭到通缉追杀，被迫纷纷躲避，四川彭县九峰山因此聚集了一批武林高手，多年的切磋交流形成了一套风格独特的拳术。因拳师们练武授徒之处有茫茫的一片银杏林，其叶片每逢秋天就变成金黄色，“黄林派”因此得名。清朝光绪年间，隆昌人刘松云跟其爷爷刘教古学得此拳。民国初年，刘松云将此拳术传给成都宋鹞山、钟润生、钟俊芝、张海门等人。至此黄林派拳术流传开来。虽然黄林派起

图 2–2　黄林派传人钟俊芝拳姿

源仍然模糊，有待进一步考证，但可以确定的是，目前无论哪种说法都肯定了黄林派直接起源于川内，这一点毋庸置疑。

黄林派主要流行于川西、川南等地区，尤以成都习练者尤多。由于黄林派拳术中主要以火龙拳套路为主，因此，在四川民间武术界也习惯称黄林派为火龙拳。其风格特点总结为“脚似蛇行腰柔转，快速活变步为先。关盘央提随即用，柔脆快巧狠当先”。运动中讲究脚似蛇形腰柔软，快速活变步为先，提箭盘破随机用，柔脆快巧狠当先。技击上善用（手）裹（身）滚化劲。手型以柳叶掌、剑锤、凤眼锤、箭手、擎枪手为主，步型有破脚、蹬脚、半月盘、七星步（蛇绕步）、擦滑步、长山步、含机步，实战中讲究“高来用提手，逢中用破手，单鞭用盘手，伤人用箭手”。空来空去，不接不送。其拳法套路包含“天地人”三盘，天盘火龙拳挨盘、走盘着重练习手法；地盘四平拳 66 路，“拳打四面，脚踹八方”着重练步法；人盘等桩拳 36 路，据“挨盘”编成的 36 个动作拳路着重练身法。器械套路以剑、枪为主。对练套路有“八手”，即单扣手、挨盘扣手、走盘扣手、四平扣手、箭手扣手、箭盘扣手、单双扣手、八法扣手。劲力功法练习为七把劲，又称“白水神劲”。黄林派代表人物有钟方汉、宋德炲、傅思齐、邓善堂、何绍清、傅尚勋、张汉斌等。

黄林派主要传承关系

- 宋鹞山
  - 候万里
  - 刘震南
  - 刘少卿 — 张玉龙
    - 王远馨
      - 梁绍武
      - 傅尚勋
      - 黄迪虎
    - 傅思齐
    - 邓善堂
    - 景书堂
    - 何绍清
    - 甘晶体
      - 何平镛
      - 曾建荣
      - 陈传新
    - 刘文龙

- 张海门 — 陈达林 — 何绍清

- 钟俊芝
  - 刘武成
    - 李鸿文
    - 赵晶波
  - 张熹光
  - 邵仁德
  - 王家友
  - 李发鑫
  - 王平锣
  - 李正直
  - 王立山
  - 廖祥熙
  - 王小方

- 钟方汉 — 张国兴 — 张汉斌
  - 张国兴 — 万成 — 王伟

图 2-3　黄林派传承人钟俊芝

（六）盘破门

盘破门发源于四川资中县罗泉镇，是唯一一个以技法命名的峨眉武术分支。在清朝乾隆年间由四川省资中县罗泉井人刘灝将本土武术与巴蜀地区武术融会贯通，独创齐步云脚高桩盘破拳法，创建盘破门。据《资中县志》记载，盘破门四五代拳师在全国各地擂台赛包括 1928 年南京第 1 届国术国考均取得辉煌成绩。盘破门武术起源于乾隆嘉庆年间，形成于清末，鼎盛于清末民国时期，沉寂于新中国成立初期，弘扬于当代。

其风格特点是以高桩为主，中低兼有，手法以盘破为主，腿法为辅。动作敏捷，劲力突出。小手多变，击腿低快。疾步疾行，步法轻快。抽脱稳准，干净利落。刚劲挺拔，富有弹性。内外软硬兼施，踢打摔拿结合。

其基本理论讲究能乘能脱，乘桥翻小手，脱桥走如风，乘桥近身战，脱桥迂回中，乘桥善用把、擒、缠、撕、扭、盘、破、提、箭、抽，脱桥善用浮、沉、吞、吐、走、镖、铲、绊、拌、抖。盘破门武术其手法独特，“盘”指盘功，以勾、挂、挑、宰、绕拨、分花、盘缠、关割等手法为防守；“破”指进攻，用破锤、箭锤、凤眼锤、盖锤、鞭锤、造锤、穿目指、锁喉手、标铲手、提宰手等手法攻敌要害。拳路打法注重以桩式、步法来表现身法的浮沉吞吐，再配合各种腿法以快克慢，以巧制胜。以脆劲为用，劲力突出，拳风威猛。

盘破门武术主要分布在四川省资中县、威远县、隆昌县、内江市、简阳市、资阳市、理塘县；重庆市江北区、南岸区、沙坪坝区；云南昆明市、红河州；贵州遵义市；北京市东城区、西城区、丰台区；广东省广州市、深圳市布吉镇；海南省三亚市；浙江省金华市；新疆乌鲁木齐市等。

盘破门主要有拳术及器械套路等。拳术套路包括：一马三箭，盘破手，盘破拳，四门盘破，七星盘破，十二盘破，峨眉小手，盘破小手，截步小手，齐步进桩，一路摆步连环，二路摆步连环，三路摆步连环，练步，单提，齐步云脚，霸王挑车，三引手，一百零八滚，混江龙，四海游龙，梅花三标，赵公提鞭，红扣六肘，判官脱靴，猫猫吐痰，猫猫跳墙，进桩，花进桩，三鞭，三门桩，四门桩，四门进桩，四平桩，六角桩，小进桩，大中门，小中门，点斗，魁星点斗，六六子，二十四串子手，闪点十八，五马破槽，五马归槽，子午拳，大战腿等。

器械套路主要有：刀（单刀破矛、三星单刀、四门单刀、六合单刀、五虎单刀、春秋大刀、梅花大刀、南阳大刀、九环刀），枪（子午花枪、峨眉长枪、盘破杆子、丈二杆子、六和杆子、七星杆子、步步紧杆子），剑（盘龙剑、青龙剑、达摩剑、盘破单剑、盘破双剑、鸾凤剑），棍（单头棍、双头棍、子午打马单头棍、中南双头棍、盘龙棍、大战单头棍、大战双头棍、五虎单头棍、大圣棍、乌斋棍、七星棍、短棍），锏（缠腰双锏、四方双锏、盘破单锏），其他（双斧、趟耙、烟杆、凳术、鞭杆、大叉、疯魔杖、虎头钩流星锤、飞爪、线镖、线锤、方天画戟、霸王鞭）等。

盘破门武术从其祖师刘瀛起已传至第十代。各代代表性传承人为：黄二监生、刘厚斋、老僧师、李幺广（第二代），刘光达、陈正洪、李南山（第三代），曾凡清、胡戴阳（第四代），卢永年、肖天禄、李天恩、徐德成、陈天航（第五代），肖克明、宋炎武、僧焕然、刘承栋、李天恩、徐德成、陈天航（第六代），肖克明、宋炎武、僧焕然、刘承栋（第七代），刘承欢、钟成祥、宋子方、陈忠、温晨彬、张富恒、刘新吾、付元亨、赖国铨、姚海（第八代），陈建国、郭德章、黄体仁（第九代）等。

图 2–4　盘破门老拳师宋子方拳姿

图 2–5　盘破门代表性传承人陈建国拳照

（七）化门

峨眉“化门”拳技有着悠久的历史，且分支较多。据了解，目前“化门”在四川的传承主要有四支：其一，清光绪年间，峨眉修德禅师传此拳于达县张烈武。张返达县之后传五显庙张多福（张老道）。此后，该门拳技在达县广为流传。其二，清朝末年，广安县悦来场王钉峰传此拳于马吉山；另外一说认为，广安彭家场吴占一练就一手“四门拳”，后传马吉山，马传胡德雄。民国十二年，营山县宋莲波拜胡为师而得此拳，1919年重庆江北县赵子虬从马锡山处学得此拳。其三，民国初年，杨石臣传此技于成都地区，主要传人有张玉龙、丁世荣、夏绍清、郝大兴等人。其四，据重庆老拳师介绍，化门拳即国拳，有四蹚路子。前清周定国、孟廷贵曾在岳池传授囮拳❶。后有雷海山（乃白云观道士），在民国十九年也曾在岳池授过此拳。目前，化门主要流传在成都市、重庆市、达县市、南充市、内江市等地。

化门的“化”，释其意，从技术上讲：化，就是借力乘势、化险为夷之意。从哲理上说，化，就是阴阳五行，八卦上讲的“生、克、制、化”而言。生，即两者并存之意；克，是两者对抗之意；制，即制服对方之意；化，《易经》讲爻变，主张万事万物都在变化。

化门拳术有着鲜明的风格特点。手法上以抡、拿、断、擗为特色，善使“寸劲”。此门重单手，讲化劲，借力巧打，手脚轻快。技击上讲势练千着，一熟为先；打

---

❶注：囮（é）拳，在《纪效新书》中有记载，就是四川的化门拳种。“囮”，鸟媒也。捕雀者，在笼内置鸟以“诱”来外鸟。陈晓东《拳略》说，“技击之妙，全在于诱，若能善诱，敌人束手”。一般人认不清“囮”字，后读写为“化”，称为化门拳。

时以快、硬为上；打人须在五行中。较技时讲究有形打形，无形打化，“缠绕短线一炮”攻击对方取胜。化门代表人物主要有赵子虬、李孟常、宋莲波、杨德明、张文渊、孙吉、吴信良、赵幼生等。

化门拳技主要有徒手套路、器械套路、技击术以及功法等。

其徒手套路主要有：火连拳、二十四贴身靠子、化门单拳、挂四门、四门拳、八化拳、八福拳、二虎下山、正桩拳、杨家桩、三门练桩、魁星、七星捶、一字桩、十响、双救驾。

图 2-6　赵子虬拳姿

器械套路有：七步连针棍、擅杀棍、白虎鞭、抱月双刀、双锏。

技击术主要包括：巴、探、挂、拿。

练功方法有：七星拜月、拔棍。

（八）青城派

《四川武术大全》一书首次建构了一个初始意义上的青城派武术的概念系统，这也是青城派首次出现在官方修订的正史典籍中，其中记载的青城派概况如下：

流传于我省的青城派，现主要有三支：其一，清朝雍正年间，少林李金钧禅师（人称李剑侠）学得此术。乾隆三十二年，金钧禅师传艺于亲侄子李泰山。李泰山 18 岁时，不愿为僧，私自跟随耍把戏的艺人来川，安家于灌县漩口乡。后传艺于四川灌县青城山一带。李泰山之外孙赵云程学得此艺，云程 92 岁时传艺于周烈光。200 多年来，因各代弟子不断充实和创新，使之形成了现在的“青城派（洪拳）”的风格拳术。其二，清光绪年间，自称是“冷道人”（或曰“洪道人”）的“青城派”武术的游方道人，自青城山经开县往（返）武当山，在开县授拳于富户魏家（三年）。开县人黄开才跟魏朝和习武而巧得“冷道人”所传的“青城六合内功”。黄开才跟冷道人习武 10 年后，就能承受“撞杆击腹”。1921 年黄开才授“六合内功”于徒张子良、陈生一等弟子 10 余人。其三，现仍健在的泸州市中区安富镇的余国雄，年轻时幸得“青城派”的“健身延寿功”而传习至今。青城派的流传区域主要在都江堰（青城山一带）、开县、泸县等地。此派讲究重手重脚，大开大合，动作敏捷灵活，具有“拳似雷霆多变端，腿似风轮肘如鞭，身似棉条步稳固，大开大合全神注，神鬼莫测手眼随，勇急准狠手无情”之特色。代表人物有周烈光、陈生一、余国雄[1]。

---

[1] 四川省武术遗产挖整组. 四川武术大全［M］. 成都：四川科学技术出版社，1989：1196–1197.

图 2-7　余国雄

《四川武术大全》还记载了青城派的套路和功法。青城派徒手套路有：青城洪拳、六合散手、青城八卦掌、古八极拳、玄门九式、二路洪。器械套路有：七星剑、八仙剑、子母棍、大青龙刀、乾坤圈。练功方法有：健身延寿功、青城派六合功[1]。

青城派发源于四川省都江堰市青城山地区，源远流长，历史悠久。青城派的形成与青城山道教、地方农民起义战争、其他地域武术，以及青城山独特的交通条件造就的镖师群体有着密切的关系。青城派发展到民国时期，盛极一时[2]。20 世纪 80 年代，青城派被列入《四川

[1] 四川省武术遗产挖整组．四川武术大全［M］．成都：四川科学技术出版社，1989：1197–1216.

[2] 龚茂富．中国民间武术生存现状及传播方式研究［M］．人民体育出版社，2011：1–26.

武术大全》。2009 年，青城派被列入四川省非物质文化遗产名录。1983 年始，全国上下开展了轰轰烈烈的武术挖掘整理活动，诸多民间武术拳师纷纷将珍藏多年的拳经、拳谱抄本，以及自身传承的套路、功法等献给了国家。青城派的王裕康也参与了此次挖掘工作，并获得了证书、奖章等物品。

图 2–8　青城派拳师王裕康在 20 世纪 80 年代全国武术挖掘整理时所获的证书与奖章

据调查，《四川武术大全》所载的关于青城派的代表性老拳师已经全部作古，一些青城派的武术技法也散失的不可找寻。现在传世的“青城派”与上述“青城派”有密切的承续关系，但并不完全一样。2009 年，刘绥滨与何道君被四川省文化厅评定为四川省非物质文化遗产项目——青城派的代表性传承人。他们两人所率领的群体也分别成为当前青城派最大的两个支系。

刘绥滨先后拜了宋德炤、祁玉祥、余国雄、彭元植、王树田、陈用和、姚福沛、金耀山、唐诚青等人为师。经过十几年的打拼，他逐渐成长为一个拳师，并开始收徒授艺。

何道君从小就广拜民间拳师、艺人为师。20 世纪 90 年代末，何道君拜青城山祖师殿曹明仙道长为师，成为青城山道教全真龙门派第 21 代皈依弟子。何道君的妻子鲜宗丽出自武术世家，其爷爷、父亲、姐姐和弟弟都习练武术。后来，鲜宗丽陆续拜了成都体育学院武术系的邹德发老师、青城山道教当家张明心道长为师。何道君与鲜宗丽夫妻二人通过收徒，收养义子、义女等形式发展青城派武术。

根据青城派传承人的口述，青城派的技艺主要包括功法、拳术、器械、技击术等。

功法主要有：健身十八法（非张广德之健身十八法）、玄门太极长生功、盘功、太子劲、混元气功（非王安平所传混元气功）、铁汉碑、筋经内丹功、六合内功、七盘功、健身延寿功；麻圈、枕头包、三角包、吊包、手包、砂桶、五轮桩、草龙桩、梅花桩、单鞭劲、天地滑子、石牛、石袋、沙筒、太极球、九宫桩；铁砂掌、朱砂掌（非世传两类掌法）、毒药掌、毒砂掌、劈空拳、单龙桩、梅花桩、六合打包功、棋盘功、子母功、五行掌、千金两臂功、达摩功、滑子功、石锁、打坐功（单盘坐、双盘坐）、硬气功等。

拳术包括：龙、虎、豹、蛇、鹤五拳（非象形拳，也非少林五拳）、单鞭拳、七星拳、三路燕青拳、白虎拳、黑虎拳、梅花肘、火龙滚、梅花拳、七星拳、天罡拳、洪拳（非广东洪拳）、二路洪拳、绿林小手、绿林豹拳、太子游四门、猴拳、蛇拳、青龙拳、醉八仙、二十八宿、小神拳、太极拳、绵掌（非成都体院所传绵掌）、八卦掌（非目前流行的八卦掌）、六通拳等。

器械有：春秋大刀、双钩、梅花单刀、梅花双刀、青风剑、绳镖、流星锤、九节鞭、双锤、八母枪、紫虹剑、龙虎剑、梅花点石枪、白虎鞭、黑虎鞭、追风匕首、鸾凤剑、七星剑、八仙剑、飞剑、十三剑、二十四剑、一百零八串剑、阴把八方剑、无极剑、雌雄剑、背箭、足箭、伞、筷子、铁针、拂尘等。

技击术有：摔拿技、搏击术、太极散手、缠手、太极翻花拳、十二时辰点穴术、十二残手、十二死手、串子十八手、三十六路大擒拿、三十六绝手、六大点穴术、空手入白刃等。

青城派的风格在技术上，动作朴实无华，拳势小巧紧凑；以上肢动作为主，擅长小手，多暗腿；技击性较强，多以近身短打为主，步法灵活；套路较为短小，路线上多直来直去；套路演练身法多变。除此以外，青城派还体现出蕴含浓郁的仙道文化特色、鲜明的养生文化特色，以及独特的重“气”特色等。

（九）法门

相传，法门武术源于清朝雍正年间，为明末清初道士齐真人所创。产生于四川峨眉道家，盛行于秦巴山区，广泛流传在川东地区的达川区石桥、石梯、永进等乡镇和周边的渠县、平昌等地。原本是道士修炼的导引、吐纳之术，后吸收技击技法，演变成为既注重内练又兼顾技击的武艺。

法门武术最初为秘传，后经陆广、张正武、王华山等几代传人的实践后，不断得到完善。光绪年间，峨眉山道士李天尚悟道法门真传。云游至达县石桥河，授徒传艺，将法门武术传授给当地世代行医、从小懂医尚武的第七代传人郑宗周。数年后，郑宗周在石桥文昌宫教徒传艺，并在观音岩私塾学校传授法门武术，在郑宗周收的弟子中，他的长子郑德君（1920—1990年）7岁就练就了武林绝学二指禅功。另一位弟子吴崇值练成了“一指功夫推豆腐”的绝技，师兄弟俩并称为法门拳第八代传人。法门拳经历代传人，尤其是通过石桥郑宗周、郑德君父子俩的潜心修炼、革新后，逐渐完善。

法门武术九代传人郑锡渊、姚德海，为继承师父遗训于2003年创建了达州市巴山精武馆和奥运健身俱乐部；2011年6月，他俩登上央视七频道《乡土》栏目展示法门武术绝技；2012年2月，郑锡渊、姚德海应邀出席来自50多个国家和地区、1000余人参加的“感恩杯”第10届香港国际武术节大赛，分别荣获法门武术、陈式太极拳竞赛套路、健身气功“两金一银”的好成绩；2013年8月，四川省武术协会正式批准成立四川武术协会法门武术研究会。2014年1月，法门武术被达州市人民政府列为非物质文化遗产。

法门武术主要由法门拳和法门气功构成。法门拳有七种拳法、三种掌法、三种腿法、两种摔法、两种拿法、一种靠法，为法门武术技击密宗。法门拳的特点主要体现为，古朴无华、拳功结合、松紧自然、注重练气。其拳法招式下盘稳实，劲力柔化，拳脚稳健，进退有法，以柔克刚，料敌在先，一气贯通，动中有静、静中带气，以气催力、以柔为主；身法起落有方、出手有度，左右相连，含而不露。法门气功强调呼吸要求细长而深，和缓均匀。其动作姿势动静结合，舒缓自然。以调身、调息、调心三结合。以练气为主，以意导气，以气导功，行之自然，自然即成。强调天人合一，人和自然合一、形神合一。

法门武术认为人身有十拳，指人的全身有10个部位都能克制他人，即头为一拳、肩为一拳、肘为一拳、掌为一拳、拳为一拳、指为一拳、臀为一拳、胯为一拳、膝为一拳、足为一拳。有拳打“六字”和拳打“八大劲”之说。六字为“功、顺、勇、疾、狠、真”。拳打八大劲的歌诀为：“拳打心劲如火攻，拳打膀劲如开弓；拳打腹劲如刁翎，拳打胯劲疾如风；拳打足趾如虎爪，拳打手指如钢钉；肺动沉雷响，脾动大刀攻；上下一气连，一战就成功；八劲合一劲，伸手就打人；八劲合不住，伸手不顶用。”

二、峨眉武术与其他武术拳种的融合

明清时期是峨眉武术第一次大发展的时期，随着大量移民涌入川内，不同风格的拳术与器械武艺随之传入四川地区，并在四川地区生根发芽，传承绵延，与本土的武术相互融合，渐次丰富了峨眉武术的内容，形成了峨眉武术大兴的第一个关键历史时期。这一阶段的峨眉武术内部的“门户”分支与结构，以及峨眉武术体系都渐为成熟。

关于峨眉武术拳种记载最为丰富多样的非《四川武术大全》莫属。后人虽然对《四川武术大全》的部分内容存有质疑，但是它厘清了关于四川地区拳种的来源与大致传承情况，这已是个莫大的贡献。《四川武术大全》中记载的武术并不能全部归为峨眉武术，这与我们之前的界定也很难融合，不过，它却是囊括了峨眉武术的代表性拳种与门派。

（一）外来拳种的涌入：基于《四川武术大全》的分析

据《四川武术大全》统计记载，四川地区（包括今重庆市）拥有拳理清晰、源流有序的拳种 67 类，共计 1652 个套路。其中，明显属于少林拳种的有 27 个，占总数的 40.30%，另有 12 个拳种属于其他拳系[1]。可见，四川地区拳种大多为外地流入的拳种，本土拳种数量极其有限。在为很多人所津津乐道的"五花八叶"（黄陵、点易、青牛、青城、铁佛；僧、岳、赵、杜、洪、化、字、会）体系中，大多是在清末传入四川的外省流传的拳术。洪门立于明末，假借以明太祖朱元璋洪武年号为名，主要为习教民间大小洪拳；僧门立于清初，主要为佛门武术；岳门，是南宋时期岳飞的传承，属少林一脉；赵门，创于北宋，是北派长拳与少林武术融合而成；会门，创于清中叶，以神拳为代表，有道教神意门武术的影子[2]。可见，外来武术对峨眉武术的深远影响可见一斑。

---

❶赵斌，代凌江．关于峨嵋武术分类中五花八叶的历史渊源考证［J］．四川体育科学，2008（2）：78.

❷习云泰．峨嵋武术研究的误区［EB/OL］．http：//www．dfwwx.com，2006-09-07.

我们从表 2–1 与图 2–9 中可以清晰地看出，在四川武术中起源于本土的拳种所占比例较小，大多为外地传入的拳种。其中有些拳种可能因当时调查时也无法确定传入地点，因此在《四川武术大全》中有 16 个拳种对于传入地的介绍语焉不详。不过，根据分析，我们可以断定这 16 个拳种仍为外地传入。这样一来，在《四川武术大全》所记载的 67 个拳种中，外来传入的拳种数量所占比例就更高了。从表 2–1 中我们也可以看到，这些拳种大多是明清时期进入四川地区的。一方面这与前文分析的历史移民有一定的关系；另一方面，这与明清时期乃是中国武术的成熟期这一大环境也有紧密的联系。

表 2–1　四川地区主要拳种创立及流传区域表

序号	拳种名称	创立时间	主要流传区域
1	孙门	明末	成都、雅安、乐山等
2	生门	清末	成都、宜宾、郫县等
3	僧门	唐、清中叶	成都、重庆、绵阳、雅安、内江、乐山、南充、达县、万县等
4	岳门	清中叶	重庆、成都、绵阳、雅安、德阳、内江、乐山、宜宾、南充、达县等
5	赵门（三原派）	清中叶	重庆、成都、绵阳、内江、乐山、自贡、南充、达县等
6	赵门（直隶派）	清中叶	重庆、成都、绵阳、雅安、德阳、内江、乐山、西昌、攀枝花、南充、达县等
7	杜门	明末	成都、乐山、自贡等

（续表）

序号	拳种名称	创立时间	主要流传区域
8	洪门	明末清初	重庆、成都、乐山、达县等
9	鸿志门	民国	重庆、成都等
10	会门	清光绪	重庆、遂宁等
11	字门	清末	重庆、内江、自贡等
12	化口门	清光绪	重庆、成都、内江、南充、达县、开县等
13	弦虎门	不详	冕宁县、西昌等
14	蚕闭门	清嘉庆	成都、重庆、内江、南充等
15	子午门	清末	重庆、乐山等
16	方门	清末	成都、重庆、绵阳、德阳、内江、乐山、遂宁等
17	向门	清咸丰	重庆等
18	盘破门	清中叶	重庆、德阳、内江、宜宾、自贡等
19	罗门	清光绪	重庆等
20	六合门	清道光	成都、重庆、绵阳、宜宾、南充、遂宁等
21	拦手门	明末清初	重庆等
22	自然门	清末	重庆、雅安、达县等
23	八卦门	清光绪、民国	重庆、成都、雅安、宜宾、自贡等
24	燕青门	清中叶	重庆、绵阳等
25	螳螂门	民国	成都、重庆、绵阳、攀枝花、南充、达县等
26	潭腿门	清末民初	重庆、绵阳等
27	慧门	民国	重庆等

（续表）

序号	拳种名称	创立时间	主要流传区域
28	法门	清雍正	达县、平昌县等
29	智门	清咸丰	成都、重庆等
30	于门	清末	重庆等
31	黄林派	清雍正	重庆、成都、内江、攀枝花等
32	青城派	清雍正、光绪	成都、泸州、雅安、乐山等
33	绿林派	清雍正	成都、雅安、乐山等
34	昆仑派	民国	重庆、泸州、南充等
35	余家拳	清初	重庆、内江、自贡等
36	余门拳	明中叶	重庆、自贡、内江、达县等
37	雅安余家拳	清中叶	雅安等
38	松溪内家拳	清光绪	重庆、成都、内江、南充等
39	高嘴山李家拳	清乾隆	自贡等
40	子母南拳	清光绪	重庆等
41	明海拳	清同治	重庆等
42	梅氏拳	清光绪	重庆等
43	满手拳	清末	重庆等
44	周家拳	清乾隆	重庆等
45	江河拳	不详	南充等
46	苏门拳	明正德	重庆、泸州、内江等

（续表）

序号	拳种名称	创立时间	主要流传区域
47	翻子拳	民国	成都、重庆、攀枝花等
48	峨眉通臂拳	明朝	重庆、成都、攀枝花等
49	湖南南拳	民国	重庆、绵阳、达县等
50	形意拳	清光绪	成都、重庆、绵阳、雅安、攀枝花等
51	八极拳	民国	成都、重庆、南充、达县等
52	杨家拳	清咸丰	重庆等
53	太极拳	民国	成都、重庆、绵阳、雅安、德阳、泸州、内江、乐山、宜宾、自贡、西昌、攀枝花、南充、遂宁、达县、广元等
54	少林拳	清朝	成都、重庆、德阳、内江、乐山、宜宾、自贡、南充、遂宁、达县、广元等
55	少林南拳	清初	重庆、绵阳、德阳、内江、乐山等
56	少林形意六合拳	清咸丰	重庆等
57	联门拳	清咸丰	重庆等
58	任门拳	清末	重庆等
59	查拳	民国	重庆、成都、绵阳、雅安、德阳、泸州、内江、乐山、宜宾、自贡、西昌、攀枝花、南充、遂宁、达县、广元等
60	自门拳		南充等
61	武当内家拳	明朝	成都、内江、南充等

（续表）

序号	拳种名称	创立时间	主要流传区域
62	三皇炮捶	清中叶	成都等
63	象形拳	不详	成都、重庆、绵阳、雅安、德阳、泸州、内江、乐山、宜宾、自贡、西昌、攀枝花、南充、遂宁、达县、广元等
64	任家教	清咸丰	重庆等
65	山东教	清末	重庆等
66	峨眉十二庄	南宋	成都、重庆、乐山等
67	金家功	清同治	重庆等

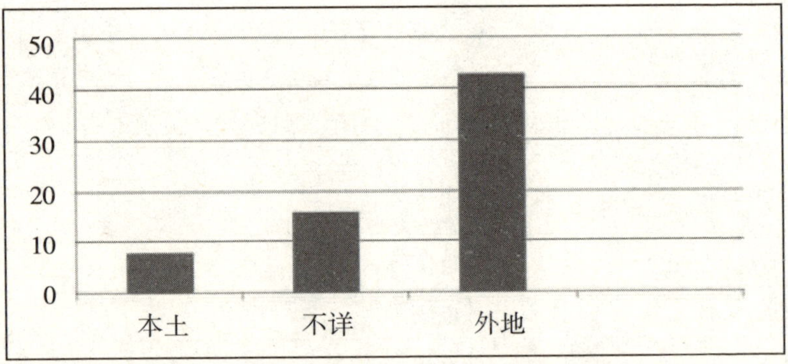

图 2-9 《四川武术大全》记载拳种传入地所占比例分析图

在这些外地传入的拳种中，如太极拳、形意拳、少林拳、松溪内家拳等，虽然在川传习已有百余年，但却一直遵循延续其固有的技法特点，并保持原来的风格未曾改变，固难以融入峨眉武术体系的范畴。而有些拳种，虽不是土生土长的本地拳种，但经外地人传入四川地区后，逐渐吸取巴蜀文化，与本土拳种相互取长补短，发生了文化变迁，产生了新的风格与特色，或者是川人外出学习回川后加以改良变通，都与原来的母体文化相区别，已自成一派，如方门、蚕闭门、子午门、余门拳、明海拳、绿林派、余家拳等。它们自然而然地融入了峨眉武术，成为了其中的一分子。事实上，这也恰恰说明了外来拳种对峨眉武术发展的影响之深。外来拳种的传入进一步丰富和完善了峨眉武术的结构，至明清时期，峨眉武术形成了徒手、器械、对练、技击与功法的五位一体结构。

（二）峨眉武术中部分“外来”拳种简介[1]

1. 余家拳

余家拳是峨眉武术中的特色拳种之一。据简阳余氏家谱记载，余家拳创立于宋代，世袭相传。清乾隆年间，广东潮州府余氏先祖自大浦县清溪村迁徙于四川简阳县石桥镇后，余氏宗祖常与释、道及各流派宗师名家切磋、交流，逐渐融汇，糅合成兼有南北两派风格的独特拳种。

---

[1] 此处的“外来”仅仅是针对特定历史时期或节点的使用，在发展的过程中这些拳种已经融入峨眉武术成为其重要的组成部分。

不过，该拳名扬蜀内还要等到民国初年。1918 年，该拳嫡系传人余发斋携子余鼎山在成都青羊宫擂台较技，巧胜四川督军熊克武的贴身保镖李国超，从此一举扬名蜀中，拳震四方。同年，父子两人到重庆授徒。1920 年，刘湘部二师师长朱兆南设擂考聘国术教官，余鼎山擂台夺魁受聘。1926 年前后余鼎山曾被刘湘军部聘任为 21 军军部教官，并在珊瑚坝摆擂，先后在“怡园”“裕民社”摆擂任首席擂主，1928 年重庆第一次国术考试荣获武士第一名，1928 年、1931 年在扬武国技社、重庆国术馆任教习，投师拜门者络绎不绝，习练者甚多，桃李遍及蜀中，其中优秀者有胡宏图、余德馨、刘梓明、万人杰、杨炜功、耿燮之等。以上诸徒均获国考武士称号，国考后胡宏图、万人杰到三师五旅任教。后来，人们逐渐以其姓而名其艺，称之谓“余家拳”（或余门拳）。新中国成立前夕，余氏父子不幸逝世。余少华、余森详、余治斌成为简阳少数坚持习拳的嫡系传人。1964 年余鼎山之侄子余少华，受聘在成都体院传授余家拳术。尔后，余少华之子余森洋曾在全国性比赛中表演该门技艺。该拳种主要流传于重庆、自贡、内江、简阳等地。

余家拳有徒手套路（五官拳、霸王拳、洪拳、七星拳、攀花拳、探花拳、拐子拳、得胜拳、新四水归池、虎豹拳、双擒抱等）、器械套路（凤尾单刀、滴泉枪、齐眉棍、寒士剑、流水棍、大刀、双锏、板凳拳等）、功法练习（披沙包、摔沙袋、滚沙筒、打木桩、插豆盆、翻板、麻杠木牛车、滑子功、鹰爪劲、内功等)、对抗技击(对拆手等)。

余家拳参照儒、道学说，虚实、明暗、阴阳、消长、生化克制的应对关系，内重心静神凝、导气归元，目测心算、威肃无比。外重头正腰直、富身仄扁、含机束骸、疾合快张。该拳有大、小架之分，动作突出攻防连法，以攻为主，手法多变化快、直进急退、迅猛力整、滚捆擒拿、挨肩挤靠、架式低矮。技击时多以“云手”扰乱对方视线、变化中突然击发，身法讲究缩身藏手、吞吐转折、大小开合，绵软中而发刚、短、脆、明、暗、断、化、顶八劲。

其代表性传承人有余绍华、余森洋、余治斌、胡加祥、陈剑声、李清明（女)、杨炜功、周懋植、胡洪图、余德馨、万人杰、耿爕之、杨少秉、余森阳、张光能等。

图 2–10　余家拳传人表演余家拳

2. 绿林派

绿林派武术的源起可以追溯到清朝雍正年间。据传，当时一帮江湖豪杰被朝廷追杀，逃至四川青城山后——赵公山避难。他们平日相互切磋武艺，久而久之自成一派。后刘忠学得此艺。刘忠出师后去各方游历，遍访大江南北的好汉，集各家之长终成一代高手，江湖人称他为“千里独行侠”。故有“绿林之法源于刘氏”之说，刘忠被奉为绿林派武术的祖师爷。后来，刘忠将绿林派武术传于成都郫县人黄二爷（号“金斗子”）。黄二爷收梅五为徒弟，并授其绝技。由于梅五功夫极好，参加武举考试得了武状元，因此他又被称为“梅武举”。

梅五一生收徒众多，其中比较有名的是“铁人”马宝与“新繁四成”。“新繁四成”是指吴铁成、赵连成、刁泽成、郑栋成，因为他们四个都是新繁人氏，并且名字里都有个成字，所以江湖人统称他们为“新繁四成”，他们各有各的绝技。吴铁成是四人当中对后世影响最大的一位。年轻时做过保镖，中年在新繁开设有自己的武术棚子，教授了很多弟子。其中弟子王汉山、杨继州、路军健三人包揽了民国十八年，也就是1929年成都青羊宫擂台赛的三枚金章。“新繁四成”中其余三人传人较少。赵连成丹田内劲充足，用手掌捧一把水向人掷去能将人击倒。刁泽成拳劲十足，拳头狠毒，能用拳头将碗口粗斑竹头击打成竹条。郑栋成过了中年开始厌倦战乱的生活，从此隐居新繁不再踏入武林。

绿林派武术动作短小精悍，软硬兼施，以小手为主。动作紧卷连贯，闪展防击，灵活快捷，善于手上的变化，步法多以猿步、箭步、梭步为主。绿林武术讲究吞吐如活雀，快如闪电，贴身短打，手脚齐进，侧正进招结合，击打不尽。技击上讲以静制动，后发先至，借力打人，强调身手腰合一，意气力归丹，闪进巧取，“侧门”与“正门”进招相结合。

绿林派武术主要由徒手套路、器械套路与功法练习组成。徒手套路有：绿林豹拳、绿林短打、开四门拳、绿林风、宰手、绿林斗方连成拳、绿林抛铁连成、绿林弓字连成、拗桩十八手、四平箭腿、绿林缠丝十八手等。器械套路有：绿林单刀、龙兴棍、七弦太守刀、紫云剑、六合棍、匕首、绿林双卡、三棱锥、金钱袖、十字锥、绳镖等。功法主要有：六合功、犀牛望月、单鞭功、枕头功、麻圈、太子功、斗方崩弹手、斗方六合锤、单鞭劲、裁人字手、对成手、太极翻花掌、卧虎功、沙筒、把子、五轮桩、天滑子、沙包、打黄签纸、打草龙桩、批手、双人批手等。

绿林派武术主要流传在雅安、成都、乐山等地。2009 年，绿林派武术被列为四川省非物质文化遗产。其代表性传承人为路军建，其再传弟子有何三金、宋守义、刘志贵、张俊等。

图 2-11　绿林派武术的传承人路军建

3. 生门

生门武术的创立可追溯到清道光年间。当时，四川宜宾人黄广三三下广东学艺二十余年，后又博采四川本土各门武艺精华，创立“生门”武艺。虽然生门武艺以广东拳艺为蓝本，但经过创生转化，已经融为四川地区特色鲜明、传承清晰的武术门派之一。

生门武术的形成，受儒释道思想文化影响较大。其主要以《周易》思想作为理论基础。生门武术的命名主要来源于《周易》中“生生之谓易”的“生”，称为“生门”。《周易》认为“生”即是“易”，“易”即为“道”，“道”即是“生”。道家认为，“道”是宇宙万物的本源，是万物之始，又是万物之宗。因此，老子说“道生一，一生二，二生三，三生万物”。“道”是生门拳技的基础理论，也是生门武术最根本的特征。生门武术之“道”主要体现在技击上着力，在巧、快、狠、捷上下功夫，以小胜大、以弱盛强、补己之短、形顿诱敌、以守为攻、寓攻于守。在技击中生门强调生生不息，阴阳转换，攻不忘防，防不忘攻。

生门武术形式多样，内容繁多，其技法独具特色。总的来说，生门武术动作明快，刚中寓柔，动中有静，快慢相兼，拳架清晰，姿态舒展。生门武术既具有外家拳法技击精华，又具有内家拳法之功力。经过近百年来的变革和提高，已形成共同的技击特点：讲究盘、拨、砍、宰、穿、绕、撩、挂的纵横变化以及一法多变、一掌多用。步法灵活，在窜蹦跳跃、腾挪闪转、起伏转折中体现出轻、快、稳、准、狠、美的特色。尤其注重手、眼、身、法、步、精神、气力、功的修炼，强调身体的俯仰屈伸，拧旋折叠，柔中寓刚，自然和顺。

生门武术主要由徒手套路、器械套路、对练、功法、气功构成。其徒手套路主要有：八卦拳（1~3 路）、五虎下西川、犀牛照角、单鞭救主（1~2 路）、挝封拳、转门拳、勾扒四轮、流星锤、洪扣、六肘、千手归一、鹭鸶、缠丝、十字开四门、六合桩、四平拳、提盘、大小红拳、常用腿。器械套路主要有：大鸾刀、白鹤刀、白鹤滚堂刀、虎头双钩、沥泉枪、盘龙棍、贺式棍、白鹤棍、破剑。对练主要有：“八卦”打引（散打对练）、“练步”打引、“五虎”打引。功法主要有：将军桩、打吊包、铁沙掌、扇膀子、抖炮锤、拧签筒、滚沙筒、金牛坠墩、草龙桩、划子桩、窜子桩、起手。气功主要有嗨子劲。

图 2–12　生门拳传承人王登舟

自黄广三创立生门之后，生门已经传承了八代，可谓人才辈出。自黄广三以降，其代表性传承人为曾打渔（第二代），马德胜（第三代），彭勤、何鹤林、李厚云（第四代），王登舟、卢金友、李云龙、彭体强（第五代），尤再清、庞廷华（第六代）等。目前，生门代表性传承人为尤再清、庞廷华、杨碧昌等[1]。

4. 蚕闭门

蚕闭门，又有缠闭门、蚕门、缠门、缠丝门（残门）

[1] 庞廷华，尤再青．中国武术——生门［M］．北京：北京体育大学出版社，2011：1–12.

等名称。尽管名称、传人、说法各异，但风格相近，都以缠绕化解之技击方法为本。该门拳技在四川地区的传承可以追溯到清朝。当时，嘉庆年间江西人黄奕川传此技于四川，其分支有四。第一支，合川魏三峰（又名魏三炮）传李厚安（又名李八爷），李传丁遂良，丁传丁炳恒、丁质彬、王寿亭、周金山，另传潼南丁家坝丁星五。丁炳恒传秦修绪，丁质彬传丁俊才、王德亮。此支递代传习，繁衍至今，以缠丝拳为主，极重缠绕化解之法。第二支，黄益川之徒杨为善（又名杨白毛）传此门于四川大足县龙水镇。继承人有何世福（又名何五堂，绰号何[redacted]武）、尹思宾、游学中等。何世福传陈氏三兄弟（老大陈世兴，又名陈香国；老二陈世福，又名陈习之，绰号陈毛二；老三陈世伦，又名陈少之）。杨为善的传人中，以陈世福、陈世伦授徒甚多，其徒有姬玉堂、周吉祥等。陈世伦传徒有陈开云、陈亚军、郑三级等（陈开云系世伦之子）。陈开云曾在云、贵、川等地授徒（解放后，陈亚军在贵阳定居，广传该门拳技于贵州，1980年病故于贵阳）。姚玉堂、周吉祥传此技于荣昌。此支脉套路较多，但多短小，较重硬功。第三支，黄益川曾在广安县传授钟文任，钟传唐图之，唐传渝州（重庆市）孝廉伍珍如。珍如又拜在郑椿亭门下练武，获益各门拳种，尤以“蚕门”最精；后郑还传刘跃子（即刘标魁，合川人），刘传代良成代传朱廷章，朱又传陈双合。第四支，黄益川传该拳技于广安杜家，后有民间拳师杜占鳌隐居华蓥山潜心钻研缠丝拳法和易学、道功，被武师杜心源弟兄赤诚相邀，于是传拳于杜家，后杜心源再传武胜县城关李家，李家世代习武，祖传缠丝拳为李定邦所继承，李定邦传弟李定国，李定国传子李毅立，李毅立传邹德发、张培莲、彭程等人❶。

另外，缠闭门在川内还有四支，但师承脉络欠详。第一支，据传清初年间，四川垫江来了位摆摊剃头的“朱剃头”（名不祥），武功出众，登门拜师者众多，其所传的“蚕闭门”拳术相沿至今。第二支，1943年，徐仕金在成都邓跃龙处学得蚕闭门拳法，后传此技与四川阆中。第三支，据内江和绵阳市的调查材料，蚕闭门又称缠丝拳，明末时期由白一龙传入四川。近代传人有资阳张柳棠，乐至李贯之（1934年李传此拳于内江）。威远周跃高，盐享杨玉龙，锦阳宋从云。第四支，清咸丰年间，由江西刘聋鼓传涪陵土坎李照林，民国时期李照林传涪陵肖茂林，肖传严春方，严传其子严绍荣。

缠闭门武艺主要流传于成都市、重庆市（永川、荣昌、大足等县）、广安市、南充市、内江市、涪陵地区（垫江、丰都等县）、万县地区（梁平县）等地。

缠闭门在技术上主要以缠绕化解为本。“蚕”即行拳如蚕之吐丝，连绵不断；“闭”即应敌时紧封敌手，讲究手上功夫，手法多变，善用巴、拦、斗、挂、提、

❶彭程. 缠闭门武功阐［M］. 成都：四川师范大学电子出版社，2013：5-6.

挑、领、翻、勾、棱、斩等，扒裹缠擒。行拳时手法上讲究举手七发，一发三响，以手缠手；有桥桥上过，无桥架桥过；以短制长，连续不断。出拳臂不宜直，技法上讲究身正平肩，合胸拔散沉肩坠肘；功架紧凑，封闭缠拿，偷点伶俐。以中桩为主，高低桩兼有，步稳势猛，多箭步、半马步，步法多追步、圈步、踏步、进步等。其腿法讲究高练低用，多暗腿、扫腿、窝心腿、门槛腿、撩阴腿。在技法运用上，缠闭门提倡“远用脚手打、近用肘子法、靠身用跌摔、粘手就擒拿”。用劲柔中寓刚，圆化闪躲，引进落空，缠化脆沉，短小精悍，朴实致用，连贯自然。脚踩不了不八，进退滚跌，步活桩稳。

缠闭门传有总歌、抢手、散术、八法散练、歌诀等拳理。

总歌：挞手急吞迎，封逼忙进身；变化随身滚，虚实要认真。

抢手：搭桥乘空，沉碎等接，有桥搭桥，无桥乘空。左右越边走，猛攻洪门口。

散术：认彼何方打来，沾而推之，未沾切莫吐，缠沾急用推，提挞迁援，沾依封化。

八法散练：后脚若弯前脚松，双目紧紧观其胸；举手出缠休害怕，手去沾身一步丢，手若缠时须用力，相兼急推可抢功；出手肩闪用肩力，亲沾随手西于东。

歌诀：平脚侧身出一缠，上前一步打三官（穴位）；回身镖手不迟缓，消脚一步去胸前；反铲抢角身安转，踏佛手（闭手）来如泰山；回身抢角一镖手，上步阴镖如箭穿；消步抢角一双捶，退后二步击胸前；上前三步如放箭，好似孽龙下陡滩；回身消脚一杀手，退后一捶如撞秆；世人学得能功手，打尽天下并不难。又曰：前也空来后也空，两脚腾空快如风；阴阳翻折千斤重，打尽天下妙无穷。

缠闭门技术较为丰富，有徒手套路52个、器械套路12个、对练套路1个、练功方法12个等。

徒手套路：缠丝拳（一、二）、蚕丝拳、缠丝、缠丝掌、一路缠丝、二路缠丝、蚕丝十二手、缠丝烈马拳、缠丝连环拳、缠丝盘龙拳、红缠三十手、缠尾真诀、八步缠丝（一、二、三）、六合缠丝、十二闭门拳法、大练桩、小练桩、十四手、翻连环、连环、连环拳、反抢连环、九子连环捶（一、二）、转连（一、二）、十二时辰、平桩（一、二）、六六拳、六肘、十六肘桩、肘桩、三十六肘三十六闭手（一、二、三）、滚龙桩、滚桩、十八烂（一、二、三）、连缠、连铲、连掺、八步、太乐、连成、四门桩、练八捶、总桩（一、二）、练步（十二手）、水擒十字拳、观音扫殿、遁龙桩、燕青拳、迁青、引闪、链捶、青龙拳、四象拳、梅花三十手、八法缠丝。

器械套路：子午单刀、凤尾钻花刀、回马双头枪、虎头枪、梅花七星剑、三拦棍（一、二）、子午棍、扭丝盘龙鞭枪棍、南阳大刀、子午双刀、双锏、流星锤。

对练套路：二人对练。

练功方法：达摩易筋经、打沙袋、搓筷子、打桩、练桩、练功十八法、打吊包（抓包、啄围包）、打草龙桩、扭绳法、八郎筒、插豆、十二段锦。

缠闭门代表人物主要有：胡学成、徐仕金、余森云、胡绍林、宋正国、陈开荣、吴寿金、陈铭均、丁俊才、刘仁锡、曹启明、张吉良、李毅立、彭程。

图 2–13　彭程与李毅立合影

5. 赵门

赵门，相传源于宋代，假托赵匡胤而得名，在四川分为两支。一支为赵门三原派，另外一支为赵门直隶派。清朝中叶直隶人张天虎（绰号麻溜张）传该门拳技于陕西三原县，后又入川传技。张天虎在川去世后，其弟子不断继承和发展所学技艺，并形成了独特风格。他的四个主要弟子（即杨板熊、高占魁、马黑子、马三宝）以师傅授艺之地——陕西三原县命名该派为三原派。另一支以张天虎的祖籍“直隶”命名为直隶派。

资料显示，赵门三原派在四川曾有八支传承：

其一，清朝咸丰年间，杨板熊传三原派拳技于成都，后四川人王永志承其衣钵，传此拳于川西、川北一带。1926年王永志率其弟子黄海廷（简阳人）、刘学渊（成都人）、李文德、江油雷剑尘，以及其子王静伦到三台县，分别任国民党二十九军教官，传授三原派拳技。民国二十五年左右刘学渊回成都，传此拳术于成都刘震南、成庆三等。

其二，清朝道光年间，陕西三原县高占魁（绰号鹞子高三）遍访名师，得赵门拳技，至清光绪年间，高三将此门拳技传于袁氏兄弟（人称袁老七、袁老八），老八袁祯祥授徒西安张腾蛟（又名张云龙）。光绪年间，张腾蛟入川定居重庆，传授武艺于孙艳彪、万永康，以及成都的高顺贞、万县的华建廷等人。

其三，袁老七则传艺于陕西的安定邦。民国初年，安定邦因躲债到四川的成都、彭县、重庆等地，并授徒重庆的张永隆（此人在重庆创办了“陪都速成国术馆”）、周克钦等人。合川林建章、重庆刘健龙于成都学得此派拳技，先后于20世纪二三十年代到重庆传艺。

其四，民国初年，山西人黄春魁入川，传三原派拳术与成都的陈大章。陈大章传崇庆县王雨苍，成都刘震南、成庆三、刘俊义等。

其五，民国十几年，陕西人张益民入川传三原派拳术于成都的杜茂林。

其六，20世纪30年代，三原派拳师张晋臣（据说此人曾是冯玉祥的私人镖师）传该拳术于四川宜宾地区。

其七，宋四毛牛传自贡的刘志芳，刘再传子刘宗德。

其八，1932年，北京德胜镖局武师李俊（河南人，人称铁头鹞子）到四川乐山悬壶卖艺时，曾传艺于张凌霄。

赵门三原派以腿法为主，定根发腿，柔中含刚，势势讲规格，定势每招慢，住势留半拳，动作见棱见角，非常细腻。技击上讲究以走打为主，步法轻快。运动中寻机先发制人，躲闪还击，后发取胜。上掤下砸，内关外过，撑补为母，勾挂为能。眼明手快，步坚力实。静如处子，动如猛虎。三原派多以“老陕步”出势和“左顾右盼”收势，及动作转换以“关过”而别于直隶派。该派拳谚有曰：“默言五音胜有音，眼前有人当无人；松中求静寻自在，意中遇敌在实战；上下左右来回转，追迫彼方脚勿停；飘飘邈邈顺其势，整劲出击连贯强。”

该派主要流传在成都、重庆、达县、绵阳、乐山、自贡、宜宾、内江等地。

20世纪80年代的四川武术挖掘整理调研认为，赵门直隶派在四川主要有四支分支存在：

其一，清朝光绪年间，马黑子这支的传人为回民马镇江，传直隶派拳术于四川成都岳品青、胡子文，灌县马国柱等，自此派拳术在成都、都江堰等地流行。

其二，清朝光绪至民国年间，马三宝这支的传人马鹤亭（也曾拜杨板熊为师学艺）传直隶派拳术于四川成都丁国基。丁传曾全忠、陈志清、周宗明、刘俊义、李福成等。

其三，民国初年，马绍堂传直隶派拳术于四川成都詹品山、周生民等。

其四，民国初年至二十几年，叶宝堂传该派拳术于成都石济洲、曾俊臣（女）等。

赵门直隶派手腿并用，以腿为主，并以腿法变化莫测、神速、力量著称。其攻防兼顾，舒展大方，大开大合，大起大落，气势勇猛，节奏鲜明，造型稳健。以“学时有定规，用时无定法”，随机应变，随势击之等技为要领。直隶派多以“叉手”（即日月明）出势和“勒马收缰”收势，及动作转换以“云撩”而别于三原派。直隶派拳技讲究双目如钉，形神兼备，拽拳踢腿，闪展腾挪，进退快速，变化矫捷，灵活多变，虚实兼用。盘龙卧虎，一触即发。

该派主要流传在成都、重庆、内江、绵阳、攀枝花、西昌、雅安、德阳、万县、南充等区域。

当前，赵门在成都最为兴盛。以吴信良、肖家泽、肖清黄等为代表。吴信良、肖家泽师承胡子文，肖家泽现任四川省武术协会副主席、四川省武术协会传统武术委员会副主任。肖清黄师从陈志清，现为成华区武术协会副主席。

赵门拳技徒手套路主要有：老红拳，青龙拳一、二路，白虎拳，黑虎拳一、二路，前后梅花拳一、二路，梅花拳一至四路，霸王拳，七星拳，三星桩，罗汉锤，罗汉拳，十八罗汉拳，白鹤拳一、二路，小连拳，四门拳，鸳鸯腿，开堂拳，十字捶，太祖红一至三路，太祖拳，大洪拳一至六路，小红拳一至五路，新路二红拳，二路洪拳，关东拳一、二路，红门子午拳，燕青拳，青拳，大燕青一至三路，小燕青一至四路，燕青路，燕青拿法，六趟燕青，浪子燕青拳，一九拳，酒拳，花打四门一、二路，奇拳一、二路，背腿连拳一、二路，十字捶一、二路，十字拳，花拳，梅花拳，六鹤拳，子拳，子鹤拳，翻轮拳，神拳，长拳，十面埋伏拳，五虎下西川，八门阵，八门序子拳，醉八仙一、二路，大、小霸王拳，白鹤拳等。

器械套路主要有：白鹤刀，泼风刀，单刀，四门单刀，五花单刀，六合单刀，鹤恋梅花刀一、二路，虎啸刀，梅花单刀，定堂刀，青龙刀，七星单刀，七星刀，四门刀，梅花刀，子龙小花枪，七星剑，梅花剑，飞龙棍，罗汉棍，夹枪棍，八仙棍，梅花棍，太子十三鞭，鞭杆，白鹤双刀，梅花双剑，线镖，白鹤单刀一、二路，凤尾刀，白鹤滚堂刀，金枪，善才枪，杨氏梨花枪，梨花八母枪，回马枪，青龙枪，高家枪，鸾凤剑一、二路，八仙剑一至三路，青龙剑一、二路，盘龙剑，龙吟剑，鞭棍，扭丝棍，黄荆棍，七星棍，盘龙棍，燕青棍，风魔柳丝棍，风火棍，十二晨棍，春秋大刀，青龙偃月刀，双手代（仆刀），定唐鞭一、二路，青龙鞭，白虎鞭一、二路，黑虎鞭，白鹤双刀一、二路，滚堂双刀，龙凤双剑，双剑，亦吾双钩，三节棍，走线锤（流星锤），九节鞭等。

练功方法主要有：盘功，气功，三角桩，梅花桩，十二行功，十大盘功，五腑功法，铁头劲，打沙包，练石锁，滑子劲，铁汉碑，健身十八法等。

图 2-14　赵门陈志清练拳照

第三章　峨眉武术的发展与繁荣

随着社会的发展，武术在清末以后逐渐脱离军事技术而成为民间文化的存在。清朝的腐败堕落使中华民族陷入备受帝国主义列强蹂躏的历史时期之中。为了“强国强种”，重振中华民族，在民族主义的驱使下，尚武精神在普通民众心中再次燃起，峨眉武术也因此获得了前所未有的发展机遇。在抗日战争后期，民国政府西迁入川后，中央国术馆随之而至，进一步带动了四川地区峨眉武术的习练风气。民国政府在四川地区大量选拔武术人才任侍卫、教官、武官等职，峨眉武术从形式到内容、从理论到实践，以及其社会地位与功能都发生了巨大的变换，盛极一时。

一、清末民初峨眉武术与秘密结社组织

清末民初，民间秘密结社组织在峨眉武术发展上贡献良多。当时在四川与峨眉武术密切相关的且较为有名的民间组织有天地会、哥老会、拜上帝会等秘密结社组织。

天地会又名“洪门”，起源于福建、广东等地，鸦片战争后传至四川地区，成为四川当时最大的民间组织之一。天地会在清末民初年间又生发出哥老会等大量分支组织（后哥老会发展成为独立的秘密结社组织），全国各地山堂林立。天地会是下层民众为了互济互助和自卫抗暴而自发结成的社会群体，其领导人陈近南曾多次前往四川地区结交义士、联合同志。程大力考证后认为，在“湖广填四川”运动中前往四川的移民中很多都是天地会成员，四川成为天地会主要活动地之一。因此，可以推测天地会与峨眉武术有着密切的关系，天地会在四川的传播无疑推动了峨眉武术的发展❶。

哥老会组织对峨眉武术的影响更加鲜明。哥老会是清末民国时期四川盛行的一种民间帮会组织，成员身份复杂，涉及多个阶层，俗称为“袍哥人家”。哥老会盛行于民国时期，与青帮、天地会（洪门）并称当时三大民间帮会组织。哥老会对四川社会影响深远，现今仍能够在川渝社会中找到“袍哥人家”的影子。哥老会中吸收了大量的武术习练者参加。今人津津乐道的“一树开五花，五花八叶扶”的峨眉武术门派体系与哥老会密切相关。

“一树开五花，五花八叶扶。皎皎峨嵋月，光辉满江湖”的作者湛然法师，真名何崇政，为清后期四川名山

❶程大力．峨眉派渊源考证［J］．2007年中国·四川国际峨眉武术节峨眉武术论坛论文集，2007：6.

县（雅安市）人。何崇政是太平天国遗民，翼王石达开部下。受基督教信仰启发，洪秀全等人建立拜上帝会，尤其注意发展武艺高强之人入教，为组建太平天国积累人力资源。被封为翼王的石达开就是其中重要一员，文通武备，骁勇善战，《清碑类钞》记载他说，“游衡阳，以拳术教授弟子百人”。何崇政因精通峨眉枪和棍法，又懂文墨，被选拔为石达开的“记室”（相当于秘书）。清同治二年，即太平天国癸开十三年（公元1863年）夏，石达开率部进至越厅紫打地（今四川石棉县安顺场南），为大渡河所阻，遭大批清军围困，进退无路，陷于绝境。何崇政逃出后，遭到清军追杀，于是逃往峨眉山避难，以图东山再起。

此后，何崇政多次来往于川西、川东等地，以哥老会的组织形式，结交八方豪杰志士试图反清。但太平天国此时已经分崩离析，何崇政绝望之余，在峨眉山落发为僧，法号湛然。湛然法师在峨眉山住锡期间，撰有《峨嵋拳谱》一书（亦称《拳乘》），在这本书的开篇，就写下了这首“一树开五花，五花八叶扶。皎皎峨嵋月，光辉满江湖”的诗句[1]。

后人据此认为，“一树”就是指“峨眉武术”。“花”是针对峨眉武术流传区域而言的；“五花”指流传

---

[1] 于铁成．揭开峨眉武术神秘的面纱［EB/OL］．http：//blog.tianya.cn/blogger/blog_main.asp?BlogID=366423.

在不同地区的峨眉武术的五个流派，即青牛、青城、铁佛、黄陵、点易。“叶”是针对峨眉武术的技击风格而言；“八叶”是说峨眉武术的八个不同风格的拳派，即僧、赵、杜、岳、洪、慧（会）、字、化。因此，峨眉武术才有了五大流派、八大门派之说。至于这其中的部分说法究竟如何与现今的峨眉武术中的部分门派有一定的对应关系，这其中的缘由已无从考证。

无疑，石达开余部深入巴蜀等地开展反清活动，以及何崇政后期加入哥老会，结交八方豪杰志士的活动，促进了峨眉武术与兵战武艺、外来武艺和哥老会活动的融合。至于能否用何崇政的诗词来为峨眉武术划分体系结构近年来争论不断。一方面，持赞成之词的群体认为这一说法已沿用许久，并逐渐被接纳，可以用其代指峨眉武术。另一方面，从尊重历史的角度出发，一部分人认为何崇政诗中的说法可能暗指的是反清复明的秘密组织，这些组织以峨眉武术为旗帜，借武术操练组织武装力量。另有一种说法认为，《峨嵋拳谱》“一树开五花，五花八叶扶。皎皎峨眉月，光辉满江湖”这首诗中“五花八叶”的称谓可能就是来自峨眉山佛教禅宗的分类方法，来自于佛教史上达摩的诗句：“吾本来兹土，传法度迷情，一花为五叶，结果自然成。”他们认为，关于峨眉武术的“五花八叶”分类方法中的“一树”代表峨眉武术的说法是一种来源于民间宗教或教会起源中的典型的附会，是为了抬高自己的身价或增加本组织的凝聚力。诗中的“五花”可能就是指当时四川袍哥会的五个堂口，即仁、义、礼、智、信，而不是以前人们普遍认为是指这个组织的练武场所，即丰都的青牛、灌县的青城、通江的铁佛、开县的黄陵、涪陵的点易五个活动据点。关于峨眉武术门派分为僧、岳、赵、杜、洪、化、字、会“八叶”的说法只是指这几大堂口所传授的武术门类[1]。

行文至此，我们认为“一树开五花，五花八叶扶”能够说明峨眉武术与哥老会等秘密结社组织有一定的关系，但它难以完全代表当今的峨眉武术，继续沿用此法来表述峨眉武术有诸多不妥之处。四川省武术协会副主席肖家泽也持这一观点。他在《峨眉武术只是“一树开五花，五花八叶扶”?》一文中提到，起源于峨眉山的白眉拳术，盛行于明清之际有正史记载的峨眉枪，以及重庆的峨眉道龙桩，南充夜行拳、夜行刀，江油的峨眉久久拳、法之上山拳，隆昌十二地支，峨眉猴拳、鸭形拳，起源于南宋的《峨嵋十二庄》等至今流行的这些土生土长的拳术，正是峨眉拳术主体[2]。但这些土生土长的峨眉武术却是难以用“五花八叶”来概括的。

---

❶赵斌，代凌江．于峨嵋武术分类中五花八叶的历史渊源考证［J］．四川体育科学，2008（2）：279–93.

❷肖家泽．峨眉武术只是“一树开五花，五花八叶扶”？［EB/OL］．http：//xjz.wushuw.com/.

清末的哥老会，义和团反清人士，如巴县的况春发、张树三，广安的张百祥、秦炳，广汉的刘崇俊（民国期间任四川武士会会长），川南的罗子舟、佘竟成等武林高手都是反清急先锋，四川“绿林派”武术光看名号就是赤裸裸地表明与清廷分庭抗礼。一些外来的义和团成员在四川广收门徒，对四川峨眉武术发展也影响深远。最显著的例子是朱智涵。朱智涵（1873—1973年），山东泰安人，12岁流落到藤县玄武道观当了道士，取号“智涵”。后来，他参加了“义和团”，失败后南逃至四川中江县兴隆场，靠行医卖药为生。当时大多数人认为义和团为“拳匪”，许多来川成员都埋名讳言往事。而朱智涵则常谈“结坛习武杀洋人”的往事。当地人都晓得有个当过义和团的“朱老道”，说他会飞檐走壁、会“神拳”法术。朱智涵教授过众多弟子，其中影响最大，既“享誉”海内外、又引起极大争议的非海灯法师莫属。在四川绵阳、广元、中江、南充等川北地区，他门徒众多，所传武术也广为流传，现已构成峨眉武术中重要组成部分之一。四川义和团“神拳”，对峨眉武术及民俗民风产生了很大的影响（包括某些消极影响）。“神拳”后来演变成“南宫”和八大门中的“会门”❶。

❶郑光路. 四川旧事［M］. 成都：四川人民出版社，2007：49-51.

清末民初时期，许多民众和有志之士不受当时政府的约束，秘密传授或练习武术，并借节日集会之际，从事武术表演和交流[1]。因此，以秘密结社为形式的习武活动成为当时峨眉武术发展的主要传承与传播途径。天地会、哥老会等秘密结社组织为当时峨眉武术的传承与发展提供了空间。但是，随着民国社会的发展，以秘密结社方式传习峨眉武术的方式渐渐走向式微，代之而起的是各种受政府认可的社会组织。

二、民国期间的峨眉武术社团组织

（一）社团组织与民间武术

自古以来，相关社团组织在民间武术发展过程中都充当着重要的角色。民间武术能够稳定地传承至今，并得到发扬创新，与之有重要关联。

早在宋朝时期，各类民间武术结社组织就已经开始兴盛。《武林旧事·卷三·社会》载："二月八日为桐川张王生辰，霍山行宫朝拜极盛，百戏竞集，如绯绿社杂剧、齐云社蹴球、遏云社唱赚、同文社要词、角抵社相

---

[1]林小美. 清末民初中国武术文化发展研究［M］. 杭州：浙江大学出版社，2012：7.

扑、清音社清乐、锦标社射弩、锦体社花绣、英略社使棒、雄辩社小说、翠锦社行院、绘革社影戏、净发社梳剃、律华社吟叫、云机社搓弄。”❶《武林旧事》还记载了当时角抵、使棒、射弩等武艺之人的名字，如王急快、一拔条、曹铁拳、朱来儿……等，从这些名称可以对他们的绝技略知一二。清人周清源在《西湖二集·卷十二·吹凤箫女诱东墙》中描绘了西湖边民间武术结社的活动场景：“齐云社翻蹋斗巧，角抵社跌扑争奇，雄辩社喊叫喳呼，云机社搬弄躲闪。”❷

《武林旧事》《梦粱录》等书籍记载了宋朝民间的社会百态，为不可多得的研究宋朝社会的文献资料。从书中记载可以看出，民间武术结社已经相当成熟，且技术项目分类较细。他们多在民俗、庆典或街头巷尾进行表演，对入社成员有着明确的规定。如《梦粱录》记载，“射弓踏弩社”对入社人士要求非“射放娴习”才可入此社。这种民间武术结社是以武艺为核心成立的社会组织，其对于武术技艺的传承有着积极的作用。可惜的是，由于文献记载的粗略，我们无法了解当时这种民间武术组织的内部运行规律。

---

❶四水潜夫（周密）楫. 武林旧事·社会［M］. 杭州：西湖书社，1981：40.

❷周清源. 西湖二集·卷十二·吹凤箫女诱东墙［M］. 北京：人民文学出版社，1999：115.

清末民初，国残民弱，为救国救民，重振民族精神，在有志之士的带领之下，民间武术组织如雨后春笋般出现。民国时期上海的精武体育会、中华武术会，天津的中华武士会、道德武术研究会，北京的北京体育研究社、中华尚武学社等，都为振奋民族精神、提高国民的身体素质以及传承民间武术做出了贡献。其中较为著名的要属上海的精武体育会，会员众多，规模庞大，影响深远，延续至今。民间武术组织在民间武术的传承过程中有着重要的地位和作用，及至当代社会，民间武术组织在武术发展上仍然发挥着重要的功用。

（二）民国时峨眉武术社团组织

辛亥革命后，人们的思想得到了解放。民主潮流高涨，社会生活沸腾。特别是“五四”新文化运动后，科学与民主的呼声日益高涨，全国上下人们不断地要求进步与改革。在这种形式下，许多大中城市武术界的有识之士纷纷组织武术社团。他们提出了“提倡武术，增进民众健康”“保存国粹，强国强民”“锻炼身体，培训人才”等口号[1]。民国期间，峨眉武术发展的一大特色就

---

[1]林柏原. 民国时期民间武术祖织的建立与发展［J］. 体育文史，1994（3）：14–15.

是各种峨眉武术社会组织如雨后春笋般出现，这些峨眉武术社团在这一历史时期创造出了繁荣的峨眉武术的发展景象。他们宣传、传授峨眉武术，出版相关书刊，改革武术教法，举办打擂竞赛，促进峨眉武术的表演交流，推动了峨眉武术的发展。

四川地区陆续成立的相关社团组织有：四川武士会（1912 年）、重庆冀蜀国术馆（1919 年）、四川武士总会（1925 年）、精武体育学校（1925 年）、成都露天国术馆（1926 年）、万县国术馆（1928 年）、宜宾国术学校（1928 年）、自流井国术馆（1928 年）、扬武国术社（1928 年）、四川省国术馆（1929 年）、四川省国术馆国术体育专科学校（1929 年）、隆昌国术学校（1929 年）、泸县国术学校（1929 年）、平民国术学校（1929 年前夕）、达县国术馆（1930 年）、万源国术学校（1930 年）、重庆市国术馆（1930 年）、武靖国术学校（1932 年前夕）、重庆国术军事学校（1932 年前夕）、重庆市青年会露天武术学校（1933 年）、江北县国术馆（1933 年）、国立国术体育师范专科学校（1933 年）、帏馨国术学校（1934 年前夕）、宣汉南坝国术馆（1934 年）、重庆精武体育学校（1935 年）、北碚女子国术学校（1935 年）、南江国术馆（1936 年）、武英国术馆（1936 年）、冀北国术馆（1936 年）、重庆武术馆（1937 年）、重庆市国术馆（1937 年）武英国术馆（1938 年）、辅光国术社（1940 年）、陪都速成国术馆（1940 年）、重庆市中央国术馆（1940 年）、自贡市国术馆（1943 年）、荣县国术馆（1945 年）等 40 余个❶。对上述部分社团组织简要介绍如下：

四川武士会，由马镇江、马宝、刘崇俊等于 1912 年发起成立，为官办武术社馆。会址设在成都忠烈祠正街。名誉会长尹昌衡，会长马镇江，副会长刘崇俊。尹昌衡的镖师马宝实际负责会务。主要教学内容包括拳术、棍、刀、枪、剑等。学生中技术优秀者，多调充川军武术教官或下级军官。1923 年，陈大章、张玉龙、安定帮等在重庆成立“四川武士会重庆分会”，并于 1924 年在重庆举行了武术表演赛❷。

四川武士总会，1925 年创办于成都。民间拳社。会址在少城公园（今人民公园）附近。由骆成骧（字公骕，1865—1926 年）主持。除教授武术外，每年春季举办武术比赛一次，以擂台比武形式进行。1928 年，“四川武士总会”被改组成四川省国术分馆，尹昌衡任馆长，孙兆鸾任副馆长。

---

❶以上资料主要来源于：四川省地方志编纂委员会. 四川省志·体育志［M］. 成都：四川科学技术出版社，1998. 以及《四川体育史料》1984 年 5 期，重庆体育运动委员会编. 重庆武术志［M］. 重庆：重庆出版社，1993.

❷孙仲达. 四川近代传统武术［J］. 四川体育史料，1983（1）.

图 3–1　骆成骧

万县国术馆，其前身为 1925 年成立“万县市武术会”，1928 年将该会改组为“万县市国术馆”，并于万县西山公园建成新馆址，为官办武术社馆。馆长雷腾霄，副馆长刘振山。

江北县国术馆，1933 年开办，为官办武术社馆。馆长冯精一，副馆长王世民，教务长薛子余。馆址设在江北县城文昌宫。该馆开设高级师范班和初级班。主要教授太极拳、八卦掌、形意拳、弹腿、拦手等。天津人张震中曾受聘任教。该馆于 1935 年停办。

武靖国术学校，1932 年前夕成立于成都守经街，为民办武术教学组织。校长李杰，指导员刘俊逸，教务主任毛恭篪，训育主任邱百略。该校设有训练班、研究班。

扬武国术社，民间拳社，1928 年创办于重庆，社址在重庆三王庙。潘文华任社长。主要传授余门拳械。

武英国术馆，1936 年设于重庆，为民间拳社。由张振东主办，教授对象为一般市民。

辅光国术社，是 1940 年创办于重庆的民间拳社。社址在北碚体育场。张应人任社长兼教务主任，副社长由杨志才、冯清云、赖奎龙担任。国术社共办四期训练班，三个月一期，每期 44 人。教学内容有形意拳、弹腿、四川南拳、蚕（缠）丝、太极拳等，1943 年停办。

陪都速成国术馆，为 1940 年开办于重庆市长安寺的民办武术社馆，后迁址于本市关庙。该馆董事长张永隆，馆长僧本立，副馆长廖大联、谭鹏成，教务长张忠利。该馆设有高级班、初级班。每三月一期。主要招收商界人士，于 1949 年停办。

重庆市青年会露天武术学校，1933 年开办，校址初设重庆市陕西街青年会馆，后迁大梁子。至 1949 年该校停止活动前，先后就任校长者为：饶志和、于宣明、周华鑫、杨仁敏、赵锦才。后期曾在人民公园设立分校，由李毅立、杨国忠负责。1942 年，聘中央国术馆馆长张之江为名誉校长。1947 年，温敬铭担任校长职务。1950 年自行停办[1]。该校教学内容包括：南拳、三十六合锁、八卦掌、形意拳、太极拳、查拳等多种拳术，以及剑、枪、棍、鞭、刀等兵械。

---

[1] 四川省地方志编纂委员会. 四川省志·体育志［M］. 成都：四川科学技术出版社，1998：39–40.

重庆市精武体育学校，1935年开办的民办武术社馆。校址设在重庆市中区储奇门药材公司大厦内。校长黄楚湘（一说黄炳南），教务长林济群。教授内容包括：少林吐纳易筋经、字门拳法以及松溪派拳械和功法。1938年停办。

重庆市国术馆，1930年2月21日成立于四川重庆机房街。先后由李宏琨、吴国祯、贺耀祖、张督能、杨森任馆长，副馆长由何北衡、朱国福担任。馆长下设教务处、总务处、训育处、编审处。办有儿童班、妇女班、青年班、成人班、高级班、特别班、师资班，学习一期为半年。教学内容有形意、太极、八卦、八极、查拳、六合拳以及摔跤、拳击等。1949年停办。

四川省国术馆，1929年9月，国民政府颁布《省市国术馆组织大纲》，并电令取消“分馆”，四川省国术分馆正式成为“四川省国术馆”，馆址仍设在少城公园。设有董事会，下设馆长，副馆长、总务科、编审科等。首任馆长为四川省主席刘文辉，副馆长陈国栋、冷遇春。董事会推定彭植先继任，并聘陈玉安为总务科长、刘崇峻为教务科长、彭兰村为编审科长、陈子猷为教育长。经费由刘文辉按月在24军军部拨给大洋400元[1]。办有女生教授班、妇女班、儿童班、练习班等。教授科目分

[1] 四川省地方志编纂委员会. 四川省志·体育志［M］. 成都：四川科学技术出版社，1998：37.

术科和学科两类。本馆内还设有国术研究会一所，并在郫县、新都、简阳、宜宾、彭县、遂宁、永川、自贡、成都华阳、崇宁、合江、绵竹、雅安、茶经等设立分馆。每年举办武术比赛一次，以打擂台形式进行，到20世纪30年代中期因故终止，并在40年代末再次恢复。当时，在少城公园（今人民公园）内还设有武术教师，向一般人传授武艺。教授内容有形意拳、太极拳、岳门拳、射箭、器械、八大功等，以及摔跤、军操、体操等。学科有国史、史地、弓术源流、生理卫生、体育学等[1]。

四川省国术馆国术体育专科学校，由1929年成立的“四川省国术馆国术专科学校”在1935年改组而成。从1929年到1934年，该校共培养国术人才500余名，输送至各县国术馆及机关团体担任国术教官[2]。

国立国术体育师范专科学校，1933年经国民政府教育部批准，在南京成立。后因馆校分设，定名为“国立国术体育专科学校”，并由中专升为大专。1941年，该组织迁入四川重庆北碚金刚碑，1942年复迁北碚新林。后改名为“国立国术体育师范专科学校”。1946年，该校迁至天津。新中国成立后，该校与河北师范学院合并。在1941年到1946年的6年间，国立国术体育师范专科

---

❶见 http：//www.wuyitang.com/.

❷四川省地方志编纂委员会. 四川省志·体育志［M］. 成都：四川科学技术出版社，1998：39.

学校为四川地区培养了中级师资人才100余名[1]。

此外，还有抗战前夕，由张振江于重庆主办的“冀蜀国术馆”，是民间组织，主要教授拦手门拳械、弹腿等，教授对象为一般市民。杨石臣于成都开办的“平民国术学校”也是民办武术社馆，校址设在九龙巷，该校以普及武术为宗旨。主要教授峨眉化门拳械。

（三）峨眉武术社团组织与“打金章”

在这些“国术”组织中，有官办和民办两种性质，对峨眉武术和其他武术拳种的传习兼而有之。有些社团组织发展到一定规模后，便建立分会，还定期举行武术训练班，组织各种表演与竞赛活动，如重庆珊瑚坝擂台赛、川东擂台赛等。不过，最为著名的还要属青羊宫花会擂台赛。这个擂台赛由于最后要给胜者颁发“金章”（即金牌），所以又称“金章擂台赛”。这也构成了老成都民俗之一——“打金章”。20世纪80年代，著名史学家郑光路曾在国内多种报刊、书籍中对成都青羊宫国术打擂的历史进行过较为详尽的梳理。

民国七年（1918年），熊克武主持川政时，以团结尚武为号召，于成都青羊宫举行全川首届国术擂台比

---

[1] 四川省地方志编纂委员会. 四川省志·体育志［M］. 成都：四川科学技术出版社，1998：39.

赛[1]。当时，经过比武产生了三个“擂主”：第一个是省督军熊克武部查马长，同时也是熊克武的保镖李国操；第二个擂主为峨眉余家南拳传人余发斋；第三个擂主为精通南派武功，曾任省都督尹昌衡的镖师“铁人”马宝。这三个人在当时的四川武林界都名声显赫。比赛期间，全川武林高手纷纷登台献技[2]。这次打擂便是青羊宫花会擂台赛的滥觞。从1922年起，还开设了女子打擂和少年组打擂，这在当时还是很稀奇的事，故有竹枝词叹道，“更有片言须记取，打擂来了娘子军”。随后1924年，杨森兼摄省长时期，他对各种体育运动都有癖好，对军队的体育训练尤其重视。杨森大力赞助地方的武术活动，对青羊宫擂台赛尤感兴趣。1925年四川武士总会成立后，每年春季青羊宫花会时都举行武术打擂比赛。地点多设在青羊宫，也曾有在少城公园（今人民公园）内，不过为数较少。

擂台是临时搭建的高台，须买入场券进去参观。在擂台下设有茶座卖茶。主擂者多为“四川武士总会”和“四川省国术馆”中的武林名手。但有时也邀请其他人士

---

❶注：1917年12月，熊克武在滇、黔军的帮助下进攻重庆，赶走驻重庆北军吴光新和四川督军周道光之后被推任为四川靖国各军总司令。1918年2月熊克武再次联合滇、黔军进军成都，将北洋政府军委任的四川督军刘存厚驱逐出川，并接受南方政府任命，担任四川督军，从而掌握四川军政大权。见，四川省文史馆，民国四川军阀实录［M］. 成都：四川人民出版社，2011：88.

❷郑光路. 四川近代武林人物［J］. 体育文化导刊，2003（3）：74.

主擂，如1931年的打擂就曾邀请峨眉山的“铁沙和尚”及湖北武当山的“云空长老”主擂❶。

擂台赛每天上午9点开始。开场顺序，先是著名武术家献艺，表演内功、气功、拳术、器械。接着报比赛人员名单，当天名额赛多少报多少。随后便是抽签配对，抽签人请当天参观台上地位、名望最显赫者担任。比赛开始时，双方先握手致意，然后退步系好有色腰带，相互拱手为礼，待评判摇铃并发出“较”的信号，即开始交手。

民国时期的擂台赛已有相对较为明确的规则。打擂报名后，实行不分级别，抽签配对。初赛是“资格”赛，有了资格，再较“蓝章”“银章”，最后打“金章”。“蓝章”，约取为总参赛人数的一半，“银章”取前十名，“金章”取前三名。夺得“金章”的人，发给金章，并发奖状。比赛设有普通组、军人组和女子组。比赛时，一般在擂台的四角各坐一位裁判员，另外一名主裁判员手拿一个小铜铃在台上，根据情况宣布比赛开始，停止时则摇铃停止，还有一位手执一面小红旗或黄旗，当出现赛手之间“打毛”而乱打胡扭时则上前隔开❷。此外，裁判在负责执裁的同时还对场上的比赛进行讲解。

参赛选手着装有一定要求。下装不限，上身则一律

---

❶郑光路. 中国当代热点问题透视——中国气功武术探秘［M］. 成都：四川人民出版社，1995：141-143.

❷成都通史编纂委员会. 成都通史·民国时期［M］. 成都：四川人民出版社，2011：473.

着赛场发给的短襟白上装，一方腰系红带，一方腰系白带或蓝带，以示区分。鞋子也一律换成赛场发给的软底布鞋，手指甲和脚指甲都要修剪，并且要经过检查。另外，还严格搜查全身，验明是否夹藏暗器。比赛规则规定，不准攻击裆部，不准叉眼、锁喉；三打二胜，散桩（即倒地）全输，挂红（即出血）全输，告饶（即认输不再打）全输。评判摇铃禁止再打，对手倒地后不准追补复手，故意犯规者取消比赛资格。金章赛比赛时间不限，但消极防守、拖延时间者要予以警告；仍然不听，继续有意拖延时间者，评判可以取消其比赛资格。比赛中，互相击中不算分；混战不算分；打击较轻，又不是要害，只算赢半次；打中要害，不拘轻重，都算赢一次。另外，输赢也不完全在击中对手的次数和轻重，只要进退自如，干净利落，脱化有方，打得干脆漂亮，都可能算赢。如果双方争斗不下，总是纠缠，评判员可以宣布“暂停”，以便休息后再打。也有实在分不出高下的，便征求双方赛手和老师意见，在名次、奖品、赛后实利之间经过研讨决定名次。场上和四周评判员把意见汇总，对谁是胜手、谁是负手取得一致意见后，便由评判长向观众宣布。行拳过程、步法手法、如何击中，都要用术语有条不紊清楚地向观众和比赛双方说明，做到彼此心服口服。

擂台较技，尽管有许多规则限制，但毕竟是以击倒对方为直接目的的运动，因而难免会有负伤的人。据彭元植回忆（僧门代表人物），擂台赛打青打肿等轻伤是常见的，更有的当场便被打成重伤，如肋骨打断，手脚脱臼，鼻梁塌陷，嘴唇挂掉。有的被打成内伤。不过死人的事还没有发生过。擂台交手如果一方较强，一方较弱，很快就能决出胜负。如果实力相差无几，交手时间便可能较长。当时经常担任评判长、大家又认为裁判得好的是著名拳师侯万里、刘学渊、石继舟。三人都口齿清楚，熟悉各门各派的打法、术语，尤以刘学渊评判公正、为人谦和著称[1]。

民国期间"打金章"相沿成风，几乎年年都要举行，后期逐步地改正以往"摆擂"形式，竞技规则也日臻完善。1929 年，四川省国术馆成立后，青羊宫花会擂台赛就主要由省国术馆来运作，按惯习举办。至 1950 年 2 月，成都花会擂台赛举办有 20 余次[2]。

民国期间，峨眉武术众多知名拳师，如马宝、蓝伯熙、余发斋、王汉山、杨继州、朱仲康、李飞龙、詹品山、景书堂、张福全、杜子明、晏兴武、王子卿、彭元植、路军健、余国雄、陈用和等都参加过青羊宫打金章比赛。曾获得金章的景书堂在 1983 年时给成都市武协提供过的一份史料中记载了 1941—1947 年的打擂排名情况：

---

❶注：彭元植口述，程大力整理. 解放前的四川武林和我的习武生涯［A］. 四川文史资料选辑（第三十九辑）［C］. 成都：四川人民出版社，1991：112–116.

❷四川省地方志编纂委员会. 四川省志·体育志［M］. 成都：四川科学技术出版社，1998：42–43.

1941年，第一名景书堂，第二名徐德弟，第三名张福全。1941年10月10日省国术馆举办打擂赛，第一名杨金龙，第二名张福全，第三名景书堂，各得锦旗一面。

1942年春季国术馆举行春季打擂，景书堂得一枚奖章，奖章圆形、红底白字，图案是两把宝剑架十字，上面写的字是“四川省春季劳军运动大会国术比赛优胜章”。

1943年青羊官打擂取前五名，第一名梁绍武，第二名陈用和（郫县），第三名张俊良，第四名吴柏林，第五名刘震南，均获金章。景书堂获金章二选证书。女子组取前三名，第一名曾淑伟，第二名陈淑萱（郫县），第三名尹国术（郫县），均获得金章。

1944年打擂先在青羊宫，因参加人数有三百多人，后迁到国术馆（少城公园内）。这次比赛分军士组和普通组，军士组第一名王俊杰，第二名王学如，第三名郑荣山，第四名何显荣，第五名张礼显。普通组第一名朱仲康，第二名景书堂，第三名陈相如，第四名刘文龙，第五名张福金。

1945年青羊宫花会打擂有200多人，第一名刘文龙，第二名吴世荣，第三名邵孝仪，均获得金章。因军阀杨森又赠金章3枚，共6枚，故胜者都得“双金章”。

1946年春青羊宫打擂，第一名兰久成，第二名王兴安，第三名李孟常，均获金章。

1947 年打擂，第一名黄刚明，第二名方金山，第三名陶光华，均获金章。

1948 年后，国民党政府风雨飘摇，打擂赛也终止了[1]。打到金章，往往能带来实际的利益。当时军队中，国术是士兵必须训练的科目，金章获得者往往会被聘任为国术教官。聘入部队后，视部队的大小即授予军衔，从中尉、上尉起，最高有授予中校衔，在部队中很受尊敬。

峨眉武术相关社团组织的建立，使得峨眉武术由过去的家传或师徒口传身授的传统传承方式，转变为较为现代化的团体教学方式，峨眉武术传播的广度大为增加。同时，由于大量峨眉武术相关组织的建立后，对峨眉武术人才需求量大增。一些峨眉武术拳师进入城市或军队中执教，使峨眉武术的传播冲破了地域范围的限制，改变了一些拳种在农村自生自灭的状况，促进了峨眉武术的普及与发展。

---

❶曾庆宗. 曾庆宗武术医学文化研究文集［M］. 成都：四川大学出版社，2010：45-46.

第四章　峨眉武术的全面发展和高度昌盛

1949年中华人民共和国成立以后，整个国家处于百废待兴时期。作为我国优秀的传统文化代表，武术得到了国家政府的重视，相关管理部门陆续颁布了一系列关于武术的方针政策和管理措施。但是，在新中国成立初期特殊的生存环境下，由于种种原因，待兴的武术走过了曲折的发展道路。新中国成立六十余年以来，峨眉武术先后经历了新中国成立初期的衰退、大跃进与“文革”时期的停滞、改革开放后的复兴以及强国建设背景下的新发展四个时期。

一、新中国成立初期峨眉武术的衰退

新中国成立初期，武术便受到了党和政府的高度重视。1949年，时任中央人民政府副主席的朱德在中华全国体育总会的筹备会议上讲话时提出，“要广泛地采用民间原有的许多体育形式”。筹备会主任冯文彬在这次会议上所作的报告中也指出，“要开展武术活动”[1]。1950年，在北京召开的中华全国体育总会上把武术提到了新中国体育工作的议事日程，1952年，毛泽东同志还号召大家打太极拳。同年，国家体委成立后，武术被列为推广项目。在这种大好的社会环境下，峨眉武术得以在全国性的表演及竞赛舞台上向世人展示。1953年11月8—12日，在天津举行的全国民族形式体育表演及竞赛大会上，四川的刘天模、肖应鹏、黄炳南等人代表四川参赛，其表演的峨眉剑、猴拳、豹拳等获得优秀奖。当时，峨眉武术展现出了新的发展态势。

不过，好景不长，因为当时社会政治环境仍然比较复杂。因此，1955年，在全国武术工作会议上，政府对基层组织采取了整顿和限制办法，并决定“工厂、企业、学校、部队和机关中原有的武术锻炼小组应加以整顿，没有的暂不建立。农村中坚决停止发展”。“社会上一些拳社和武术联谊会等组织，必须停止发展”[2]。这一政策使刚刚看到发展希望的峨眉武术陷入了困境，也挫伤了一些峨眉武术工作者的积极性，一些峨眉武术活动也不得不停止。

---

❶国家体委武术研究院．中国武术史［M］．北京：人民体育出版社，1997：361-362.

❷伍绍祖．中华人民共和国体育史（综合卷1949—1998）［M］．北京：中国书籍出版社，1999.

1956年3月，武术的发展再次引起了国家领导人的重视。时任国家副主席的刘少奇指出，“要加强研究，改革武术、气功等我国的传统体育项目。研究其科学价值，采用各种办法，传授推广”。1958年，中国武术协会成立之后，四川地区也成立了一些研究会，有力地推动了峨眉武术的进一步发展。

前文已述，民国期间峨眉武术中有许多传承人参加过国民党军队。其中的许多人在解放后因政治原因被劳改、管制或判刑，在之后的几十年里他们一直都抬不起头来。一位不愿意透露姓名的老拳师说，“新中国成立前，四川地区很有名的民间武术家多数是跟国民党有关系，那时他们要挖人才嘛。这批人在新中国成立的时候受到很大的损失”。因此，为了避开当时的特殊形势，许多峨眉武术拳师不再公开收徒，也不再公开习练峨眉武术。总的来说，新中国成立之初，整个国家的一切都还处于百废待兴的状态，经济发展也较为落后，与民国期间峨眉武术的发展相比，这一时期的峨眉武术发展也因此呈现出衰微之势。

二、大跃进、文化大革命时期峨眉武术的停滞状态

1958—1960年，是我国历史上的“大跃进”时期。

在这一时期，四川峨眉武术受到了很大的影响。大跃进期间，当时的浮夸风导致大饥荒，四川地区也未能幸免。峨眉武术习练者也在为填饱肚子生存下去而劳苦奔波，民间社会再练拳习武已是不可能。因此，四川地区的峨眉武术发展一度沉寂停滞。不过此时在院校中传承武术的部分代表性人物却受到了政府一定程度的保护和支持，这对峨眉武术这一民族传统文化的传承起到了积极的作用。

1966—1976 年“文化大革命”的十年期间，四川峨眉武术受到了很大的影响，尤其是受当时思想的影响比较严重。峨眉武术在四川的很多地区被列为旧社会遗留下来的糟粕，许多“有历史问题”的峨眉武术习练者被抓起来或者被批斗，遭受到了不同程度的打击和迫害。当时的一些传承人被戴上了“反革命”的帽子，遭受管制、凌辱和批斗，有的被“造反派”关进“牛棚”，横遭审查，处境艰难。文化大革命期间，峨眉武术一些有价值的拳谱资料被收缴毁掉，一些练功器械也被毁坏，公开的竞赛活动被迫停止。

在“文化大革命”期间，虽然政府没有组织武术比赛，但是一些峨眉武术的传承人在民间依然坚持较为隐蔽的习练活动。他们有时自发的组织一些“抢手”活动，一些拳师仍在开展收徒。这在一定程度上保证了峨眉武术的传承。

从“大跃进”到“文化大革命”结束的这段时间里，

我国的物资极其短缺，人们的思想也高度紧张，在这种“非常”时期，总的来说，峨眉武术虽无规模较大的社会活动或竞赛，但在部分民间拳师的坚持下，峨眉武术得以传承和保留，为后来峨眉武术的发展起到了非常重要的积极作用。

三、改革开放后峨眉武术的复兴

1978 年，党的十一届三中全会以后，国家步入了改革开放的崭新发展局面，全国武术事业也相应地得到了较好的发展。位于西南巴蜀地区的峨眉武术在国家和省、市、县各地方相关管理部门的领导下，进行了挖掘整理，并且逐渐建立建全了省、市级武术协会，特别是频繁开展了一些峨眉武术活动和赛事。这些都有力地推动了峨眉武术的发展，峨眉武术进入了一个复兴的特殊历史时期。

（一）峨眉武术的挖掘整理运动

1978 年 12 月 18 日，党的十一届三中全会在北京胜利召开，会议实现了“拨乱反正”的思想路线，并且明确了“解放思想，实事求是，团结一致向前看”的工作方针。会议中政府部门也把武术提到了一个与实际符合的应有的地位，传统武术终于迎来了发展的“春天”，开创了蓬勃发展的新局面。1979 年 1 月，国家体委下发了《关于挖掘、整理武术遗产的通知》的文件。在国家体委的号召和组织下，中国武术界开始了轰轰烈烈、有声有色的“武术挖整”活动，国家体委有关部门组织武术调查组，分赴四川、山西、陕西等 13 个省、市、地区开展考察。

1983 年国家体委在南昌召开挖整工作会议，制定相应的措施和计划。同年 9 月，在国家相关部门的领导和各方面的筹划下，四川省成立了四川省武术挖掘整理小组，并且明确提出了三年武术挖掘工作的具体任务。一是，对流传在四川省民间的传统武术，包括各个拳种、器械的源流、特点、套路、练功方法，进行一次全省性的普查，摸清四川省武术的家底，编写出《峨眉武术拳械录》（后定名为《四川武术拳械录》）和《峨眉拳宗史考》（后改名为《四川省武术人物志》）。二是，收集整理散存在民间的各种武术刊物、拳谱、史料抄本、珍本、孤本等文字资料，撰写出《四川省武术史纲要》(后定名为《四川武术史（初稿)》，未出版)。三是，完成 70 岁左右老拳师技艺的挖掘整理工作，尽最大力量把四川地方拳种和流行套路的优秀内容继承下来。并与有关部门配合，争取出一部反映峨眉武术的影片和出版《峨眉武丛》（后因各方面原因，仅出版了一期）。四是，建立四川省武术馆资料档案室，为四川武术的研究奠定基础[1]。

图 4-1　吴信良在全国武术挖掘成果展上向各省代表讲解四川挖整情况

这一时期，四川省武术挖掘整理工作主要分为两个阶段：第一阶段（1983 年初到 1984 年夏）的主要任务是摸家底、探源流。以挖掘整理技术为主，学术研究为辅。第二阶段（1984 年冬以后）主要任务是在挖掘整理技术的基础上，重点进行历史渊源、拳理等方面的学术研究，即以学术研究为主，以挖掘整理技术为辅。此外，在开展“三献”（献技艺，献拳经、拳谱，献器械、实物）活动中，更是取得了巨大成功。研究资料表明，当时老拳师超过 100 名以上的地区排名顺序为：成都、重

[1]赵子虬，陈尚洁. 四川武术史（初稿，未出版）1987：353.

庆、达县、雅安、内江、万县、乐山。这些地区应该是四川峨眉武术分布的主要区域。因此，20世纪80年代“三献”活动并非是简单的获奖成果数量上的统计，而是对新中国成立以后四川武术的活动分布区域进行详实可靠的考证，这对于后来乃至今日研究四川峨眉武术都具有积极的指导意义。

全国武术挖掘整理工作“三献”活动四川省获奖名单

地区	获奖人姓名	所献实物名称	获奖等级
云阳县	胡亚兴	青铜剑、青铜戈（战国时期）	一等奖
云阳县	姚兵	青铜剑、青铜戈（战国时期）	一等奖
云阳县	陈长科	青铜钺（战国时期）	一等奖
云阳县	李明伟	青铜矛（战国时期）	一等奖
重庆市中区	袁欣白	袁松林公珍藏秘本3本（抄本）	二等奖
万县	邓忠异	少林扁挂全集（抄本）	二等奖
云阳县	刘大国	古锏	二等奖
夹江县	李明忠	古锏	二等奖
綦江县	张应人	形意拳拳经	三等奖
南充市	陈季康	拳略（抄本）	三等奖
自贡市	河清池	中国养生学辑览2本	三等奖
彭水县	孙美福、王家成	艺学源流	三等奖
自贡市	万腾博	盘破内藏真诀	三等奖
灌县	王裕康	防身宝等2本（抄本）	三等奖
威远县	李仁国	威远高咀山拳谱（抄本）	三等奖
富顺县	杨俊成	少林庵万代秘传（抄本）	三等奖

（续表）

地区	获奖人姓名	所献实物名称	获奖等级
南充市	宋子元	十八般武艺等四本	三等奖
灌县	向忠全	南洋大刀、鬼头大刀	三等奖
内江市	黄克明	铜筷子	三等奖
乐山市	钟鹏	黄龙七星剑	三等奖
南充市	王智伯	藏剑	三等奖
射洪县	舒型	铜线锤	三等奖

三年来，在四川各市、地、州、县体委武术挖整小组和广大武术工作者的共同努力下，走访了数以千计的老拳师，搜集了大量的拳种和套路功法，各地编写了“拳械录”，有近 90 万余字。据记载，五年时间总共搜集了 1093 个徒手套路、518 个器械套路、41 个对练套路、276 个练功方法和 14 个技击项目，在此基础上又整理编写了《四川武术大全》[1]。显而易见，四川省的武术挖掘整理工作取得了较好的成绩，1984 年 6 月和 1986 年 3 月两次荣获全国先进集体称号。赵子虬、李毅立、傅尚勋、吴信良、陈尚洁等 23 人荣获全国先进个人称号。胡亚兴、姚兵、陈长科、李明伟等人获全国“雄狮奖”一等奖，占全国一等奖的三分之一，居全国第一。在全国

[1] 四川武术挖掘整理小组. 四川武术大全［M］. 成都：四川科技出版社，1989.

武术挖掘成果会议上四川省相关部门受到了国家体委部门的表彰和肯定。

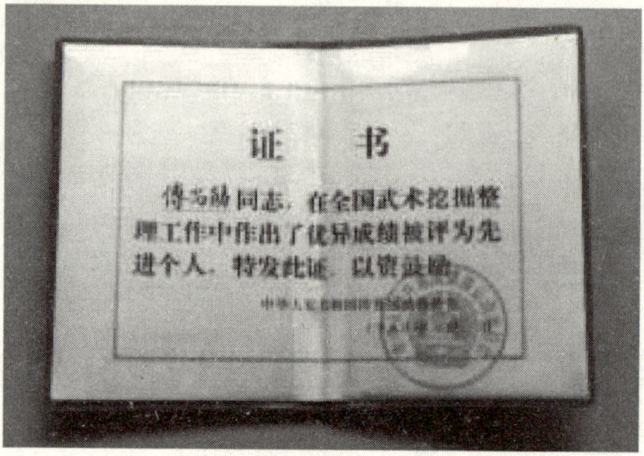

图 4–2　傅尚勋所获先进个人证书

（二）峨眉武术相关机构的成立

20 世纪 70 年代后期在相关部门的领导下四川省武术协会得以成立。随着四川省武术协会的成立，在四川省相关部门的支持下，到 1983 年底，全省各地市又相继成立了 50 多个武术协会。1984 年，在谢正常、徐挥云等人的撮合下，当时的灌县（如今的都江堰市）成立了第一届武术协会，谢正常任主席，祁玉祥、徐辉云等人任副主席。这也是灌县时期唯一的一届武术协会。1984 年，江油的海灯武馆进行了筹备奠基活动，1988 年正式成立。1985 年。青城山地区还出现了第一家武术馆——青城派馆，由潘崇福主持建立，并出任馆长，徐辉云任主教练，姚福沛为顾问[1]。1986 年 5 月，四川省体委决定成立四川省武术馆筹备处，初步确定在成都人民南路省体育馆招待所，抽调了雷大燮、刘泰福、吴信良、李蓉、曹科润、唐玉清、王向红等人为专职干部，具体负责省武术馆的筹建和四川省武术的竞赛训练、挖掘整理、科学研究及群众活动等工作。在四川省武术协会及四川省武术馆的带动下，重庆、内江等地也相继成立了武术馆。

20 世纪 80 年代，随着四川省各地、市、县的武术协会相继成立后，尤其是省武术协会进行了数次的调整，对于峨眉武术活动在人民群众生活中的推广起到了重要的促进作用。其主要表现为基层武术辅导站的建立以及各类武术比赛的广泛开展。

1. 武术辅导站和相关武术活动的开展

武术辅导站是各个地、市、县的重要基层武术组织，对丰富人民群众的业余生活和促进武术活动在人们生活中的普及起到了积极作用。据 1983 年的不完全统计，仅成都、重庆、自贡、渡口四个省辖市的公园、体育场馆和一些工厂、机关、学校、街道，参加武术锻炼的就达

---

[1] 龚茂富. 中国民间武术生存现状及传播方式研究［M］. 北京：人民体育出版社，2012：103.

十万人左右。此外，重庆市体委为了普及武术活动，1980年在政府相关机构的领导下，建立了业余武术中心辅导站，到1982年11月，先后承办15期，参加学习的群众达到18300多人。1984年，曾庆宗、王学贤等作为四川省代表参加了全国武术优秀辅导员获奖大会。表4–1是1983年研究者对四川省各地市的武术辅导站以及优秀武术辅导员的数据统计。

表4–1　1983年四川省优秀武术辅导站、辅导员统计表

市地州名称	省优秀辅导站（个）	全国和省优秀辅导员	
		省优秀辅导员（位），其中评为全国优秀辅导员（位）	
1 成都市	7	38	8
2 重庆市	7	43	7
3 自贡市	3	24	4
4 渡口市	—	10	4
5 德阳市	—	6	1
6 泸州市	2	12	2
7 宜宾地区	2	20	2
8 内江地区	3	8	2
9 乐山地区	1	11	3
10 绵阳地区	2	15	3
11 南充地区	2	13	3
12 达县地区	1	19	3
13 涪陵地区	2	13	2
14 万县地区	1	20	2

（续表）

市地州名称	省优秀辅导站（个）	全国和省优秀辅导员	
		省优秀辅导员（位），其中评为全国优秀辅导员（位）	
15 雅安地区	—	1	1
16 凉山州	1	1	1
17 甘孜州	—	8	1
18 阿坝州	—	—	—
19 铁路体协	—	1	1
合计	34	215	50

新中国成立以后，随着武术活动在广大人民群众中的广泛开展，部队、学校等许多单位部门也陆续开展了武术活动。如 1951 年，为了集中培养体育师资的力量，有关部门决定将西南师范大学体育科与重庆大学体育科合并，开设武术课。1953 年，经过国务院的批准，四川省政府相关部门进行了具体策划，在成都市正式成立了西南体育学院，1956 年学院名字被改为成都体育学院，除了各个体育专业开设武术课外，学院还单独开设了武术专业，并且还定期举办武术师资训练班，主要传承国家规定的武术套路以及峨眉武术。成都体育学院的武术专业和中医学专业曾经被贺龙将军誉为成都体育学院的“两支花”。1979 年学校开始招收武术研究生，同年全国武术教练员训练班在成都体育学院开展，并且培养了大

量武术人才，成为教学、科研、训练武术的重要力量。此外，由于武术活动在学校广泛开展的影响，四川省内许多高校也都成立了武术协会，比如西南政法大学、成都科技大学、西南师范大学、成都中医学院等。直到现在，成都中医药大学仍然坚持每年都举办大学生武术与民族传统体育比赛，比赛项目里除了常见的武术项目，如太极拳、八段锦、南拳、长拳外，还有大量峨眉武术内容。

2. 相关武术比赛的开展

随着武术活动在社会上的广泛普及，峨眉武术相关赛事也逐渐多了起来。1958 年以前，由于四川省没有正式的武术队，所以每次全国比赛时，四川省武术队都要从各地、市、县去抽调技术好的人来当队员，然后再进行短期集训。很明显，这样的四川省武术队是无法长期发展下去的，所以为了促进四川省武术事业的发展和武术比赛成绩的提高，同时也为了响应 1972 年国家体委关于“要求四川省武术在内的 15 个体育项目建立运动队”的方针，四川武术队于 1972 年 7 月至 1973 年 3 月在成都体育学院进行了第一次建队集训，于 1975 年 1 月至 1978 年 4 月在成都市太平寺四川省体校进行了第二次组队集训。1978 年 5 月，经四川省政府正式批准成立四川省武术运动队。省武术队成立后，多次在全国武术比赛中获得了较好的成绩，并且还涌现出许多优秀的武术运动员，比如任刚、熊长贵、吕立、彭英、曹科润、李小红等。其中任刚的白猿通背拳、熊长贵的猴拳等更是通过比赛将峨眉武术传播到了世界各地。之后，各个地、市、县也相继成立了少年儿童业余体校武术班和中小学传统武术训练点（队）校。四川省的各级武术队、班的成立为峨眉武术培养了大量武术人才，同时也为峨眉武术的推广与传播发挥了积极的作用。此外，峨眉武术传承人还经常出川参加各类武术比赛，传播峨眉武术。如：1979 年在南宁举行的全国武术观摩交流大会上，赵子虬的三十六闭手、肖应鹏的猴拳、王树田的六合通臂拳荣获一等奖，吴信良的通臂拳和江云国、陶光明的四川南拳获得二等奖，余得华的余家拳获三等奖；1980 年在山西太原举行的全国武术观摩交流大会上，肖应鹏的猴棍、陈坚的地趟拳、吴信良的醉拳、江云国的九节鞭均获得优秀奖；1981 年在辽宁沈阳举行的全国武术观摩交流大会上，陈坚的地趟拳、吴信良的醉剑、曾杨的脱铐拳均获优秀奖；1984 年在兰州举行的全国武术观摩交流大会上，杨俊成的猴拳、其伟华的醉拳、李明忠的蛇拳“毒蛇吐信”均获优秀奖；1985 年在天津举行的全国武术观摩交流大会上，张培莲表演的峨眉剑、王金婵的单刀均获优秀奖；1986 年在徐州举行的全国武术观摩交流大会上，吕紫剑表演的太乙火龙掌和伍毅的霸王拳、王良辉的四川地方拳、路军建的绿林拳、季筠的峨眉拳分别获优秀奖。

从1974年开始（1975年除外），四川省每年都举行一次四川省武术比赛。1982年和1983年还连续举办了两届四川省儿童武术比赛。1984年以后，四川省运动会和青少年运动会又把武术也列入了比赛项目。此外，随着20世纪80年代我国散打项目的试行和推广，1986年，新中国第一次真正意义上的擂台赛——“首届蓉城武术擂台赛”在成都市工人文化宫举行。这次将传统擂台赛与国家体委试点的散手比赛有机融合的赛事盛况空前，影响巨大，并对其后的全国散手比赛的发展形式起到了很大的影响作用。次年的武当山擂台赛、重庆日报杯擂台赛、四川保险杯全国武术擂台邀请赛均是采用了蓉城武术擂台赛的形式及部分规则。在其影响之下，许多市县都相继举办了以“嘉州”“蜀英”“川西”等命名的擂台赛，极大地促进了四川省搏击对抗类武术项目的发展。随着国内对于峨眉武术关注程度的加强和更多的武术工作者的辛勤研究，峨眉武术的发展空间也越来越大。此外还有四川省各类武术比赛以及各地市、县的武术比赛都开展得如火如荼。需要大家注意的是，在80年代的四川省各类武术比赛中，国家规定传统武术与竞技武术须同时进行比赛。这样一来，四川本地的峨眉武术就有了充足的发展空间，参见表4-2。但是到了90年代以后，传统武术与竞技武术逐渐分离，而峨眉武术也只限于四川省举办的传统武术交流赛等比赛中。

表 4–2　1974—2014 年部分四川省武术比赛统计[1]

比赛名称	地点	时间
1. 四川省武术比赛	成都	1974 年 6 月
2. 四川省武术比赛	成都	1976 年 6 月
3. 四川省青少年武术比赛	达县	1977 年 5 月
4. 四川省农业学大赛先进县武术比赛暨省少年武术比赛	自贡	1978 年 3 月
5. 四川省第 4 届运动会武术比赛	重庆	1979 年 3 月
6. 四川省武术比赛	内江	1980 年 4 月
7. 四川省武术比赛	万县	1981 年 4 月
8. 四川省武术比赛	成都	1982 年 3 月
9. 四川省武术新苗赛	成都	1982 年 8 月
10.四川省武术比赛	乐山	1982 年 8 月
11.四川省首届武术散打、推手比赛	自贡	1983 年 6 月
12.四川省儿童武术比赛	简阳	1983 年 8 月
13.四川省首届大学生武术比赛	西南民族学院	1985 年 2 月
14.四川省首届工人运动会武术比赛	成都	1985 年 4 月
15.峨眉武术精英会演及对抗性项目比赛	宜宾	1985 年 4 月
16.四川省武术比赛	渡口	1985 年 9 月
17.首届蓉城擂台赛	成都	1986 年 3 月
18.四川省武术散打暨太极拳比赛	内江	1986 年 7 月

[1] 资料来源于：重庆武术志［M］. 重庆：重庆出版社，1993：41–54，四川省武术馆档案资料室（1990—2005 年四川省比赛资料，以及四川省武术协会提供比赛资料）。

（续表）

比赛名称	地点	时间
19.四川省第1届少年运动会武术比赛	达县	1986年9月
20.四川省武术比赛	乐山	1987年7月
21.四川省武术比赛	南充	1988年8月
22.四川省武术擂台赛	内江	1989年10月
23.四川省第2届青少年运动会武术比赛	内江	1990年7月
24.四川省首届峨眉杯武术公开赛	成都	1990年12月
25.四川省第2届峨眉杯武术公开赛	渠县	1991年6月
26.四川省武术新苗赛	德阳	1991年8月
27.四川省少年武术比赛	自贡	1992年7月
28.四川省第3届峨眉杯武术比赛	达县	1993年9月
29.四川省武术新苗赛	新都	1994年7月
30.四川省武状元杯擂台赛	峨眉山	1995年10月
31.四川省武术比赛	资阳	1996年7月
32.四川省勇士杯武术比赛	泸州	1997年8月
33.四川省巴蜀人武术散打擂台赛	邛崃	1998年4月
34.四川省第4届峨眉杯武术公开赛	新都	1999年4月
35.跨世纪打金章武术擂台赛	成都	2000年12月
36.四川省第5届峨眉杯武术公开赛	新都	2000年8月
37.四川省第6届峨眉杯武术公开赛	新都	2001年9月
38.四川省散打武术比赛	德阳	2001年7月
39.四川省金武童武术比赛	新都	2002年10月
40.四川省第7届峨眉杯武术公开赛	双流	2003年5月
41.四川省金武童武术比赛	中江	2004年7月
42.四川省武术太极拳锦标赛	自贡	2004年5月

（续表）

比赛名称	地点	时间
43.四川省太极拳交流大会	新都	2005 年 6 月
44.四川省金武童武术比赛	南充	2005 年 8 月
45.四川省第 10 届运动会（武术比赛）	宜宾	2006 年 7 月
46.四川国际峨眉武术节	峨眉	2007 年 8 月
47.四川省青少年武术套路锦标赛	峨眉	2008 年 7 月
48.四川国际峨眉武术节	峨眉	2009 年 8 月
49.四川省第 11 届运动会	自贡	2010 年 7 月
50.四川省武术太极锦标赛	乐山	2011 年 5 月
51.四川省青少年武术套路锦标赛	内江	2011 年 7 月
52.第 3 届四川国际峨眉武术节	峨眉	2011 年 8 月
53.四川省传统武术名人明星争霸赛	南充	2011 年 10 月
54.四川省太极锦标赛	自贡	2012 年 4 月
55.四川省青少年武术套路锦标赛	宜宾	2012 年 7 月
56.四川省传统武术名人明星争霸赛	眉山	2012 年 10 月
57.四川省武术节	西昌	2013 年 2 月
58.第 4 届四川国际峨眉武术节	峨眉	2013 年 8 月
59.四川省传统武术名人明星争霸赛	巴中	2014 年 11 月
60.四川省第 12 届省运动会	蓬溪	2014 年 7 月
61.四川“武状元”搏击争霸赛	峨眉	2014 年 4 月
62.四川第 5 届“国际峨眉武术节”	峨眉	2015 年 9 月
63.四川省传统武术名人明星争霸赛	南充	2015 年 5 月
64.四川省青少年武术套路锦标赛	内江	2015 年 7 月
65.四川省青少年武术散打锦标赛	江安	2015 年 7 月

四、体育强国建设背景下的峨眉武术新发展

改革开放以来，在民族复兴的进程中，建设体育强国成为我国几代领导集体持续关注的重要体育发展战略。1983年，国家体委根据国内外体育发展的形势，提出了“要在本世纪末把我国建设成为世界体育强国”，这一提法很快得到了党中央的认同与肯定。1984年，党中央在第二十号文件中，提出了在本世纪内把我国建成体育强国的宏伟目标❶。同年，我国体育发展战略研究会成立，在其编写的《2000年中国的体育》专题报告中，再一次明确了体育强国的战略目标，并初步列出了体育强国的几点标志❷。1985年召开的全国体育发展战略研讨会，提出了竞技体育是实现体育强国的主要指标，1987年的战略研讨会上提出了“全民健身战略和奥运战略协调发展”的战略。2008年9月29日，在北京奥运会、残奥会取得圆满成功、中国奥运代表团取得51枚金牌的辉煌时刻，基于新的时代背景，站在引领中华民族实现伟大复兴的战略全局，再一次明确要求要“继续

---

❶魏振兰. 建立强国体育体制浅见［J］. 体育科学，1989（1）：1.

❷何祖新. 对社会主义初级阶段实现体育强国的思考［J］. 黄淮学刊（自然科学版），1989（1）：35.

推进体育改革创新，要适应社会主义市场经济不断发展的新形势……以改革创新精神不断创新体育发展体制”，并提出了“进一步推动我国由体育大国向体育强国迈进”的奋斗目标，为进入新阶段的中国体育标定了历史方位，明确了发展方向。

实现我国由体育大国向体育强国迈进是我国建成小康社会的历史进程中体育事业面对的时代主题。在这一目标引领下，针对中国武术而言，利用民间武术文化资源如何促进地方经济社会发展，如何促进建成以人为本，融入国民积极、健康生活方式的群众体育工作体系，如何为贯彻落实全民健身条例，全面开展全民健身活动，是地方武术发展的重中之重。峨眉武术作为独具四川地方特色的传统文化品牌，是四川独有的“标志”之一。在建设体育强国的历史进程中，峨眉武术发挥出了应有的重要作用。

（一）峨眉武术与地方经济

1. 经济与文化的关系

从质的规定性来考察，文化与经济是两个截然不同的概念，各自从属不同的领域范畴。经济是指各种生产关系的诸方面的总和，它是政治制度和意识形态等上层建筑的基础。文化从广义的角度讲，是指人类在社会历史进程中所创造的物质财富的总和；狭义的文化是精神生产活动，特指精神财富，在本质上是一种社会意识，属于上层建筑范畴[1]。马克思主义理论学说也曾揭示了文化与经济的微妙关系，经济与文化之间的互动关系是客观存在的，随着当今社会经济的快速发展，文化与经济之间的界限变得让人越来越费解，有朝着一体化方向发展的趋势。

不可否认，经济的发展必然会带来文化的变化甚至是变迁。现代化时代，我国快速发展的进程使得很多人都改变了原来的生活方式，进而使得他们的人生观、价值观以及对事物的普遍见解也被改变了。但是事实上，文化并不是完全被动的因变量，文化弥漫整个经济领域，对经济的发展有着重要的作用。它有可能是经济发展的动力，促进经济的发展，也可能会阻碍经济的发展。塞缪尔·亨廷顿在《文化的重要作用——价值观如何影响人类进步》中对加纳和韩国两个国家经济发展进行对比，结论证明文化有着不可忽视的重要作用，韩国人珍视借鉴、投资、勤奋、教育、组织和纪律的优点，促使韩国快速发展成为一个人均收入接近希腊的国家[2]。但是，在《不发达是一种心态——拉丁美洲事件》中劳伦斯·哈里森又用事实存在的个案例子告诉我们，在多数拉美国家，文化却成为发展的一大障碍。

---

❶刘伟．经济与文化如是考［G］//李少群．地域文化与经济发展．济南：山东人民出版社，1998：48．

❷塞缪尔·亨廷顿，劳伦斯·哈里森．文化的重要作用——价值观如何影响人类进步［M］．北京：新华出版社，2010：7．

无论如何，文化和经济之间存在着一种紧密的联系，至于两者之间关系如何、互相作用成效如何，这取决于多种综合因素。在现代经济社会中，文化不仅表现为一种精神性的内驱力，还是一种朝阳产业。“文化经济”“文化产业”已成为一个时髦的用语。文化俨然成为了经济的灵魂。经济与文化是不可分割的，它们相互嵌入关联，并与种种混杂的关系交织在一起而“嵌合”在整个社会之中。

2. 峨眉武术文化与地方经济

在体育强国建设背景下，为实现国家和民族的伟大复兴，大力发展体育经济、追求体育文化经济利益成为理所当然的诉求。在以经济建设为中心的发展格局下，全国上下的各个地方都将动员、挖掘和提供可利用的各种社会与文化资源为国家经济建设提供动力。在我国经济转型的时事下，文化资源大力拉动了经济的增长。目前，开发利用文化资源所形成的文化产业已经成为我国国民经济的重要组成部分。在这场声势浩大的强劲的经济发展大潮中，文化的任何一个方面都可能被卷进去。经济原则对整体社会的支配性作用也要求社会整体的“文化”按这个规则行事[1]。当前，

[1] 马翀炜．民族文化资本化论纲［J］．云南大学学报（社会科学版），2004（1）：32.

峨眉武术作为我国传统文化的重要组成部分和四川地域文化的典型代表，也受到了经济场域的影响，在地方政府、地方武术管理部门、峨眉武术传承人、研究学者等多方协同努力下，峨眉武术文化正成为地方经济发展的文化资本。

“峨眉武术搭台、旅游经济唱戏”是当前推动峨眉武术文化促进地方经济发展的重要举措之一。这种利用四川峨眉武术文化的地域文化特色、符号价值、表现功能等方面，有意识地改变峨眉武术文化符号能指和所指的社会行为，充分体现了人们对峨眉武术文化有意识的资本化运用。2002 年，在四川省武术馆、四川省武术协会的策划下，新中国成立后少林、武当、峨眉三大武术首次同台竞技的“少林、武当、峨眉三大武术精英赛”在峨眉山报国寺门前顺利举办，全球二十几家电视媒体同时通过卫星向全世界直播，引起了极大的轰动效应，2007 年，四川省峨眉山市举办了首届“中国·四川国际峨眉武术节”。这一活动不仅传承、传播了峨眉武术，同时通过峨眉武术打造出了吸引全球目光、汇聚经济资本的强大“道场”。这项活动已经成为四川传承弘扬峨眉武术、推动地方经济发展、展示地方文化特色、制造文化影响力的规定动作，每两年举办一次。截至 2013 年，四川已成功举办了四届“中国·四川国际峨眉武术节”活动。

图 4–3　中国·四川国际峨眉武术节活动现场

表 4–3　历届“中国·四川国际峨眉武术节”基本情况统计

届次	时间	举办地	其他
第 1 届	2007 年 8 月 26—31 日	峨眉山市	此次活动吸引了来自 12 个国家和地区的 50 多支队伍共 600 多名运动员参加。同时举办了峨眉武术论坛、峨眉美食啤酒节、峨眉消夏啤酒嘉年华和中华台湾特色美食展示、投资对接等文化旅游活动。将峨眉武术与经贸、招商与文化活动紧密结合

（续表）

届次	时间	举办地	其他
第2届	2009年8月5—8日	峨眉山市	此次活动融比赛、旅游和养生于一体，吸引了来自80多个国内武术代表队和10多个国家与地区的近900多名武术运动员及爱好者齐聚峨眉参赛。举行了传统武术交流，武术套路、武术散打比赛以及峨眉民间传统武术绝技展示大赛等。同时举办了以“峨眉武林风，旅游健身行”为主题的庆典活动。此外，活动还邀请少林、武当、峨眉三大武术流派高手，在海拔3099米的峨眉山举办了“金顶论剑”活动
第3届	2011年8月10—15日	峨眉山市	本届武术节以“继承传统文化、祈福仙山峨眉、尽享品质生活”为主题，主要活动有传统武术比赛、《武林大会》2011峨眉论剑擂台挑战赛、开幕式文艺演出、峨眉武术论坛、佛教文化活动、金顶论剑等。此外，还举行了峨眉武术摄影展，佛乐、茶道表演，禅修讲座，水陆法会送圣仪式等活动。此次活动共有来自新加坡、伊朗、瑞典、意大利、土耳其等国家和地区的108支代表队，近1200人参赛

（续表）

届次	时间	举办地	其他
第4届	2013年8月9—11日	峨眉山市	主题为“弘扬峨眉武术、发展文旅产业”。来自海内外共计115支代表队、1173名运动员、60名裁判员、118名大学生志愿者，以及赛会有关人员近2000人云集峨眉山，实现了赛事规模新的突破。本届武术节设有传统武术比赛、“金顶论剑”峨眉功夫王争霸赛系列武术展示、“中华武术峨眉秀武术养身行”养生文化展示系列、峨眉武术论坛等活动，吸引了中央、省、市和海外媒体共35家、68名记者的关注
第5届	2015年9月9—13日	峨眉山市	本届武术节是历届参赛人数最多的一届，吸引了来自吉尔吉斯斯坦、南非、加蓬、墨西哥、智利、坦桑尼亚、中国澳门、中国香港等18个国家和地区，25个国内省（市、自治区）的武术之乡共116支代表队、1400多人参加

地方管理部门已经看到了峨眉武术的强大影响力和经济驱动力。峨眉山市副市长张一力认为，武术的发展对于峨眉山景区的发展是一个促进，经济与体育是紧密相联的，目前峨眉在发展经济的过程中，很重视武术对企业发展的重要作用，一个企业的文化是通过企业的员

工素质表现出来的，峨眉武术需要挖掘技术更需要挖掘精神，政府一届比一届重视峨眉国际武术节的规模和影响力，人力、物力和场地都在不断提高之中。我们希望通过峨眉国际武术节进一步宣传和促进峨眉的旅游经济等领域的发展[1]。传承与弘扬峨眉武术所带来的地方经济发展并不是一厢情愿的梦想，而是看得见的真实存在。

峨眉武术已经成为一种文化资本。地方相关管理部门通过举办峨眉武术节，既是弘扬峨眉武术文化，更是侧重于以此为平台和契机，促进峨眉山旅游，实现由传统观光旅游向休闲度假旅游的漂亮转变。峨眉山乐山景区管委会党委书记秦福荣认为，峨眉武术发源于峨眉山，是峨眉山的一张名片。它能强身健体、养生保健，有文化底蕴，有群众基础，也有产业前景，更需要抓住时机，与时俱进。只有把武术与旅游进行有机结合，以休闲度假、武术养生吸引游客，才能在增强群众身体素质的同时，更好地展示峨眉山在四川旅游版图中的重要地位，展示景区平安、朝气、活力的健康形象，展示美丽景区的美丽文化、美丽愿景。此外，为了发展、利用峨眉武术资源，把峨眉武术文化的资源优势转化为产业优势，峨眉山市更是开创性地规划了全球独一无二的黄湾峨眉

---

[1] 中国·四川国际峨眉武术节广受关注［EB/OL］. http：//sports.people.com.cn/GB/35862/15428853.html.

武术文化小镇，并力争把小镇打造为发展峨眉武术产业的重要平台[1]。

事实上，举办武术节以拉动地方经济增长已成为各地较为认同的发展模式。1989 年，河北沧州率先举办了“河北沧州武术节”。之后，其他有条件的地方也纷纷响应，开始举办各种形式的武术节，比如“世界传统武术节”“中国郑州国际少林武术节”“香港国际武术节”等，这些武术节都是把商贸活动作为重要的组成部分，政府主导型的“文化搭台，经济唱戏”作为发展的基本模式和特征。国家经济的转型，使得传承下来的有着悠久历史的民间武术文化渐渐地从民间走向世人眼前。各个地方的政府通过创新，挖掘民间武术的经济价值，通过其经济带动能力来促进民间武术文化向资本转化。

峨眉武术的经济价值逐渐被认识、开发和利用。发展地方经济、树立地方文化品牌，扩大影响、提升城市知名度是地方政府尽力举办峨眉武术节的最终意图。他们希冀为来自世界各地的武林人士提供良好的交流机会和展示平台，向世人展示峨眉武术的博大精深，弘扬中化武术文化，并通过这一开放平台，让世人进一步了解峨眉山市甚至四川省。通过峨眉武术创造出经济价值，是当地人们的需求，也是政府部门的政治需求。峨眉武

[1] 第 4 届中国·四川国际峨眉武术节 8 月启幕［EB/OL］. http：//www.leshan.cn/GB/29/102832.html.

术被定位成为服务于现代化建设的有效资源。

峨眉武术的发展，除了以节庆符号来呈现外，融入旅游业已是其中应有之意。峨眉武术在旅游业中实现了自身的资本化过程。政府部门与峨眉武术的传承者通过社会资本的构建将峨眉武术与峨眉山旅游资源联系起来，峨眉武术的融入使当地旅游资源更为丰富，这也是当地政府乐于看到的状况。据统计，2011 年第 3 届“中国·四川国际峨眉武术节”期间，峨眉山每天接待游客均在2 万人次以上。其中，14 日更是达到了 2.5 万人次，再次创下旺季单日接待历史新高，迎来了避暑游高峰。而去年同期，每日游峨眉山人次为 1.5 万人[1]。这样一来不但增加了当地旅游产业的文化含量，而且延伸了峨眉山旅游的产业链。旅游团队在欣赏完了峨眉山的自然风光后，还可以体验峨眉武术的养生文化。可见，峨眉武术是作为峨眉山市旅游文化的载体和代表之一来进行展示的。

目前，峨眉山地区的经济收入有一部分是依靠峨眉武术所获得的。在区域经济发展中，以地区性知识为表现形式的峨眉武术文化是一项宝贵的资源已获得了共识，峨眉武术是四川本土文化的一个代表，是峨眉山地区旅游产业的一个重要组成部分，并且也是非常好的一个旅

---

[1] 峨眉武术节受热捧 峨眉山接待旅客超预期［EB/OL］. http://2011emws.jrem.cn/content/2011-8/16/705-67-481.htm.

游资源。同时，我们也意识到，在当代社会，不同地方对民间武术文化资本化运用的时候，民间武术文化拥有者总是主动参与到经济社会发展进程之中，从而使这一行为也具有了争夺话语权和生存空间的意义[1]。经过长时间的发展，峨眉武术逐渐走上了产业化的道路。这种产业包括养生健身产业、美食产业、医疗保健产业、旅游产业，甚至包括房地产产业等。而且当前我国的“养生热”似乎也给峨眉武术提供了产业化发展的契机。

文化融入经济，就必须按照经济的规则运行，民间武术文化也不例外，这就出现了文化商业化的问题。由于商业化的深入，民间文化面临失真和被消费文化蚕食的厄运，包括目前“原生态”的表演，实际上也脱离了它的原始面貌[2]。但是我们也看到文化是需要融合和创新的。在最大限度地保留民间传统武术的基础上，应适当地融入新的元素，使之更符合商业社会的需求。事实上，任何新的文化的生成并不会完全否定过去的文化传统，并与之彻底决裂，而是在总结先进文化精神、吸取外来文化精华以及对传统文化进行成功转型的基础上进行现代文化的创造[3]。峨眉武术文化将会在与地方经济的互动

---

❶龚茂富. 中国民间武术生存现状及传播方式研究［M］. 人民体育出版社，2012：133.

❷李长莉，左玉河. 近代社会与民间文化［M］. 北京：社会科学文献出版社，2007：8.

❸舒扬. 当代文化的生成机制［M］. 北京：中英编译出版社，2007：6.

中，发现更多自身的内在价值，在适应经济的“游戏规则”中，争取得到更多的生存和发展空间。

（二）全民健身中的峨眉武术

群众体育是体育强国建设的重要组成部分，其发展规模和水平是体育事业发展规模与发展水平的重要标志。同时，还是提高国民健康素质的基本途径。群众体育对人的全面发展和体育事业的整体进步，对整个社会和谐发展都具有极其重要的意义。为了发展群众体育，1995年国务院颁布实施了《全民健身计划纲要》，2009年颁布实施了《全民健身条例》，2011年又颁布实施了《全民健身计划（2011—2015年）》，并对未来5年全民健身事业发展提出目标任务，制定了工作、保障措施。近年来，在四川省武术协会等组织的带动下，峨眉武术各类比赛日渐增多、相关研究会得以成立、民间活动频繁，呈现出一片欣欣向荣的景象，峨眉武术完全融入了全民健身的热潮之中，迈出了推动建设体育强国的新步伐。

近年来，峨眉武术相关活动越来越频繁，一系列群众性赛事相继登台亮相。“文艺靠演出，体育靠比赛”，群众性峨眉武术比赛是吸引广大群众参与、持久开展全民健身活动的重要形式和强大推动力。前文已述，2007年起，四川举办了首届“中国·四川国际峨眉武术节”，并形成了两年一届的相对稳定的发展模式。除此以外，

2005年11月，在成都望江楼公园内举行了中断50多年的成都民间武术活动“达摩会”，自此成都老民俗“达摩会”正式恢复[1]。大会期间，100多名各门派的武林高手进行了精彩的武技表演。这次活动是由民间武术爱好者自发举行的，反映了四川峨眉武术活动的热潮。达摩会的特点是重献技交流，不设立擂台比武。显示了在现代健康和休闲为主体的社会环境下，峨眉武术更是作为一种文化和休闲娱乐的手段受到人们的重视与欢迎。由于参加达摩会的人员多为民间习练者，因此从某种程度上讲，为四川传统武术、尤其是为极具四川特色峨眉武术的展示提供了舞台，这极大地促进了峨眉武术的发展，是一项具有深远现实意义的民间武术活动。

2010年是《全民健身条例》颁布后实施的第二年，为贯彻落实全民健身条例，全面开展全民健身活动，发挥峨眉武术的优势，四川省武术运动管理中心、四川省

---

[1] “达摩会”由清末民初的著名武术家周腾蛟（僧门第三代代表性传承人）、吴蔚生等人共同创办，每年农历十月初十这天，都会在成都韦驮堂道观（今文庙后街）举办演武大会。每到此时，全国各路武林高手纷纷云集成都，许多武林后辈在此扬名立万，因而“达摩会”深受武林人士喜爱。“达摩会”历时数十年，与青羊宫庙会、花会并称“老成都三会”，共同形成了成都独有的庙会文化。因各种原因，“达摩会”后来中断了50多年。直到2005年，在僧门第六代代表性传承人何伟琪的倡议和组织下，在成都望江楼公园峨眉僧门武校得以恢复。2010年10月，“达摩会”获成都市非物质文化遗产称号。

武术协会又推出了“四川省首届传统武术名人明星争霸赛”。比赛评选出了8名“2010年四川传统武术年度名人”和10名“2010四川传统武术年度明星”，并为获奖者颁发奖杯及证书，同时由四川省武术协会授予其一二级武术拳师称号。“四川省传统武术名人明星争霸赛”在竞赛项目中为峨眉武术较为流行的套路与峨眉段位套路设置了专门的板块。这一活动为峨眉武术搭建了交流和展示的平台，有力地调动了四川峨眉武术传承人的积极性，成为峨眉武术发展的助推器之一。尤其是通过授予“名人”“明星”等称号，使峨眉武术传承人获得了一种认同，激发了峨眉武术传承人对传承和弘扬峨眉武术的热情。同时，我们也应看到这也是一种峨眉武术明星效应的生产过程。到2014年，“四川传统武术名人明星争霸赛”共成功举办了五届，每届比赛不但评选出了“名人”与“明星”，而且评选出了五届“四川省武术名家”。这些名人、明星与名家中，有很多都是峨眉武术的代表性传承人。如表4-4所示：

表4-4　近五届“四川传统武术名人明星争霸赛”概况

届次	时间地点	名人	明星	名家
第1届	2010年12月23—26日，广安市	季筠（成都市武术运动协会代表二队） 李含光（松溪武术代表队）	游斌（广安市国际缠丝太极拳道馆代表队） 鲜宗丽（四川省武术协会青城功夫研究会代表队）	

（续表）

届次	时间地点	名人	明星	名家
		陈洪刚（王树田武学研究会） 何道君（四川省武术协会青城功夫研究会代表队） 蒋佩琴（青城功夫研究会） 贺十辉（盘破门资中） 王超（峨眉山市武术代表队） 崔永聪（四川省武术协会吴式太极拳研究会代表队）	李安尚（江油市代表队） 张秀清（四川省武术协会综合太极拳研究会代表队） 张华（四川省陈式太极拳研究会代表队） 周滔（成都市武术协会代表队） 杨华海（绵阳戴炜武术太极拳俱乐部代表队） 周丽（四川省武术协会吴式太极拳研究会代表队） 李万锋（峨眉山市武术代表队） 李琳娜（四川省武术协会综合太极拳研究会代表队）	
第2届	2011年10月3—7日，南充市	石中玉（南充市顺庆区太极武馆） 贺十辉（盘破门资中） 何道君（四川省武术协会青城功夫研究会） 李含光（松溪武术队） 黄延忠（四川省武术协会松溪内家拳研究会） 宋子方（中国盘破门） 季筠（成都市武术运动协会） 肖清黄（成都市武术运动协会） 陈洪广（成搏文武学校） 蒋佩琴（德阳市武术协会）	李建平（四川省武术协会松溪内家拳研究会） 何光福（南充龙川半岛武术队） 赵通足（南充喻家少林六合门拳法研究会） 鲜宗丽（四川省武术协会青城功夫研究会） 杨龙（内江市武术协会杨龙拳法研究会） 周滔（温江区体育局） 张德敏（四川省武术协会综合太极拳研究会） 游斌（广安市国际缠丝太极拳道馆） 唐国光（四川省武协李雅轩太极拳研究会） 廖辉（成搏文武学校）	

（续表）

届次	时间地点	名人	明星	名家
第3届	2012年10月24—28日，眉山市彭山县	何道君（四川省武术协会青城功夫研究会） 贺十辉（盘破门资中） 肖清黄（成都市武术运动协会） 季筠（赵门武术研究会） 陈洪广（成搏文武学校） 李含光（松溪武术队） 李建平（四川省武术协会松溪内家拳研究会） 宋子方（中国盘破门） 杨龙（内江市武术协会杨龙拳法研究会） 蒋佩琴（德阳市武术协会）	周滔（温江区体育局） 李万锋（峨眉山市文体局） 黎群敏（少城辅导站） 周燕（彭祖太极） 庄小莉（综合太极研究会） 鲜宗丽（四川省武术协会青城功夫研究会） 左仲芬（戴炜太极俱乐部） 杨水源（自贡市太极拳运动协会） 陈洪福（王树田研究会） 邓伟（和式太极研究会）	何道君（四川省武术协会青城功夫研究会） 李含光（松溪武术队） 贺十辉（盘破门资中） 季筠（赵门武术研究会） 蒋佩琴（德阳市武术协会）
第4届	2013年2月1—3日，西昌市	肖清黄（四川省武术协会峨眉赵门研究会） 李建平（四川省武术协会高坪松溪内家拳研究会） 魏光兰（内江太极拳队） 杨龙（内江市武术协会杨龙拳法研究会） 陈洪广（王树田武学研究会） 邹丽（吴式太极拳研究会）	李万锋（峨眉武术学校） 沈贵华（峨眉武术学校） 张德敏（内江太极拳队） 庞雅元（威远业余体校） 吉克约哈（西昌泰龙武校） 程韡峰（内江师范学院） 李道政（华阳艺术中心） 黎群敏（青羊少城辅导站）	肖清黄（四川省武术协会峨眉赵门研究会）

（续表）

届次	时间地点	名人	明星	名家
第5届	2014年11月13—16日，巴中市	李建平（松溪内家拳联合总会） 黎群敏（四川史话） 陈洪福（四川省武术协会内家拳联合会） 饶华（巴中市太极拳协会代表队） 夏雪容（绵阳戴炜武术太极拳俱乐部）	陈骁（四川省盘破门研究会威远分会） 胡先旭（德阳翔韵文武俱乐部） 程韡峰（内江师范学院） 常自强（西华师范大学） 窦超（三台县文武学校）	李建平（松溪内家拳联合总会）
第6届	2015年5月14—17日，南充市	赵通足（南充喻家少林六合研究会） 何光福（南充顺庆区武术协会） 王世强（成都体育学院） 侯建国（四川省武术协会东岳太极拳研究会） 赖凤林（成都蒋勇太极文化养生中心） 肖波（四川省武协肖德生太极拳研究会） 宋伟松（杨绍西武学研究会）	蒋智臣（南充十八中） 李想（成都体育学院） 秦涛（三台县文武职业技术学校） 陈骁（四川省盘破门研究会威远分会） 唐永碧（都江堰太极拳协会） 李树江（西充县李雅轩太极拳协会）	

“打金章”是近些年来四川地区为了发展峨眉武术所复兴的又一传统武术活动。“打金章”是民国初年在成都逐渐形成的一个峨眉武术民俗活动，它起源于1918年(民国七年)，历经32年，于1950年中止，期间共举办了20余次比赛。关于这一点我们在上一章中对民国期间“打金章”的源起与变迁等情况已进行了详尽的讨论，此处不再赘言。但是近年来，“打金章”的再次复兴却不得不给予必要的关注。2007年10月，由成都市巴蜀武术文化交流中心和成都文殊坊联合举办了“成都文殊坊打金章峨眉拳王争霸赛”，观众人山人海，盛况空前。此后，2008年2月、2009年1月、2009年10月连续开办了四届文殊坊打金章，在成都复兴了这项沉睡多年的民俗赛事，延续了民国期间“打金章”的民俗意蕴。

2011年，四川省武术运动管理中心、四川省武术协会将当代首届“成都大庙会”“打金章”放在武侯祠举行。此次“打金章”活动的首枚“金章”由19岁的董长华夺得。夺得“金章”后，组委会还依照旧时的习俗给他披上红披风，并让他骑着白马绕场3周。第2届“打金章”于2012年2月24—26日在成都市新津县中华武术花舞人间举行，第3届“打金章”于2013年8月2—4日在成都市武侯实验中学体育馆举行。当代“打金章”是对民国老民俗的符号式复兴，有其特定的社会原因和历史原因。但是，当代“打金章”与民国“打金章”之间却存在着一定的区别。

图 4–4　打金章旧照

首先，从“打金章”比赛项目上看，民国期间的“打金章”参赛选手多是峨眉武术的传承人用本门派的功夫，当代“打金章”参赛选手使用的更多的是诞生于 80 年代末 90 年代初的散打或当代国际自由搏击技法。其次，二者在比赛形式和规则上已是今非昔比。再次，生存空间的变化，民国期间的“打金章”是固定在青羊宫花会期间进行，而当代复兴的“打金章”，除第一次是在成都大庙会这一民俗文化空间中进行外，其他两次都转移他处，其中民俗意味荡然无存。因此，可以说当代“打金章”在某种程度上是对民国“打金章”形式与符号的传承，但是“打金章”的神韵仍有待进一步挖掘复兴。不过，这一传统能够以某种形式得以延续仍然令人备感欣慰。作为地方武术管理部门复兴传统峨眉武术赛事的努力，这一赛事在普及与传播峨眉武术、促进大众习武、推动全民健身方面显示出较高的存在价值。

此外，巴蜀武术交流大会（2010年举办首届，至今已举办三届）、四川省传统武术比赛等系列赛事也为峨眉武术的发展搭建了广阔的平台。繁盛的相关比赛显示出峨眉武术旺盛的生命力，也体现了地方相关部门对四川地区峨眉武术的重视。它在进一步丰富人们的业余文化生活的同时，彰显了峨眉武术在当代社会的价值和功能，从一个侧面推动了全民健身的开展，进而有力地促进了体育强国建设。

（三）峨眉武术拳种研究会

体育强国建设背景下峨眉武术的新发展还体现在雨后春笋般成立的峨眉武术各拳种研究会方面。据统计，目前注册在四川省武术协会之下的相关武术研究会已经达到了30余个。它们是：峨眉武术工作委员会、青城派研究会、青城功夫研究会、盘破门研究会、松溪内家拳研究会、余家拳研究会、生门武术研究会、峨眉赵门武术研究会、综合太极拳研究会、李雅轩太极拳研究会、双节棍暨红缨枪研究会、和式太极拳研究会、松溪内家武术研究会、肖德生太极拳学研究会、陈式太极拳研究会、太极推手研究会、杨绍西武学研究会、查拳研究会、吴式太极拳研究会、海灯武学研究会、武当功法研究会、峨眉绿林武术研究会、形意拳研究会、法门武术研究会、巴蜀武术研究会、自然门西蜀流武术研究会、内家武术联合会、东岳太极研究会、陈正雷太极研究会等。在这些研究会中，峨眉武术研究会占据了近一半比例。此外还有很多草根式峨眉武术相关研究会无法统计。不过，目前峨眉武术研究会规格最高影响最大的要数2010年成立的“峨眉武术联合总会”，它由中国佛教协会副会长、四川省佛教协会会长、峨眉山佛教协会会长释永寿与四川省体育局局长朱玲担任名誉会长，峨眉山佛教协会副会长释心定担任会长，钱兴勇、释照周、释广成、李胜伟担任副会长，吴信良担任秘书长兼总教练，并聘请了习云泰、吴斌、邹德发、蒋显伦、任刚、肖家泽、林立等人担任顾问。此外，“峨眉武术联合总会”还汇聚了川内较为顶尖的相关研究人员，可谓阵容庞大。这些研究会定期举办相关研讨会，主要围绕峨眉武术的概念、风格特点、文化内涵以及研究发展中遇到的各种问题展开探讨。不仅如此，峨眉武术不同门派之间还借助各种研讨交流机会相互切磋武技。他们展示了峨眉武术各门派的传承与发展，在某种程度上，标志着峨眉武术的文化自觉，同时也标志着峨眉武术进入了一个新的发展阶段。分析认为，这些研究会在峨眉武术发展过程中主要发挥了四个方面的积极作用。

图 4–5　2010 年 4 月 26 日，四川省体育局局长朱玲同志为峨眉武术联合总会授牌

第一，保护与传承峨眉武术。峨眉武术的相关组织在保护和传承峨眉武术过程中发挥了重要的作用，这体现在以下三个方面：首先，在技术上，各研究会对各自所传承的峨眉武术进行了深入的挖掘、整理，并通过收徒、开馆、出书等多种形式使之传承下去。其次，每年他们对峨眉武术做了大量的宣传工作，这其中包括频繁地出席各类社会活动、表演、参加传统武术比赛以及大量的媒体宣传等。最后，为峨眉武术的保护提供了空间。峨眉武术研究会等组织是保护、传承峨眉武术的重要保证。峨眉武术组织在峨眉武术的保护中具有积极的作用，但也存在不足，如目光不够长远、缺乏指导等。

第二，提供公共服务，促进大众健身的开展。峨眉武术研究会等组织一个重要的特征就是参与了武术公共服务的供给。当然，这部分公共服务主要体现在大众健身这一块，这是由峨眉武术的性质和特点所决定的。部分研究会通过与老年体育协会等组织合作，义务教授老年人习练峨眉武术，对促进老年人身体健康起到了积极的作用，这种组织间的合作模式使组织活动效率大大提高。此外，他们还时常开展暑期辅导班的教学活动，这对部分中小学生了解峨眉武术文化、提高个人修养、增强身体素质都具有较为积极的意义。

第三，改善政府与社会的关系。峨眉武术研究会提高了峨眉武术的自我管理能力，推进了民间武术管理的社会化，他们充分发挥自身的主动性和能动性，与政府管理部门之间形成了沟通和交流，促进了政府对峨眉武术的了解。峨眉武术研究会等组织通过利益诉求和权利意识的集体化表达，并通过集体行动的方式参与到民间武术的管理中去，为政府与民间社会之间的沟通、协调搭建了桥梁。

第四，影响公共政策的制定。峨眉武术研究会组织通过动员社会资源、协调相关管理部门的关系、提供公益服务、举办团年、参加论坛、递交建议书、出版书籍光盘、通过媒体发布等理性手段形成了一定的公权力，对峨眉武术的公共政策的制定形成了一定的影响。四川省武术运动管理中心主任任刚认为："像青城派这些民间武术，不去管他们，不去理他们，他们也要发展，他们也要去求生存。如果一味地排挤他们，可能会出现问题。我们从政府的角度、民间社团的角度给他们一个官方的认可。那么对他们来讲就更有说服力，可以有身份一点，这样既给他们支持，给了他们平台，又管理了他们。”❶我们可以看到，四川省武术运动管理部门已经清楚地意识到了这种民间武术社团的影响力，并开始试图通过制定公共政策来加强对民间武术的有效管理。这是以峨眉武术研究会组织为代表的民间武术组织影响政府组织公共政策制定的有力证据。

图 4–6　四川省武术运动管理中心主任任刚授牌“青城功夫研究会”

在体育强国建设这一时代大背景下，四川省武术协会以及四川省武术运动管理中心加强对峨眉武术各拳种的领导、引导、指导和管理，为大家创造了一个发展和

❶访谈录音整理。访谈对象，四川省武术运动管理中心主任任刚；访谈地点，四川省自贡市；访谈时间，2010 年 4 月 17 日；录音编号，2010041704。

展示的平台，避免了以往民间武术中诸多不规范的行为，使峨眉武术在竞技比赛、人才培养、社会活动、科学研究等方面都取得了突飞猛进的新发展。在省武术运动管理中心、省武术协会，以及各门派传承人与社会各方力量的共同努力下，峨眉武术得到了有效的传承，相关峨眉武术文化传统也得到了延续与复兴。

五、峨眉武术的传播

传播在任何时候都是人类社会生活至关重要的活动之一。可以说，传播处于人性的中心位置[1]。人们之间相互传播信息的方式塑造了人们的生活，也塑造了我们赖以生存的世界，能够进行有效的传播是获取成功的前提和必要条件。峨眉武术的发展与弘扬也得益于所属各门派对传播的有效运用。峨眉武术各拳种门派近些年来发展较快，取得了有目共睹的传播成效。当前，峨眉武术的传承人苦心经营并有所成就，在很大程度上就得益于他们对传播的有效运用。同时，也正是对不同传播手段的使用，尤其是对大众媒介传播的有效运用，使得各自传承的峨眉武术的发展呈现出异样的模式。在当代社会，

---

[1] 特里·K.甘布尔，迈克尔·甘布尔. 有效传播（第七版）［M］. 熊婷婷，译. 北京：清华大学出版社，2005：4.

大众媒介技术的变迁与发展正在逐渐改变民间武术的生存状态。传播是一个复杂的过程，它涉及诸如传者、信息、渠道、受众、反馈等诸多要素。在这里，我们主要对峨眉武术的传播方式与途径、传播内容与特征进行细致的考察与分析。

（一）峨眉武术的主要传播方式与途径

在很长一段时间内，我国民间武术的传播基本是依赖口传身授的方式进行。随着社会的发展，印刷术、电视、网络等大众媒介技术逐渐被应用到民间武术传播之中，使民间武术传播呈现出另一番别样的形态。可以说，当前峨眉武术应用了从口传身授到新媒介在内的所有被传播学者所称道的传播手段与方式来推动民间武术的发展。当前，“师徒相承”的人际传播方式仍然是峨眉武术的基本传播方式；由于峨眉武术浓厚的民间、民俗属性，“仪式传播”在峨眉武术传播与推广中占据着重要的位置；“大众媒介传播”对峨眉武术的发展显示出了强劲的推动作用；国际传播使峨眉武术遍布世界各地。

1. 峨眉武术的师徒传承

以师徒传承为主的人际传播方式是峨眉武术的基本传播方式。从传播学的角度看，武术的师徒传承是师徒双方按照一定的程式建构一种特殊的关系，并以此为基础传习某种武艺的传播方式。民间武术师徒传承的传播方式历史悠久，我国早在明代就有清晰的文字记载。明人郑若曾在《江南经略》中说：“中国武艺不可纪胜，其秘法散之四方，师徒相传，各臻妙际。”中国民间武术能够世代相传，并形成丰富的门派，主要就是依靠师徒传承的传播方式加以实现的。在峨眉武术中，无论是青城派、盘破门、黄林派还是化门、赵门、余家拳的传承人，他们都是通过拜师学艺获得了原初的技术积淀。如今，他们也作为师傅收徒授艺，传播峨眉武术。正是通过师徒相传，才使峨眉武术的各个门派拳种传承人形成了相互联系、相互交织的峨眉武术群体。

师徒传承的传播方式对峨眉武术的发展具有非同寻常的重要意义。首先，师徒传承使峨眉武术技术得以最大化地完整、有序地传承。如：在峨眉僧门收徒时，他们都要对即将入门的徒弟教以做人、处事、学拳的道理。此时，徒弟要当着祖师爷、师傅以及众多宾客的面立下“继承和发扬僧门武术”的誓言。这种特殊的教育方式很快便使徒弟认识到传播本门派的技艺是自身的责任和义务，传承武技的内在动力得到强化。在徒弟磕头拜师加入师门以后，徒弟就成为师门中的一员，成为了“自己人”。拜师以后，师傅会将平生所学倾囊相授于徒弟，以使其发扬光大本门派的功夫。因此，师徒传承这一传播方式对促进峨眉武术技术的完整有序传播起到了积极的作用。

其次，师徒传承为峨眉武术门派的形成奠定了基础。武术门派是武术传承群体的人文化成。在民间武术门派中，最为重要的纽带便是师徒关系。同一门派内部，总能找到相互关联的师徒关系。例如：峨眉武术中的青城派传承人都有共同的祖师爷信仰——尊张陵为祖师，这使得他们拥有了共同的身份认同和归属感。就像血缘关系在中国传统社会宗族中所起的作用一样，民间武术在传播中所形成的这种拟血缘的特殊关系为门派搭建了伦理网络框架，为民间武术门派的化生奠定了基础。

再次，师徒传承可以形成促进本门派武术发展的社会群体力量，发挥出社会整合的作用。通过师徒传承，徒弟从心理上是“皈依”了峨眉武术，他们会以师傅为中心凝聚成一股社会力量，这种力量对于峨眉武术的发展是极其有利的。例如：在峨眉武术一些门派中的徒弟不仅要学习本门派功夫，而且要力所能及地协助师傅做一些有利于门派发展的事情，承担师资角色，或者承担相应武术研究会的组织管理者角色等。

师徒传承这一方式可以使某一门派的技术、文化信息最大限度地传送给受众（徒弟），受众（徒弟）也会竭尽所能地朝着传者（师傅）所希望看到的目标（学会所传的技艺）努力。毋庸置疑，师徒传承这一传播方式具有其他任何传播方式所无法取得的传播效果。这也是师徒传承在民间武术中能够保留至今并且极为盛行的重要原因。

师徒传承这种传播方式自身也存在着无法克服的弊

端。从传播学来看，取得较好的传播效果是任何一个传播行为所期望得到的。但是，这一传播方式的局限性在于：一方面，它的纵向性特征限制了峨眉武术传播的广度。“凡是武师真传的，人数一定不会很多，三五个人，才能忙得过来，教得透”❶。一个师傅一辈子所能收的徒弟数量是极其有限的，这就使峨眉武术的传播广度受到了制约。另一方面，在某位师傅仅有的徒弟当中，很有可能出现不了出类拔萃者，一旦如此，这一脉的功夫必然就会衰微。

不管怎样，师徒传承的传播方式仍然是峨眉武术不可替代的基本传播方式，它在峨眉武术传播中发挥着重要的作用。师徒传承就像峨眉武术的血液一样，是它赋予峨眉武术文化以生命，如果有一天师徒传承丢失了，峨眉武术的传统文化意蕴也将荡然无存。师徒传承这一传播方式可以延续峨眉武术技术或文化的存在，但是这一传播方式却很难帮助峨眉武术发展光大。为了获取更多的生存空间，峨眉武术传承者们还利用了其他的较为有效的传播方式来发展壮大自身。

2. 峨眉武术的仪式传播

在峨眉武术的传播过程中，自古以来就自觉或不自

---

❶李仲轩口述，徐皓峰整理. 逝去的武林［M］. 北京：中国当代出版社，2006：117.

觉地运用着仪式传播的各种手段。“仪式传播”的思想主要来源于20世纪70年代美国传播学者凯瑞（James W. Carey），他在《作为文化的传播》一书中将传播的定义分为两大类，即“传播的传递观”（a transmission view of communication）以及“传播的仪式观”（a ritual view of communication）[1]。他指出，传播的“仪式观”并非直指讯息在空中的扩散，而是指在时间上对一个社会的维系；不是指分享信息的行为，而是共享信息的表征[2]。凯瑞还指出，仪式观并不排除信息传递或态度改变过程，它只是主张除非人们从本质上对传播与社会秩序采用仪式性的观点，否则他们就无法正确理解这些过程[3]。“传播的仪式观”思想被引进国内以后，逐渐被发展成为较成熟的“仪式传播”理论。

仪式传播是峨眉武术传播的重要方式之一，也是峨眉武术的文化存在。峨眉武术中存在很多仪式，其中有几种表现形式较为突出，应引起我们的重视，即“拜师收徒仪式”“代表性传承人传位仪式”以及“团年仪式”。笔者于2010年被峨眉武术另一门派——绿林派邀

---

[1] 詹姆斯·W·凯瑞. 作为文化的传播［M］. 丁末，译. 北京：华夏出版社，2005：4.

[2] 詹姆斯·W·凯瑞. 作为文化的传播［M］. 丁末，译. 北京：华夏出版社，2005：7.

[3] 詹姆斯·W·凯瑞. 作为文化的传播［M］. 丁末，译. 北京：华夏出版社，2005：10.

请，作为见证人参加了该门派的代表性传承人传位仪式。深感这些仪式在峨眉武术传播过程中发挥着重要的作用。

在此，笔者对所见和所听到的峨眉武术代表性传承人传位仪式稍作介绍，以帮助我们进一步了解峨眉武术的仪式传播。

在举行代表性传承人传位仪式之前，有两件事情必须完成——确定新代表性传承人选，以及挑选“黄道吉日”。新代表性传承人选多数是由代表性传承人进行指定，代表性传承人的意见在这一行为过程中具有举足轻重的作用。不过，这一过程也要征求门派中其他弟子的意见。新代表性传承人通常由武艺出众、德高望重、具备将门派发扬光大能力或潜力的徒弟来担当。新代表性传承人选确定以后，就要根据代表性传承人和即将接位的新代表性传承人的“生辰八字”找阴阳先生算上一卦，以确定举行仪式的“黄道吉日”。这在峨眉武术中非常重要，因为他们相信这样可以使门派更加兴旺繁荣。这两道程序完成以后，门派中的成员就会分工合作，将这一信息通知地方媒体记者、地方武协领导、地方政府相关部门领导、其他门派拳师、部分地方社会精英、相关学者等各方面的人员，邀请他们前来参加传位仪式。

据笔者观察，传位仪式的核心部分主要由以下几个步骤组成：第一，由主持人宣读事先拟好的关于本门派的历史、发展情况等资料，介绍到场嘉宾，致欢迎词，并宣布仪式开始。第二，“代表性传承人”宣布退位、传位的决定，以及新代表性传承人选。第三，新代表性传承人选参拜祖师爷（磕头、上香）以及参拜（磕头）代表性传承人，向代表性传承人以及见证人敬茶。第四，代表性传承人向新代表性传承人选授予“信物”（剑、印章等物）。第五，新代表性传承人选跪着高举双手接受信物，并磕头拜谢代表性传承人。第六，门派中全体师兄弟参拜新代表性传承人（行抱拳礼或鞠躬礼）。第七，新代表性传承人发表讲话，并对今后率领门派发展、弘扬本门派武术立下盟誓。第八，所有参与人员入席就餐。

“团年”是四川地区对“新春团拜活动”的俗称。根据上文对仪式的阐述，团年理当属于仪式传播的一种重要形式。团年仪式是峨眉武术部分门派每年必要举行的大型社会活动之一，也是他们传播峨眉武术的重要方式之一。每年的新年前后，峨眉武术传承人通常会挑选一个合适的日子，然后通知与他们交往密切的以及对他们发展有所帮助的人员前来团年。在峨眉武术举行的仪式中，团年的规模最大，涉及的地方社会阶层也最多。笔者多次参加了峨眉武术的团年仪式。下面结合何道君举行的团年仪式传播活动来进行必要的说明。

2011 年 1 月 1 日，何道君夫妇在青城道君精武馆内举行了一年一度的团年活动。活动邀请了地方武协主要领导、都江堰市相关部门领导、崇义镇主要领导、青城山道教主要领导、地方老拳师、地方媒体记者、学术界、文艺界、商界、教育界以及四川省各地方武术协会、武馆、武校主要人员等交往密切的共计 300 余人参加。民间武术团年仪式的参加人员可谓是“三教九流”。此次团年仪式主要展演程序、内容包括：第一，主持人介绍到场主要领导及嘉宾，并致欢迎词。第二，四川省武术协会副主席肖家泽宣读《关于同意成立青城功夫研究会的批复》。第三，青城道君精武馆馆长何道君致词。第四，阿坝州烟草局局长苏王福代表青城道君精武馆做 2010 年工作汇报。第五，相关领导、嘉宾讲话。第六，四川省武术运动管理中心主任、四川省武术协会秘书长任刚为“四川省武协青城功夫研究会”授牌。第七，举行青城道君精武馆收徒仪式，弟子代表讲话。第八，来宾向何道君夫妇赠送锦旗、书画。第九，何道君及弟子为来宾做“青城功夫表演”。第十，合影留念、就餐。何道君此次举行的团年仪式较为复杂，其中包括了多项仪式活动。

峨眉武术团年是一个较为复杂的仪式展演传播过程，它并不像我们想象的吃吃饭、喝喝茶、聊聊天这么简单，它是团年仪式发起者建构的一个宏大的传播场域。在这个文化空间中，团年仪式传播的发起者和信息接收者之间的人为隔断已然消失，被邀请来的嘉宾完全融入到团年仪式发起者营造的气场之中，传者和受众双方共同分享、融入、参加和建构这一传播的团年仪式。这正符合仪式传播理论的内涵——仪式传播不仅仅在于对信息的传递，更是信息的共享。同时，也体现出信息对参与群体的凝聚力，通过仪式过程中的符号对受众进行精神的感化，从而能够达到对信息接收者的控制。仪式传播既凸显了信息接收者的主体性，也淹没了信息接收者的主体性❶。同时，仪式传播还显示出传者和受众之间的平等性与共建性特征。

由于仪式传播具有较好的传播功能和价值，因此，峨眉武术传承人才乐此不疲地热衷于举办这些过程复杂，耗费人力、物力、财力的仪式传播。通过这些仪式传播手段，峨眉武术传承人建构和维护了日常的各方面关系，凝聚了情感，与此同时，也进一步增强了社会认同。

3. 峨眉武术的大众媒介传播

大众传播媒介一般简称为“大众传媒”或“大众媒介”，它是媒介中具有特殊属性的一类媒介的总称。媒介（media）是传播学的核心概念之一。传播学大师施拉姆将“媒介”定义为，“媒介就是插入传播过程中，用以扩大并延伸信息传递的工具”❷。大众传播媒介的概念是在媒介概念的基础上发展出来的。大众传媒是对以大规模的方式运作，在或多或少的程度上能够触及并影响社会中每一个人的传播方式的简称。大众传媒包括许多长期存在并且为人所熟悉的媒介，比如报

---

❶张孝翠. 论仪式传播与参与主体性［J］. 国际新闻界，2009（4）：41–42.

❷威尔伯·施拉姆，等. 传播学概论［M］. 陈亮，周立方，李启，译. 北京：新华出版社，1984：123.

纸、杂志、电影、广播、电视和留声机等。目前还出现了很多种新媒介，这些新媒介和其他媒介的差别主要在于它们更加个性化、多样化并具有互动性，因特网是其中的佼佼者❶。大众媒介在人们日常生活中扮演着越来越重要的角色，发挥着不可替代的作用。报纸、广播、电视、网络等大众传播媒介的日常化，使大众传媒渗透在人们日常生活的点点滴滴中，影响甚至控制了人们对社会环境的感知❷。大众媒介左右着人们对现实世界的看法，塑造着人们的价值观念，影响、甚至控制了人们的社会行为。

峨眉武术传承人深感当代大众媒介对自身生存与发展的重要意义和作用，他们希望能够通过媒介的报道来制造出广泛的影响力。峨眉武术部分门派充分调动传媒界的关系，最终改变了峨眉武术被大众媒介长期忽视的状况。峨眉武术的传承人也因大众媒介而风生水起，成为一些电视栏目的常客。

在大众媒介时代，峨眉武术积极融入媒介环境之中，逐渐加强了对大众媒介的利用，但是各门派在利用媒介的能力上参差不齐。调查发现，峨眉武术有些门派已经

---

❶斯·麦奎尔. 麦奎尔大众传播理论（第四版）［M］. 崔保国，李琨，译. 北京：清华大学出版社，2006：3.

❷李培林，李强，马戎. 社会学与中国社会［M］. 北京：社会科学文献出版社，2008：405.

可以根据媒体和社会的需要，利用峨眉武术来制造出具有“媒介价值”的事件。

伴随着对大众媒介的利用，峨眉武术部分传承人所具有的“名气”也与日俱增。他们的名气以及峨眉武术自身蕴含的“武侠”与“江湖”意味，使得关于峨眉武术的信息渐渐成为大众媒介的“卖点”，部分大众媒介也逐渐乐于报道峨眉武术的相关活动信息。在这个大众传媒时代，峨眉武术已然与大众媒介结成了“联姻体”——峨眉武术可以为大众媒介提供素材，大众媒介通过对民间武术的报道为其争取到话语权，并制造社会影响。在某种程度上，峨眉武术的发展也是传承者和大众媒介共谋的结果。当前峨眉武术对大众媒介的深度依赖，使得峨眉武术文化悄然发生了变迁，峨眉武术文化被深深地打上了“大众文化”或“媒介文化”的烙印。

峨眉武术传承者对各种大众媒介几乎是无所不用。据统计，他们主要运用了书籍、简报、报纸、杂志、电视、画册、网络、博客、微博、论坛、手机以及户外广告牌等多种媒介。这些大众传播媒介几乎囊括了日常人们所熟悉的所有大众媒介形式。在上述的大众传媒中，报纸、电视、杂志、简报、网络、博客、微博、手机是他们较为常用的大众媒介。其中的网络、博客、微博以其经济性、便捷性、互动性、自主性、社会现场感等特征因素备受他们的青睐。

便捷性、互动性、自主性、社会现场感是传播学者公认的新媒介的关键特征，也是这些媒介的优势所在。那么为何还要说“经济性”呢？因为，几乎每次邀请电视或报纸媒体记者前来采访报道组织的活动，他们都要为此付给一定的报酬。然而，在博客、微博上发布信息几乎是不需要任何费用的，即使是他们的门户网站，所需要的维护费用也相当的低廉。问题的关键还在于，网络、博客、微博上的议题可以随意设定。这些以因特网为基础的媒介构成了一个规模庞大、人数众多的虚拟“网络社区”。他们希望通过这些媒介来占有或吸引虚拟“网络社区”中潜在的受众，以增加这些受众在虚拟“网络社区”对峨眉武术以及他们自身的“关注度”。当这些受众走出网络空间来到现实世界的时候，他们也就将赋予传播主体的“人气”和“关注”带到了现实社会之中，帮助他们制造了“名气”和“社会影响”。这也就达到了传播主体所希望达到的传播效果。

若干年前，人们对峨眉武术的印象还仅仅停留在武侠小说塑造的虚幻情节中。然而，新中国成立以来，峨眉武术名声大噪，已发展成传承人群体数量庞大并被多个国家和地区一定规模人群习练的、具有一定文化品牌和影响力的武术门派。峨眉武术的许多主要传承人，更是因为峨眉武术而声名鹊起。峨眉武术的扬名有宏大的社会背景——民族的复兴，国家对文化遗产重视的原因，但更多的应归因于大众传媒。峨眉武术主要是依赖大众传播媒介而得以重新生产和传播，获得重生。在一定程度上，峨眉武术已演变成为大众传媒生产的“民间文化”样式之一。事实上，我们今天所说的包括峨眉武术在内的“非物质文化遗产”文化，大多是因为大众传媒的重新生产和传播，才得以消弭边缘化处境和摆脱消失或失传的危险。无疑，大众媒介传播增加了社会大众对峨眉武术的关注度，对峨眉武术文化品牌的形成起到了重要作用。大众媒介也促使部分峨眉武术传承人快速成名，并成为一个“偶像”，促进了峨眉武术的普及和推广。此外，大众媒介对峨眉武术的传播，改变了地方政府对峨眉武术的看法，使地方政府对其逐渐重视起来。大众媒介对峨眉武术文化的继承也起到了重要作用。

当前，大众媒介传播为峨眉武术的生存状况带来了非同寻常的有益改变。如果说“师徒传承”是峨眉武术得以延续的基本传播方式，“仪式传播”是峨眉武术获取地方社会认同的重要手段，那么，“大众媒介”的传播则是峨眉武术改变命运、适应社会、谋求发展的重要手段与推力。通过大众媒介传播，峨眉武术突破了传统传播方式或手段的限制，渗透进当代文化之中，成为大众日常生活的一个组成部分。它不再是缺席的存在，其边缘化的处境也逐渐得以改观。

不过，对于峨眉武术来说，大众媒介传播也是一把双刃剑。一方面，它对峨眉武术的推广与宣传起到了积极的作用；另一方面，由于部分大众媒介故意炒作，制造卖点，有时也为峨眉武术发展带来了一定的负面影响。

4. 峨眉武术的国际传播

峨眉武术的国际传播是指，峨眉武术传承人走出四川、走出中国，把峨眉武术带到世界各地进行传授、传承与传播，同时又将国外的资源引入四川促进峨眉武术发展的实践与过程。峨眉武术在国际传播方面已取得了显著的成效。

当前，大量的峨眉武术传承人遍布世界各地进行峨眉武术的传播与交流活动。在美国进行峨眉武术传播的主要有陈坚、吕小琳、何涛、陈朝辉、罗礼、丁伟等人；在英国有黄纪富等人；在意大利主要有徐浩、黄绍松等人；瑞典有曾庆宗等人；日本有宋丽等人；加拿大有梁守渝、李蓉等人；马来西亚有杜华等人；尼泊尔有易亚林等人；吉尔吉斯斯坦有李建平等人。他们在异国他乡，克服诸多不便与各种困难，以开馆授徒的方式传播与发展着峨眉武术，使峨眉武术在世界各地开花结果，得到有序传承，对峨眉武术的国际化发展做出了重要的贡献。

不但如此，他们作为峨眉武术的海外游子，时时牵挂着国内峨眉武术的发展，常组织国外的学生、徒弟前来四川参加各类峨眉武术活动，促进了峨眉武术与国际社会的交流，也加强了海外峨眉武术学子对峨眉武术祖庭的认知和了解。

（二）峨眉武术传播的主要内容与特征

1. 峨眉武术传播的主要内容

各种传播方式只是为了取得预期的效果而采用的手段，传播内容才是传播的关键所在。峨眉武术的传播内容主要包括两个层面：技术层面与文化层面。技术是任何武术门派与拳种的载体，是武术之所以为武术的核心所在。按照通常对“文化”概念的界定，武术技术理当归属于武术文化，更何况武术本身就是中国传统文化的活化石。我们这里所指的文化层面是指抛开技术的文化层面。我们将峨眉武术的传播内容做出两个层面的分类，主要是出于两方面的考虑：一是为了突出武术技术在整个传播过程中的核心地位；二是发现峨眉武术传播的文化层面并不仅仅局限于武术文化的范畴，还包括对道教、佛教等文化的传播。

（1）峨眉武术传播的技术内容

峨眉武术技术是峨眉武术传承人的主要传播内容之一。对于峨眉武术技术的主体内容，前文已做了较为详细的阐述，这里不再赘述。

需要指出的是，目前，峨眉武术各门派对峨眉武术技术的传播呈现出百花齐放的局面，他们往往根据各门派的特长和传承的经典武艺来进行有侧重的传播。如：黄林派就主要传播“火龙拳”、绿林派则是“绿林小手”

等。不仅如此，他们还对部分养生功法进行创新改革，以满足国外旅游团队、商人、企业家、政府公务员、公司管理阶层等经济收入较高的群体人员。通常，这些人没有武术基本功、工作也较为繁忙，相比其他武术技术，简化的具有养生健身功效的峨眉养生功更能够适应这部分人群的需求。

此外，也有一些开有武馆的峨眉武术传承人则走全面传播路线。如：何道君在“青城道君精武馆”中传播的技术就更为丰富多样，套路、功法、搏击三大板块内容都有涉及。这主要是因为，武馆有相对固定的学生，而且他们承接的“武术表演”也需要多样化的展示才能完成。有些传承人对武术技术的传播还带有一定的“保守”色彩，他们并不愿意将其多年维持生存和发展的主要技术内容，全部传授给学生或徒弟。这种行为是民间武术中典型的“保守”思想的体现。当然，这种保守行为也或许是刻意为之的生存策略，如此便可以使自身充满“神秘”的色彩，以“独门绝技”为噱头来吸引更多的人前来学武。

（2）峨眉武术传播的文化内容

峨眉武术是中国传统文化的重要表征与组成部分，峨眉武术文化传播是对中国传统文化的继承和传播的重要方式之一。由于文化概念的宏观性、抽象性、模糊性和笼统性，峨眉武术传播在文化上的内容也显得较为宽泛，以至于难以概括。对峨眉武术文化传播内容进行面面俱到的论述是不切实际的。因此，我们提炼出峨眉武术文化传播中较为突出的武德、峨眉武术的历史知识以及道佛文化这三个主要内容进行阐述。

武德是对习武之人的道德、行为的规范要求。武德是一种伦理价值规范，自古以来，习武者都将武德作为自己的人生信条，武谚有曰："未曾学艺先学礼，未曾习武先习德。"峨眉武术对武德尤其尊崇。武德是武艺的根本，是成为一个文武双全的真正勇者的必要条件[1]。一名武者能否在民间站稳脚跟，和他的武德修为有着密切的关系。峨眉武术界对同道的评价也是将"武德"放在首位。如果某人缺乏武德，那么即使他武功再高，也难以得到"武林同道"的认同。峨眉武术的习练与传承群体都对武德推崇有加，他们始终将武德作为传播的重要内容。早在明末清初时的《峨嵋枪法·戒谨篇》中就说道："不知者不与言，不仁者不与传，谈元授道，贵乎择人。"[2]在当代，峨眉武术下的各门派拳种仍然用一些儒家经典，如"仁、义、礼、智、信"等来规训自己徒弟或学生的德行。当然，他们也采用了一些当代核心价值理念来教导学徒。一些峨眉武术馆校将"尊师重道，孝敬父母；奉公守法，热爱祖国；崇尚武德，诚信立身；

---

[1] 阿庸. 武德是一切拳法的中心［J］. 精武，2008（7）：56.

[2] 马力. 中国古典武学秘籍录（上卷）［M］. 北京：人民体育出版社，2006：288.

强身健体，弘扬武术；仪表端正，注重修养；严格要求，刻苦训练；服从教练，严守纪律；内强素质，外树形象”等类似的价值理念制度化，要求学生遵守奉行，这成为峨眉武术对学徒品行规训的另一种重要形式。

关于峨眉武术的源流、变迁、神话故事、民间传说，以及主要传承人物的传奇经历等方面，都是峨眉武术文化传播的历史文化方面的内容。这些内容不但通过他们师徒间口耳相传，而且是大众媒介报道峨眉武术文化的重要方面。

峨眉武术地处四川地区，加之与峨眉山佛教以及青城山道教的亲密关系，因此，它在发展过程中吸收了大量的佛道哲学文化精髓。在峨眉武术传播中，佛教与道教文化的内容就尤其的突出。峨眉山大佛禅院、青城山道教宫观都成为传播峨眉武术的重要文化空间。一些重要的道教佛教活动也成为传播峨眉武术的重要的时机。道教重要经典《道德经》以及佛教部分经典文本被列为峨眉武术暑期班文化课必修科目之一。峨眉武术传承人穿着的道袍、僧衣，练功、行礼所用的道教佛教特殊手势，以及峨眉武术功法所体现出的“道法自然”“天人合一”“后发先至”思想等，这些无一不是对道教与佛教文化的传播。此外，道教中的养生、练气、养气等思想都在峨眉武术的传播中得到了清晰的体现。峨眉武术融摄道佛思想于一身，在某种意义上，这个过程本身也是“授道入武”对道教佛教文化进行传播的过程。

2. 峨眉武术传播的特征

传播内容、方式的多样性和对象的广泛性。峨眉武术在传播的过程中并非仅仅是对武术技术的传播，它还包括对中华武德、峨眉派的历史文化、道教与佛教文化等众多方面的传播，传播内容极其丰富。峨眉武术的传播不再像过往的民间武术主要依赖于师徒传承的延续，它对仪式传播、大众媒介传播、国际传播等传播方式的综合运用，使峨眉武术的传播方式更加多样化。尤其是对大众媒介传播的有效应用，峨眉武术的受众不再局限于地方群体或空间之中，它已跨越国界，走入到大众的日常生活之中，成为大众学习、了解和消费的对象。峨眉武术与大众媒介的结合为峨眉武术的发展插上了腾飞的翅膀。

传播的超时空性和内涵的丰富性。以电视、网络、手机等为代表的大众传播媒介的广泛应用，改变了人类接受信息的方式，极大地拓展了人类的时空生活，人们在不同时空相互交流成为可能。峨眉武术在大众媒介的作用下，超越了时空的束缚，而且也不再局限于面对面的言传身授。峨眉武术传播对时空的超越，为人们从不同角度了解和挖掘它的文化内涵提供了可能。峨眉武术的道教文化内涵得以最大程度地彰显。峨眉武术成为地方文化的代表和优秀的旅游资源，同时也成为地方各种旅游文化的交汇点。人们看到的峨眉武术不再是简单的技术或身体运动，而是承载地方历史记忆、丰富人们文化生活，兼具多种价值的地方性人文资源。

养生健身性与表演娱乐性。当前养生热的出现，坚定了部分峨眉武术传人以养生为特色的峨眉武术传播策略。峨眉武术组织开始承接一些健身气功比赛，并通过举办“中国峨眉山行愿峨眉夏令营”以及一系列养生论坛等活动传播峨眉健身功法。一些传承人还被邀请到全国各地讲授峨眉养生课程。峨眉山管理部门更是在山脚下的灵秀湖畔建立了“峨眉武术养生院”，以此将峨眉武术养生健身与疗养、休闲、旅游度假等形式相结合，向全世界传播、推广峨眉派养身太极拳、养生功法等。这些都体现出峨眉武术传播的养生健身性特征。

在峨眉武术传播过程中，其表演娱乐性特征较为突出。乐山市旅游局、文化局、体育局批准成立了峨眉武术表演团体——“峨眉武术功夫艺术团”。目前，这一团体除了在国内外推广、演绎、宣传峨眉武术外，主要在峨眉山景区、乐山大佛景区内每天中午和晚上对中外游客展示，对一些喜欢和热爱峨眉武术的游客，表演团的成员还对他们现场免费传授峨眉武术的防身绝招和养生太极掌。部分传承人还以表演的形式作为维持生存、传播峨眉武术的重要手段之一。消费和娱乐是人们日常生活所需，参加各种演出为观者提供娱乐一直是民间武术传承者的主要生存策略。《东京梦华录》《梦梁录》和《武林旧事》诸书，使后人能够隐约看到千年前的开封、杭州等繁华之地的民间武术艺人在勾栏瓦肆卖艺表演的情景。在清道光、咸丰年间兴起，直到新中国成立之初被改造的北京天桥“杂吧地”撂地为生的“练把式”，也使我们看到了民间武术表演娱乐的传播特征。峨眉武术的各种表演使峨眉武术传播中的表演娱乐性特征显露无疑。

中国式的“关系”维度得以彰显。在峨眉武术传播过程中，显示出了我国社会中的“关系”对民间武术生存的重要意义。无论是师徒传承，还是仪式传播，关系都是其中重要的纽带。没有这些良好的人际关系，峨眉武术在地方的发展就会困难重重。峨眉武术传播者通过师徒、师兄弟等关系，建构了庞大的社会网络。因此，每年他们都要通过各种形式建构或维护各种关系。关系的顺畅，使峨眉武术获得了各种展示和传播的机会。其实，这种关系本身也是对峨眉武术的传播。

第五章　峨眉武术的技法特点与文化底蕴

一、峨眉武术的技法特点

峨眉武术起源于四川地区，历史悠久，高手辈出，历千年而成一流派。生于斯而长于斯的峨眉武术受四川地区的地理、文化、宗教以及川人的群体性特征等因素影响，在技法上逐渐形成了一些区别于少林、武当等武术流派的鲜明的技法风格特点，即：手法多变，指掌当先；子腰蛹蚕，柔灵活变；低腿暗腿，灵活快巧；桩技一体，内外兼修；近身短打，后发先至。

（一）手法特点：手法多变，指掌当先

峨眉武术极重手法，出手往往以指掌为先。四川地处南方，川人较北方人略微矮小一些，大开大合的腿法已不是川人之所长。因此，他们扬长避短，十分注重手法的运用，突出用手上的进攻，且动作紧凑。在运用手法时，尤其注重指掌的运用，打击的方法以打关窍、打

穴位等小点为主。比方说剑捶、凤眼捶，接触面小，压强大，如此比较符合川人的身体特点。

（二）身法特点：子腰蛹蚕，柔灵活变

在身法上，峨眉武术注重“蛹蚕”和“子腰”的运用。比如像“峨眉十二庄”，就极其讲究“蛹蚕”。在练习天字庄时就要求五指做蛹动，两臂与腕、肘、肩配合如蛹动蛇行。据傅尚勋介绍，黄林派的技法动作也是讲蛹蚕，手法、身法、步法都是蛹蚕。峨眉武术将“腰”视为变化的核心要素，各技术方法以腰为主宰，讲究腰的吞吐收放。因峨眉武术中很多腰法的运用形如“子”字，故称“子腰”。部分拳种，如黄林、盘破等会出现其他拳种没有出现的“子腰”，腰一动，技法即出，变招极快。对“腰”上技法的极度追求使得峨眉武术柔灵活变，腰身裹得比较紧，很少硬打硬进，对方进攻过来后，顺势以“柔”化掉对方进攻，让对方的力量不能作用于我身的同时进攻对方，防中带攻。比如“滚提手”的运用，当对方打过来后，不硬抗硬接，而是靠手法身法将对方的力化掉，化掉的同时反击。在这个过程中，防守的动作很小。

（三）腿法特点：低腿暗腿，灵活快巧

峨眉武术下肢动作相对较少，通常以低腿、暗腿

为主，但在步法上灵活善变。峨眉武术迎敌时多采用贴身战法。近身短打就需要灵活的步法作为保障才能够实现。因此，峨眉武术在步法上极其讲究，异常重视。比如盘破门，就非常重视步法。他们在思考如何更快更活地到达预定位置上颇用心思。如果不是步法到位，其手法“盘破”“提箭”就很难运用出来，这样才能做到步法与手法的充分结合。峨眉武术中的步法不仅与手法相配合，有时又是步法中暗藏腿法。如果峨眉武术不得已要用到腿上的技法，它不会像北方一些拳种起那样的高腿、远腿，一般善用低腿破坏对方的重心，达到制敌效果。

（四）桩功特点：桩技一体，内外兼修

桩功在许多武术流派中都有存在，峨眉武术也不例外。但是峨眉武术的不同之处在于，它是融技击方法于桩功之中，桩技一体，内外兼修。以从南宋年间流传至今的“峨眉十二庄”为例，它就是将道家的内养炼丹术、导引吐纳法和医家对人体阴阳虚实脏腑盛衰的机理，结合佛门中的一些动静气功的功法与峨眉武术中的技击之法融为一体而创编的一种融“庄”“技”为一体、身心为一炉和内外兼修的防身自卫、强身健体之法。峨眉十二庄的这一原则被峨眉武术各家吸收发扬，至今仍为峨眉武术之秘诀。

（五）技击特点：近身短打，后发先至

峨眉武术在实战过程中，强调近身短打，后发先至，这与少林、武当有着明显的区别。少林武术朴实无华、内静外猛，实战过程中往往以先发制人，动如闪电，打了还嫌慢，声势夺人，勇猛强悍。武当武术外柔内刚，舍己从人，以静制动，尚意不尚力，后发制人。而峨眉武术则是以灵巧的步法贴近对手，用五峰六肘攻击对方，擒拿封闭，背锁刁揉，钩弹针踢，吞吐浮沉，粑粘连勾搭，套托随崩挤，强调打后机，刚柔相济，后发先至。这样更能够发挥川人的长处，以巧制人。

二、峨眉武术的文化底蕴

中华传统文化是中华民族几千年文化的结晶，其中儒家文化无疑占据了主流位置，道教文化与佛教文化亦是其重要的组成部分。可以说，儒、道、佛共同构成了中华传统文化的一体三面，它们对中华民族基本价值取向的形成具有重要作用。

从历史上看，四川是一个由“移民”构成的地区。公元前 329 年，秦王多次“移秦民万家实之”。公元 221 年，刘备等在成都建立蜀汉政权。明代张献忠于崇祯十七年入

川，在成都建立大西政权。再加上后来两次大规模的“湖广填四川”运动，最终使四川融汇、吸收了大量的中华传统文化精髓。峨眉武术浸淫其间，深受影响。

儒家文化作为中华传统文化的主体，对峨眉武术的发展所产生的影响自不必多言。道、佛两家思想文化在四川地区有着独特的发展历程，亦较为旺盛。四川鹤鸣山、青城山是我国道教五斗米道的发源地，东汉末年，张道陵在此创立五斗米教。青城山为道教第五大洞天，号称“宝仙九室天”，现在青城山道教的流派为全真龙门派丹台碧洞宗。成都市青羊区的道教名观青羊宫自周代以来一直都香火旺盛。峨眉山本为道教著名道场之一，位列道教三十六小洞天之中。峨眉山的道教历史悠久，据《魏书》卷114《释老志》载，“道家之原，出于老子”，然后又说到道教的传播，“授轩辕于峨眉”。据《无上秘要》卷二十三《正一炁治品》引《正一炁治图》和《三洞珠囊》卷七《二十四治品》《云笈七签》卷二十八、明曹学佺《蜀中广记》等所引《张天师二十四治图》，以及《受箓次第法信仪》收录的张天师十三世孙梁武王府参军张辩所撰的《天师治仪》，均把峨眉列为“八品游治”之一。及至唐代，峨眉山上依然有很多道士修道。据《峨眉县志》载，唐代道士曾在山上建有玉皇观、雷神祠等道教活动场所，唐末还有道士在传说中的天真皇人向黄帝授道地方的所谓授道台，修筑了静室305间，招来了上百名道童。不过由于种种原因，峨眉山的道教逐渐衰弱，并被佛教融合，到清而灭，后独尊佛教[1]。峨眉山经历了由道转佛的独特过程，因此我们现在到峨眉山很少看到有修行的道士，更多的是僧侣。

可以说，四川是一个儒、道、佛文化互融共涉的典型区域。四川地区的儒释道等传统文化，加之独特的移民文化，造就了汲取百家之长，桩技一体、内外兼修、形神合一、兼容技击与养生的峨眉武术。

（一）峨眉武术与儒家思想

在几千年的历史文化中，儒家思想的正统地位是不言自明的，它对整个中华文明产生的影响时间之长、规模之大、根基之深，无有出其右者。儒家文化作为中国正统文化，已经内化为每个人的行为准则和价值理念，自然会对峨眉武术产生影响。峨眉武术的本质在于技击。技击就意味着暴力、流血和伤人，但是峨眉武术却有着鲜明的伦理特色。它重“礼”，尊师爱徒，依然以师徒传承为主，强调“武德”，人伦特色鲜明，处处彰显着中华民族的礼、仁与中和等思想观念。

这一点首先体现在对传人的选择上。峨眉武术在传承人的选择上异常严格，对传承人有着明确的“仁”的要求。《峨嵋枪法·戒谨篇》中说：“不知者不与言，不

---

[1]骆坤琪. 峨眉山佛、道关系试探［J］. 宗教学研究，1997（2）：74–78.

仁者不与传，谈元授道，贵乎择人。”[1]这一点就来自于儒家文化传统的影响。“仁”在儒家文化中是一个含义极其广泛的道德范畴，《论语》也从不同的角度对之进行了详尽的阐述。峨眉武术吸收了这一文化因子，进而形成了在择徒方面的价值观。据陈建国的研究，峨眉盘破门把“德”放在至高无上的位置，主张克己正身、重义轻利、谦虚谨慎、脚踏实地、谦慕待人、稳健含蓄、严于律己、宽于待人、胸怀坦荡。盘破门在收徒上遵循儒家的“仁”规训，有歌诀曰：“教徒未知他天命，平时调查原与因，三年五载知心术，方才传给有心人，世上无义多得很，冷眼观看不留情，广成子手持翻天印，不认师伯胡乱行，得法忘恩祖不顺，将来大祸要临门，口传心授都不认，男盗女娼会现行，非怪先生原意狠，代代相传把誓铭。”[2]盘破门收徒要经过三年五载对这人进行“忠、孝、智、仁、勇、宽、信、敏、惠、温、良、恭、俭、让”等一系列内容全面的考量与了解，不但如此，为了不传错人，还要其发毒誓遵守“仁”行，这其中就体现出一种浓厚的儒家文化思想。

峨眉武术中有着大量的“礼”的内容。“巴渝舞武”是峨眉武术早期的一种文化形态，它本身代表着一种

---

[1] 马力. 中国古典武学秘籍录（上卷）［M］. 北京：人民体育出版社，2006：288.

[2] 陈建国. 峨眉盘破门武术的文化特征［J］. 2007年中国·四川国际峨眉武术节峨眉武术论坛论文集，2007：137.

“礼”的形式与意蕴。据史料记载，巴渝武舞表演时，演员身披盔甲，手持弩箭，一边唱着歌，一边跳着舞，模拟表演战斗的情景和祭祀着神灵与祖先。作为一种维护政治、社会秩序的武舞，“巴渝舞武”既展示了古代巴人战争“征讨四夷，锐志武功”的宏大气象，又展示了“族举递奏”时色彩斑斓的民族民间歌舞的绚丽丰姿。在峨眉武术的代表性传承人传位仪式与收徒仪式中，“礼”的体现亦非常明显，我们必须将其纳入儒家文化的结构性框架才能更好地理解这些仪式活动。这些仪式本身就界定了等级与身份，并划分了相应的伦理规范。仪式中，师傅要给祖师磕头上香，徒弟要给师傅磕头加入门户，徒弟还要在拜师仪式上立下誓约，遵守门派的各种道德礼仪规范，并要发扬光大门派武艺。在当代峨眉武术的发展中，有些门派依然遵循祖师传下来的仪礼道德规范，并尝试通过多种方式内化到徒弟或学员的品行中去。关于这一点在上一章中有所涉及，此处不再赘述。峨眉武术中的这种仪式或礼仪，归根结底都是儒家之“礼”的延伸与表象化。

“中和”思想在峨眉武术中主要体现在两个方面：一方面是身体的自我之协调与和谐，另一方面是自我和他者之间的平衡与和谐。在练习峨眉武术的过程中首先要做到自我也就是身体之内的中和状态。峨眉盘破门歌诀曰：“峨眉盘破攻防需连贯，六合相随脆为先。”盘破门在攻防的过程中要求做到的“六合”，即 “心与意合、意与气合、气与力合、手与足合、肘与膝合、肩与胯合”，唯有使六合相随变化达到一种理想的平衡状态，攻防才能随意而为。儒家的“中和”思想也是一种求“变”的思想，只有在变化中才能寻求到和谐、中庸的状态。这一点在盘破门武术中亦有明确的体现，如“齐步云脚快如电，浮沉吞吐阴阳变”“引手一出问路向，探敌三星变阴阳”。峨眉武术习练者寻求在变化中找到自我的内与外、身与心的和谐。自我与他者的中和是说，峨眉武术习练者与自然和社会之间的中和状态。峨眉拳谱说道：“尔以意求，我以自然，自然功成，无影无形，意在体外，其体自松，其气自盈，其道自通，内功通灵，玄妙自求。”还说：“轻描淡写，体神之法，自然中求真，峨眉门径，功成于不知者，拳出于无意，公至化境。”峨眉拳在练习中，不僵硬偏执，要求自然松静，在与自然的和谐下求取功夫的内在真谛。在峨眉武术对抗中有一种较为独特的形式，即“抢手”。抢手就是峨眉武术中流行的两者之间点到为止的比试性对抗行为。它是在遵从儒家“中和”思想的指导下发明的一种比试方法，它既能够分出双方功夫的高下优劣，又能够做到不伤及对方，并给对方留足颜面，不伤及双方的和气。抢手避免了暴力、伤残情形的发生，即做到了“礼”与“仁”，又在自我与他者之间建构了较为和谐的关系。

我们可以看出，儒家文化思想已经内化为峨眉武术习练者的指导性原则和思维的价值导向，儒学文化对峨眉武术不仅在人品德修养方面有着深刻的影响，而且在技术理论运用方面也有着不容忽视的作用。

（二）峨眉武术与道教文化

道教在我国历史悠久，对中华传统文化思想的形成起到了重要的作用，是中国传统文化的一大重要支柱。许地山指出，我们简直可以说支配中国一般人的理想与生活的乃是道教的思想，儒只不过占一小部分而已[1]。鲁迅也曾言，中国根底全在道教……以此读史，有多种问题可迎刃而解[2]。四川是中国道教的重要发源地之一，蜀中高道辈出。

峨眉武术与道教关系十分密切。无论是峨眉山还是青城山都是道教兴盛之地，峨眉武术起源于此，二者之间不可避免地要发生联系。《通臂拳源流》中记载，峨眉通臂拳为春秋战国时白猿公所创。此白猿公即四川峨眉山的司徒玄空，乃为一道士，道号动灵子，人称白猿道人，在峨眉山授徒甚众。此拳法一直流传至今，拳套逐渐丰富。后来在《峨眉山志》《乐山市志》《峨眉武术非物质文化遗产申报书》中都以这个说法作为峨眉武术

---

❶许地山．道教史［M］．上海：华东师范大学出版社，1996：177.

❷鲁迅．鲁迅书信集（上卷）［M］．北京：人民文学出版社，1976：18.
鲁迅先生在1918年8月20日《致徐寿裳》的信中说："前曾言中国根底全在道教，此说近颇广行。以此读史，有多种问题可迎刃而解。"

的起源说。另现存最早、并有文字记载流传至今的峨眉武术——《峨眉十二庄》，是依据道家《黄庭内外景经》《太上清静经》与《阴符经》创造发挥的，其以《黄庭内外景经》为练功的纲目指南，动作名称及技术内容明显有道教养生功法的特点[1]。

有研究者指出，峨眉武术起源于峨眉道家养生功[2]。我们暂且不论这一论断的真伪，它至少能够说明峨眉武术与道教之间有着密切联系。不过，我们在《峨眉县志》中发现，峨眉武术在起源上确实与道教有着密切的关系。《峨眉县志》载："峨眉山道士，自晋代起，不居石洞，建观修住。唐代以后，很少炼丹服药，注重自身修持。宋代以后，有的道士养生炼气而练成内功。明代达到高峰，少数道士，内功高超，与拳技结合，演变成峨眉武术。"[3]从峨眉武术的具体拳种来看，在南宋时期，就已经有相关的史料记载了道教文化影响下的峨眉武术发展。本部分试图从养生、气论、剑术三个方面进一步探讨当代峨眉武术与道教之间的密切联系。

道教是唯一将长生成仙作为终极追求的宗教。英国著名学者李约瑟博士在其所著《中国科学技术史》中指

---

❶傅伟中. 峨嵋临济气功——峨眉十二庄述真［M］. 北京：北京体育学院出版社，1988：156.

❷王亚慧，王超，辜伟. 峨眉武术与道教文化的渊源考论［J］. 2011 年中国·四川国际峨眉武术节峨眉武术论坛论文集，2011：38.

❸峨眉山市政府. 峨眉县志［M］. 成都：四川科学技术出版社，1991.

出："道家思想从一开始就迷恋于这样一个观念，即认为达到长生不老是可能的，我们不知道世界上任何其他一个地方有与此近似的观念。这对科学的重要性是无法估量的……他们相信可以找到能够用以遏止衰老过程或返老还童的技术。"❶成仙不死的思想在道教中的表现就是重生、养生、贵生。西晋著名道士葛洪认为："养生之尽理者，既将服神药，又行气不懈，朝夕导引，以宣动荣卫，使无辍阂；加以房中之术，节量饮食，不犯风湿，不患所不能，如此可以无病。"❷围绕着长生，道教发明了一系列修炼之术，如导引、内丹术、辟谷、行气、房中术、医方、太极拳、饮食疗法等。

受道教思想的影响，注重养生成为当代峨眉武术的一大特色。这一点在青城派中体现得较为明显。都江堰前任武术协会主席谢正常认为，"现在青城派最大的特点就是养生"。青城派主要生存在青城山地区，受青城山道教影响甚重，青城派传有青城玄门太极拳（又称健身延寿功、青城玄门太极养生功）、青城静功等养生功法，以及青城十三太保、睡功、静坐功等，这些功法多为呼吸吐纳导引之术，以追求内壮为主，多传自青城山道教。

中国武术一向注重养生，但像峨眉武术中有如此之

---

❶李约瑟．中国科学技术史（第二卷）［M］．上海：上海古籍出版社，1990：154–155.

❷唐译．道教养生［M］．呼和浩特：内蒙古文化出版社，2009：5.

多的养生功法实属少见。此外，峨眉武术中还有多种养生功法传世，如峨眉十二庄、九九还阳功等。白云禅师所创编的“峨眉十二庄”充分地体现了峨眉武术庄技一体、实战与养生并重的特点。白云禅师原来系一道士，他根据道家内养练丹术、导引吐纳法和医家对人体阴阳虚实脏腑盛衰的机理，结合佛门中的一些动静气功功法与峨眉武术中的技击之法融为一体而创编出了一种融“庄”“技”为一体，合身心为一炉的健体强身、防身自卫的功法套路“峨眉十二庄”。苏轼为眉山人，受道家思想影响，他撰写了很多养生的文章，如《养身说》《问养生》《书养生后论》……等二十余篇，其中《续养生说》还对道家养生功进行了精辟阐述。这些养生健身功法通过内练培养人体元气、正气，改善人体内在各系统和器官的功能，做到以内助外，以外促内，内养外修，内壮外强。

事实上，峨眉武术擅养生的传统可能对道教养生思想也产生了影响。《庄子》云：“吹响呼吸，吐故纳新，熊经鸟伸，为寿而已矣，此导引之士，养形之人，彭祖寿考之所好也。”《华阳国志·序志》说，“彭祖本生蜀，为殷太史”，庄子所说的彭祖原名篯铿，为四川西昌地区雅砻江畔人，相传活了八百八十岁。彭祖专研长寿之术，创立的导引术、膳食术、房中术，是中华民族长寿文化的瑰宝，润泽了后世千秋。峨眉武术的养生可以追溯到彭祖，但是彭祖时期，道教并未成形。因此，是彭祖影响了后世的养生思想，进而被道教所吸收，后道教又影响了当代的峨眉武术。从养生的视角我们不难看出，峨眉武术与道教在养生上存在相互影响的密切关系。

道教徒为求得长生通仙之术，非常重视对“气”的炼养。《云笈七签》载：“夫可久于其道者，养生也；常可与九游者，纳气也。气全则生存，然后能养志。养志则合真，然后能久登，生气之域，可不勤之哉！”[1]唐宋之际，导引行气诸法已经形成了丰富的技术门类。其后，金丹、房中等流派逐渐衰退，以精、气、神内炼为基本技术特征，以吕洞宾、陈抟、王重阳、张伯端、张三丰等一大批内丹大师为代表的内丹行气之术逐渐崛起。

在道教这一思想的影响下，峨眉武术对“气”的执著非其他门派武术所能比。峨眉武术中的僧门等拳种的内功修炼擅长通过外部形体动作和呼吸调整来增强内力功夫“以形导气”之术。峨眉武术中的硬气功强调通过意念“炼道化形，炼形化精，炼精化气，炼气还神，炼神还虚，炼虚化道”的循环往复，使“内气”在体内周流运行，进而激发经气，疏通经络，调和气血，平衡阴阳，培养真气，增强人体内各部的功能，激发和启发本体的潜力[2]。峨眉硬气功中这种炼气、运气、用气、养气

---

[1]张君房纂辑. 云笈七签·卷五十七［M］. 蒋力生，等，校注.华夏出版社，1996：334.

[2]邹德发. 武术纵横（上篇）［M］. 香港：中国和世界出版公司，1992：88.

的功夫，就主要来自道教的导引吐纳炼养之术。道教逐渐完善的内炼方法体系，奠定了峨眉武术硬气功体系的基础。拳家们从道教行气之术中获得了重要启迪，行气导引渐与峨眉武术互渗。以道教气法为主体的内炼理论和方法体系被峨眉武师吸收融合以后，用于增强身体的抗击打和打击能力，由此发展出了峨眉武术广为流传的硬气功❶。

很多人只知道剑为峨眉武术的典型器械之一，却很难说出个为什么来。事实上，剑成为峨眉武术的主要兵器之一与道教有着密不可分的关系。东汉末年，剑在军事与战争中逐渐衰落，但是却成为一种象征符号和民间私斗的利器。此时，道教将剑纳入法器之中，使其成为“降魔杀鬼”的利器。据《道藏》记载，张陵创立天师道之初就将“剑”作为法器和权力象征的符号而世代相传。受道教文化影响，剑成为峨眉武术的主要器械之一。峨眉武术中有多种剑术套路传世。峨眉剑术吸收、融入了大量的仙道文化。如八仙剑的剑谱说道：“八仙剑出势如虹，拐李仙师道法隆。指天划星提反正，钟离望磬翻身雄。剑扎咽喉腾步进，采和盘膝左右崇。金凤劈竹足

---

❶我国早在唐代就有关于硬气功与道教密切相关的记载。如：“左军供奉管万敌‘富有臂力，扛鼎挟舟’，以拳勇蛮力横行于世。一日遇一道士，话不投机，便‘欲令损于手下’。时道士靠房柱而立，管万敌‘尽力拳之，如扣木石，观者咸见楼柱与房屋俱震其人略不微动’。”见［唐］唐骈．据谈录［M］．台北：艺文印书馆，1966：35.

下扫，献草荷仙始摇风。膝上栽花左右剑，国舅云板背尾冲。纵步飞跃云端里，果老骑驴翻身容。云里翻身独足站，洞宾背剑扭丝冲。腾步并卡分平剑，湘子品笛剑还空。但将此剑长久练，英雄无敌妙无穷。”[1]这一剑谱构思巧妙、平仄押韵，不但有对剑法的规定和指导，而且将我国道教八仙文化融入其中，使峨眉剑术体现出了浓郁的道教仙道文化特色。

（三）峨眉武术与佛教文化

四川是中国佛教传播的重要地区，向有“言禅者不可不知蜀”之说。佛教在四川传播了近2000年，对四川的文化、经济乃至政治、民众生活都产生过重要的影响。四川有佛教圣地峨眉山，有世界第一大石刻佛像乐山大佛，还有不少闻名遐迩的佛教寺院。所谓“上有文殊宝光（指成都的文殊院、宝光寺）、下有金山高文（在江苏省）”，即可见一斑。四川由于特殊的地理位置，汉、藏语系佛教都有，并且分据四川的东部、西部。

峨眉武术几乎从诞生之日起就生存在佛教文化浓郁的社会环境之中。虽然峨眉武术没有像少林武术那样成为少林佛教的典型性符号之一，但是佛教思想与峨眉武术之间的关系还是比较明显的。

---

[1]由都江堰市徐辉云提供。

峨眉山是中国佛教四大名山之一，是有着上千年的佛教历史和丰富多彩的佛教文化的“西南佛国”，被广大佛教信众尊崇为普贤菩萨应化道场。据《峨眉山志》记载，峨眉山建佛寺始于魏晋。峨眉山上出现了大量的习武僧人。

东魏孝静帝廷下武将林淡然来峨眉山出家为僧，将军旅内的攻防竞技传入峨眉山僧道之中。隋朝末年，云游到峨眉山的少林僧人云昙，将少林拳传给峨眉僧人。南宋时，峨眉武僧德源长老集峨眉山众僧武技之长，编撰了《峨嵋拳术》一书，构建了峨眉武术的理论基础。特别是他师傅峨眉灵猴创编的“白眉拳”极具特色。

明末峨眉山普恩禅师创编了“峨眉枪法”等武艺。明末清初武术家吴殳著《手臂录》说：“西蜀峨眉山普恩禅师，祖家白眉，遇异人授以枪法，立机空室，练习二载，一旦彻悟，遂造神化，遍游四方，莫与驾并。枪法一十八扎，十二倒手，攻守兼施，破诸武艺。”明崇祯年间，峨眉山永庆寺武僧月朗，武艺超群，尤精硬气功，人称“铁头和尚”。

清初峨眉山白龙洞湛然法师，精娴武艺，以自身所学结合前辈经验，写了《峨嵋拳谱》一书，使峨眉武术理论更趋完善。民国时期清音阁僧人李真功夫超群，内功深厚，尤善剑术，有“峨眉剑仙”之美誉。其徒众遍及甘陕，享誉武林的海灯法师和李瑛大师即是其中的佼佼者。

除了在峨眉山佛教体系中有诸多僧人习武、并对峨眉武术的发展做出了重要贡献外，峨眉武术的其他诸多门派也与佛教关系密切，有的甚至直接传自少林。如四川僧门的武术家至今仍宣称自己是正宗少林❶。另据《四川武术大全》记载，四川孙门、生门、洪门、会门、字门、罗门、法门、于门、黄林派、青城派、绿林派、余家拳、明海拳、少林南拳、金家功等均有拳种源自少林的传说。

得益于佛教思想，历代峨眉武术习练之人都注重修心养性和静定内功基础。峨眉拳在受到道教思想影响的同时，也受到大量佛教思想的影响，其内功修炼尤其注重禅定、静养。峨眉拳偈曰："不是前缘莫非心，休把禅机轻与人。指实为虚能有几，见像归真更何人。"峨眉拳内功修炼中要求思绪净化，心神宁静，意念专一。《峨嵋拳拳谱·内手拳法卷五》又曰："悟灵性为至上，直身躯与度外，不生不灭，不垢不净，无始无终，反本来清净面目，诚佛门之正果。"❷这与佛教的禅定思想高度一致。

佛教思想中强调"顿悟"。自晋宋之际竺道生首倡"阐提有性，顿悟成佛"，到唐代禅宗六祖慧能阐扬"明心见性，即心即佛"，"顿悟"成佛成了中国佛教修养学

---

❶程大力. 峨眉派渊源考证［J］. 2007年中国·四川国际峨眉武术节峨眉武术论坛论文集，2007:6.

❷孟宪超. 峨眉拳全书［M］. 北京：中国广播电视出版社，2007：18.

说的主流。所谓顿悟成佛，一般是指无须烦琐仪式和长期修习，一旦把握佛教真理，即可顿然破除妄念，刹那成佛。在内容上它强调修持过程的短暂和觉悟时间的快速[1]。峨眉武术吸收了这一思想，也异常强调“顿悟”。吴殳在《手臂录》中记载西蜀峨眉山普恩禅师传习峨眉枪时说：“遇异人授以枪法，立机空室，练习二载，一旦悟彻，遂造神化，遍游四方，莫与驾并。”这说明峨眉武术的习练不仅仅要靠师傅的口传身授，更多的还要习练者自身的“顿悟”，方可造神化。峨眉拳偈曰：“一悟本来面目，便辞千载变幻身。从此龙女归南海，潮音洞里奉观音。”[2]这句话不但强调了“悟”，还使用了更多佛教话语，如“南海”“潮音洞”“观音”等。峨眉拳拳谱中说到学习“玉女剑”时，也强调了“悟”，“兵乃手之加长，用剑之心法，同于拳理，制敌之诀窍，与拳无异，直不因其有殊，略有不同耳，弟子当自悟之，簪法、枪法亦然”[3]。从峨眉拳《内功宗法述要》中可以看出，峨眉拳内功修炼强调修心、练神、静坐、调息、调神、禅定、顿悟。《峨嵋拳拳谱·内功宗法述要》第二部分说道：“佛者，悟也，西方圣者之谓也。即曰四大皆空，

---

[1] 刘立夫. 中国佛教的顿悟学说［EB/OL］. http://www.fjdh.com/wumin/2009/05/05592578946.html.

[2] 曾令旺. 浅谈峨眉拳的文化内涵［J］. 2011 年中国·四川国际峨眉武术节峨眉武术论坛论文集，2011：208.

[3] 孟宪超. 峨眉拳全书［M］. 北京：中国广播电视出版社，2007：10.

空门何以有门，既曰凡有所像，皆为虚妄，无像何以有像？此亦近道之阶梯也，若见像执著，不悟本源，则不异雪捍面，刀切风，无底砂锅化冻凌之辈也。须知万法皆由心生，心生万法皆生，心灭万法皆灭，若论本业，皆属无有，一灵独觉，万相俱寂，无心无像，我法俱空，如其本来，无有分别，道自通矣。”[1]很显然，峨眉武术在这方面的阐述与理解主要是来自佛教“顿悟”的思想。综上所述，峨眉武术的起源和发展都与佛教有着不可分割的联系，它不但借鉴了佛教的心性之学，而且又引入了禅宗禅定、顿悟的思想，从而进一步丰富了峨眉武术的理论体系。

[1]孟宪超．峨眉拳全书［M］．北京：中国广播电视出版社，2007：18.

第六章 峨眉武术轶事

峨眉武术历史悠久，在发展的过程中逐渐形成了一些神话、故事以及轶事。对于这部分内容我们应该辩证地来看待。客观地说，因缺乏文字记载，这些轶事、神话和传说的真实性与历史细节难以考证，但它们一直被口口相传，作为峨眉武术口头文化，流传于世。在经历了历史潮流的涤荡后，它们自身已经成为峨眉武术历史的重要构成，这一点应该毋庸置疑。此外，从学术研究的角度来看，这些轶事、神话与传说是峨眉武术文化历史的重要组成部分，它们能够折射出峨眉武术的部分文化内涵，在一定程度上也能够反映出峨眉武术文化的再生产。

一、关于峨眉武术的创生

（一）白猿祖师司徒玄空编创通臂拳

据传，峨眉派武术始于春秋战国时期司徒玄空创编的通臂拳。春秋战国时期，不少文人、方士、武士隐居峨眉山。据说武士司徒玄空，号动灵子，耕食于山中，与峨眉灵猴朝夕相处中，模仿猿猴动作，创编了一套攻守灵活的“峨眉通臂拳”，学徒甚多。因司徒玄空常着白衣，徒众尊称为“白猿祖师”。《中国武术史》记作“战国白猿，姓白名士口，字衣三，号动灵子”。《四川武术大全》称为“春秋战国白猿公，字衣三，即峨眉山的司徒玄空”。《乐山志》载为“白衣三，相传战国时仿山猿动作创编峨眉通臂拳，攻防灵活，在峨眉山授徒甚众”。而东汉赵晔《吴越春秋·勾践阴谋列传第九卷》中记载，女侠越女应越王勾践之召赴朝廷途中，持剑与“自称袁公”的老翁以竹过招，“袁公飞身上树，变为白猿”。按这种说法，“白猿公”的传说春秋时期就有了。赵晔是东汉文士，那么白猿公的形象至迟在东汉出现。明代抗倭寇名将唐顺之在《荆川先生文集》中有一首峨眉道人拳歌，其中“道人更自出新奇，乃是山中白猿授”，这与“白猿祖师”的说法一脉相承。在关于武术起源的各种传说中，司徒玄空是最为靠前的第一人，也是峨眉武术的第一创始人。他编创的峨眉通臂拳，在民间长期辗转流传中不断发展。除拳术外，还有通臂掌、通臂功、白猿剑、通臂棍等练法。

通臂拳流传至今其主要运动特点有四：一是探腰拔背、放长击远；二是冷弹柔进、坚韧交错；三是闪展灵活、敏捷善变；四是拳速步疾、势势相连。主要攻击捷要分为上、中、下“三劫”，临阵时周身运行有十二字要诀，即伸、探、毒、顺、顶、合、舒、挺、扣、屈、随、催。实战中最为实用的迷魂、追魂、丧魂三种掌法为通臂拳“三绝掌”。

图 6–1　任刚通臂拳拳姿“燕子钻云”

（二）峨眉淡然大师降虎

魏晋时期，道教和佛教先后传入四川地区。道士们通过“吐纳、导引、坐忘、心斋、守一”等内练法门，达到意与气连、气与神合的境界。形成气功，为的是祛病延年以求长生不老。僧人除了参禅打坐，也常常练拳踢腿、舞枪弄棒，一为调节枯燥的经课，二为强身健体，三为护院守寺。他们将道教的养生气功和山民的狩猎技艺杂糅，开创了独树一帜的武术体系。

有一些身怀绝技的武士加入了峨眉山的道、佛之列。据明人方汝浩辑《禅真逸史》载，淡然，俗姓林，号时茂，约生于梁武帝天监年间（公元 502—公元 519 年），死于隋恭帝义宁元年（公元617年），在世百余岁。北朝东魏孝静帝年间（534—549年），武将林时茂来到峨眉山中峰岭修炼。这位战功显赫的“镇南将军”，因受权贵迫害，避祸于泽州（今山西晋城）析成山问月庵出家，法名太空，号淡然。后到南朝金陵寺寄住，因与住持钟守敬不合，再到峨眉山中峰寺修住，并扩建了中峰寺，他曾经降伏了一虎、一猪、一犬。淡然大师在圆寂前做“辞世颂子”云：“杀人如麻，立身似砥。宠辱不惊，恬淡是非。酒吸百川，肉吞千壑。醉卧中峰，羲皇自拟。皓月清风，高山流水。长啸狂歌，何分角微。心证菩提，法舟相舣。生彼莲花，逍遥无已。”

淡然法师在峨眉山中峰寺修住期间，在扩建寺庙、修行诵经之余，还将自己精湛的军旅攻防实战术传入了峨眉山佛教，一时山上武风盛行。作为峨眉武术创始人之一，淡然法师为峨眉武术的发展奠定了一定的基础。悬挂在峨眉山中峰寺殿堂内的林淡然法师木屏画像，讲述的就是这个传奇的故事。

（三）白云禅师创神功

峨眉山佛教从唐代起就出现了许多宗派，但在长期流传过程中，其他宗派都逐渐消失，唯有临济和曹洞两派一直流传至今。南宋末年，峨眉山佛教临济宗白云禅师由道入释，兼研密宗，精于岐黄之术，创立了“峨眉临济气功”，其功法一直在临济宗内部流行，不得外传。临济气功熔医、释、道、武功之精华于一炉，寓内功导引接跷术、点穴、布气、针灸于功法中，融养生、医疗、技击、开发智能为一体，迄今已有近800余年的历史。

据已故中国佛教协会副会长巨赞大师考证，白云禅师原为道士，后皈依佛门。他精通医学，将阴阳虚实和人体盛衰之机理与武术中的动静功法相融汇，寓内功导引按摩术、点穴、布气、针灸于功法中，融养生、医疗、技击为一体，创造出了一套独具特色的临济气功术。这种功法集医、道、佛、武术精华于一身，后人称之为“峨眉十二庄功”。临济宗规定此功只能在宗内秘授，不得外传，故民间知之者甚少。清康熙元年（1662年），湖北麻城孝感武举姜一怀来峨眉山拜金顶朝天和尚为师，得“峨眉十二庄功”真传，后落户于南充，嫡传此功于后代。周潜川著有《峨眉十二庄释密》，1958年周潜川将研究心得传授于巨赞大师。巨赞肄业于上海大夏大学，1931年在杭州灵隐寺出家。他对佛教哲学、百家诸子和康德、黑格尔哲学均有研究，任过杭州武林佛教学院院长。曾经来川收徒传授峨眉十二庄功。受巨赞指导的傅伟中，出版了《峨眉临济气功——峨眉十二庄述真》和《峨眉临济气功——峨眉天罡指穴法》。这些书对峨眉临济气功走出佛门、泽惠民众做出了贡献。此功分为文武两势和大小两种练形法。练文势和小练形法，主要是祛病强身；练文武两势和大练形法，既能诊治疾病，又可防身御敌。

（四）德源长老创编白眉拳

宋代，峨眉山已成为我国的佛教名山，普贤菩萨的道场，僧人大增，其中不少武僧也展露头脚，使峨眉武术有了明显的发展。南宋时期，峨眉山有个法号德源的僧人，原是一个游方僧，他武艺高强，能打善坐，因其眉毛为白色，故人称“白眉道长”。相传，德源长老模仿山中猿猴相斗与翻腾跳跃动作创编了一套独特的猴拳。因德源眉毛纯白，故这种拳术叫“白眉拳”，一直流传至今，主要流行于四川、广东、香港、澳门等地。德源法师不仅武功非凡，而且文采出众。他集峨眉僧道武术之长，结合自身经验，编写了《峨嵋拳术》一书，此书是有关峨眉武术的最早文字记载。从此以后，峨眉山佛教才有了较为系统的武术理论和实践经验。他从理论上对峨眉派武术做出系统的总结，在中华武林中形成了自己的体系和风格。

（五）宁封子面授龙蹻飞行术

龙蹻飞行术是关于青城派轻功起源的传说。据说中华民族的先祖黄帝，在统一华夏的战争中所向披靡，但是在对北方蚩尤部落的战争却屡遭失败。据传，蚩尤部族不但是铜头铁额，而且善布五里雾。正在黄帝一筹莫展的时候，有人向他推荐了王母昆仑下都青城山中隐修的仙人宁封子。据说，宁封子是黄帝主管烧制陶器的官员，是蜀中大名鼎鼎、法力高强的先古神仙。

黄帝对宁封子的修为也早有耳闻，他早就想去拜访这位仙人。于是，黄帝便离开中原，经历了蜀道的艰难险阻，最终来到了清幽秀美、仙气萦绕的青城山。黄帝见到宁封子后，向宁封子表达了志在统一天下的宏愿，希望能够得到宁封子的支持，并拜宁封子为师。

宁封子见黄帝胸怀天下苍生，且又屈尊拜自己为师，便欣然收下了黄帝为徒，将法力无限的“龙蹻飞行术”传给了黄帝。黄帝回到中原后，立即兴兵北伐，一举打败了蚩尤部族，统一了华夏各民族，成为中华民族的共同祖先。

黄帝为了答谢宁封子的贡献，便封宁封为五岳丈人。这也是青城山又名“丈人山”的原因。至今，青城山上仍然存在“访宁桥”“龙蹻栈道”，就是当年传说的遗迹。

（六）张天师利剑降魔

东汉末年，天师张陵来到了西蜀青城山中创道，此时的青城山上下都是鬼魔横行的世界。张天师为了弘扬大道，决心铲除鬼魔，解救平民于水火之中。当时的青城山由八部鬼帅统领，当然容不得张陵在山中开坛立教，屡屡挑起事端，兴风作浪荼害百姓。于是，张天师决心惩治这些害人精。

据说有一天张天师以朱笔画山，在山中划出一道深十三丈、宽三十丈的深沟，使鬼魔不能通过，“人处阳明，鬼行幽暗，六大鬼王归于北酆，八部鬼帅窜于西域”。青城山从此山明水秀，花香鸟鸣。这条深沟叫掷笔槽。虽然张天师所行正道获得了大胜，但鬼魔是不甘心退出青城山的，它们在阴暗中咬牙切齿，妄图伺机将张天师置于死地。有一天，张天师在海棠溪边运功修行时，忽然间电闪雷鸣、天昏地暗，一块巨石从空中飞来，飞快地砸向张天师头顶。张天师心知是鬼魔作怪，他不慌不忙地拔出宝剑用力一劈，剑光犹如闪电，将巨石劈为三块坠落堆叠在山溪边上，这就是天师利剑降魔的遗迹三岛石，又名试剑石。

（七）道姑始创峨眉拳

据峨眉拳传人孟宪超等在所著《峨眉拳全书》，以及董如军在《峨眉拳述真》等著作中披露，峨眉拳，为道姑所创，它是出家女子的一种防身拳术，原称“蛾眉拳”“娥眉拳”“玉女拳”，后谐音“峨眉”，称为峨眉拳。峨眉拳为道家拳法，但也注重佛家修习方法的吸收与运用，该拳技击性强，不以力敌而以法取，以巧制胜，为以弱胜强之法。据《峨嵋拳谱》记载：“祖师原为一道姑，后入佛门，是为道门修炼，佛门正果。是时，师善击技，喜研各家拳法，虑各家拳法繁杂，莫衷一是，女子御侮，另有不同，遂探各家之拳意，另辟蹊径，创不接手之拳法，独树一帜。仰大慈悲法力，喜龙女化身，积十三年，始臻大成。身旁弟子习之，只呼之玉女拳法，同道相誉，称曰蛾嵋拳，后弟子至峨嵋山，偶偕其音，始称峨眉。此拳名之始末也。恐汝不识，为汝志之。师本与世无争，娱身可矣，御侮可矣，奚传姓名，是以立规有三，以戒弟子：一曰不言师，二曰不在人前演艺，三曰不寻人较技，此其意自明矣。不言后师，前师永存，技而晦之，自可全身。”❶

二、部分峨眉武术人物轶事

（一）宜宾拳师——马德胜❷

马德胜（1846—1936 年），回族，四川宜宾人，为峨眉武术生门第三代代表性传承人。在他的一生中，习武练功，以武会友，与人较量之类的经历颇多。一些仰慕其名，悉知其功力者，对他的某些生活经历往往绘影

❶董如军. 峨眉拳述真［M］. 北京：北京体育大学出版社，1991:1.

❷注：转引自庞廷华，尤再清. 中国武术——生门［M］. 北京：北京体育大学出版社，2011：159-164.

绘声，附会传闻，故多武功掌故，流传人间。有的颇能道出他的武功特点，非凡技艺；有的则过甚其辞，传为神话。

马德胜状貌特异，身矮而瘦小，貌不惊人，年老时略留微须，虽非魁梧奇伟，两目却炯炯有神，顾盼锐利，移步换形，矫捷灵巧，操拳举腿，出手神速，兼有内功，力量内涵。每恐遭人暗算，故行坐十分机警。某次，与人比武后稍事休息，坐吃汤圆，突然两人请予较技，马德胜漫不经心，不暇答语，两人恨他傲慢轻己，突用手中粗绳套他颈项，各持一端，用力绞紧。但他置之不理，神态淡然，不断夹送汤圆，啖食自若，两人赫然松手，惧而逃去，可见他内功之深厚。由此人们就给他以“马汤圆”的绰号，从此马德胜的名声大振，人们争拜门下。马德胜经敦促，才在故乡宜宾设棚授徒，并广结武林人物，一时驰誉西南。

清光绪年间，四川总督丁宝桢（贵州人），得闻马名，即聘他为成都十营总教习（总教官）。某次，丁派他率兵丁一班赴山东济南（一说天津）接领毛瑟步枪子弹。泊舟江边某县城，上岸观光，偶见一庙前广场上多人围观，他即挤身上前探视。见一高大壮汉，舞拳弄棍，观者喝彩叫好。他当时壮年好胜，不觉技痒，报名请教，刚一回合感到此人颇有臂力，不可力胜，只有伺隙巧打，在他进攻不防之际，突换身形侧进，施展“制捶”特技，一举将他打到，围观者为他喝彩。有人叫道：“四帅倒了！”马询问旁人，才知山东武林中有十帅，远近驰名。此是其中之一，他自恃武功高强，横行县城，无人敢惹，官吏也不敢过问。马知道戳了马蜂窝，就急忙悄然回船了。

不久，就有十余人赶到江边，挨船询问：“四川口音，有姓马的没有？”问到了马舟，马不敢应，其中有一被呼为“大帅”的汉子，手持铜棍，厉声问道：“你是何人？”马佯称是马弟子，并说：“马老师不在船上。”大帅气愤地道：“弟子也好，老子要跟你算账！”马知不能避免，就顺手持一篙竿，踊身跳到岸上。交手后，就知道来者更为凶猛，铜棍沉重，计约百斤，必须以巧速胜，纠缠就要吃亏，再就势一弹，挑击眉额。只听“哐啷”一声，棍落人倒，血流满面。大汉徒众欲上前围攻，马厉声喝道：“上前者死！”随即唤船上随从人员将金创药取来，给大汉敷搽包裹，血流即止。大汉徒众只知他是马徒，又恐他老师回来，更非敌手，只好将人仓皇抬走。马也为了避祸，不敢停留，当晚即解缆遁去。

某次，他拄拐杖外出，随意散步，路过中山街与北街交界的十字路口，遇一军人骑自行车从中山街由上而下，猛力撞来，马避让不及，即以手中木杖，轻轻一挑，人车摔出一丈多远。军人气急，欺他年迈，起身怒指，意欲动武。幸亏围观的人劝解说明：“这是有名的拳师，国术馆‘马汤圆’老师，如果欺他年老，动起武来，那只有你吃亏。”军人自知不敌，才悻悻而去。

马在壮年时期，大都漂泊江湖，寻师访友，锤炼武技，虽曾作吏、收徒，也仅以糊口，劳碌一生，终居斗室。垂老高年，生活无着，其景况颇为凄凉寂寞。马无子女，仅有一妻。曾过继一子，名“马老四”。马给以重资，命他回宜接母至滇。殊知马老四乃一浪荡子弟，嫖赌烟酒无不沾染，以致将去来路费完全花光，无颜回见父亲，反诬其母。马气极灰心，即于烟酒消耗中，把挣得的钱随手花去。后来落得两手空空，孓身离职。晚年，他家住宜宾上北街过弯处、永盛街（都长街）一间“腰门”小屋内。有时他拄一“白蜡木棍”上街散步。白发银须，精神矍铄。所着衣履，极不讲究，望之如一貌不惊人普通矮小老人。马在晚年境况清贫，家徒四壁，生活极为孤苦，仅与滇籍老妻相依为命，照料生活。生活费用依赖弟子何鹤林、胡西山等供给至死。马死后，何派次子何旭东为马代办丧葬。葬地在今宜宾西郊火车站附近。据何子回忆马的卒年，在民国二十五年（1936年），享年九十岁。

（二）“铁人”马宝

马宝，字飞熊，后改为哲良，成都人，生于1864年秋。他原居乡下，清末搬进省城成都。据马宝的关门弟子杨季冰老先生回忆：马宝出身贫寒，却自幼爱武。他没钱拜老师，就常跑到场镇看江湖汉子卖艺，偷经学艺，回家后比比划划，无师自通。他还时常跑到河边举巨石练力气，在沙滩狂奔乱跳、爬树取鸟蛋、树林中逮弄蛇虫……就是不肯正经读书，入私塾3年才念了一卷“人之初”，还不能背诵，只好停学。

马宝成人后身材高大、臂力过人，喜养雀、打斗、赌博。但他对母亲很孝顺，想方设法买好东西侍奉，乡里称他为“马孝子”。他性情刚直暴躁，真正是“路见不平一声吼，该出手时就出手”！对豪强霸道者，则饱以铁拳，必待对方告饶后才放手，还常愤愤然说：“你以后还要这样，老子还要打你！”故又有人称他为“怒马”。经常有人打架死缠，旁人吼一声：“怒马来了！”心虚一方必慌慌张张跑掉……

后来他拜成都织缎机房的武林明师刘扬廷为师。据说，刘扬廷是太平天国翼王石达开身边四勇将之一，身怀绝技。大渡河失败后，这四人杀出清兵重围，化名隐居各方，刘扬廷在成都开设机房，袁大安在嘉定府城内开茶馆，乔守玉隐居名山县蒙山，杨板熊隐居雅河一带……马宝随刘扬廷学了一身好武艺，后刘病故。这时，外号“金舵子”的黄二爷来川，马宝与新繁县的刁泽成又拜其为师，得其真传。黄二爷逝世后，马宝披麻戴孝择地竖碑埋葬了师傅。

马宝从师多人绝艺在身，脾气又暴躁，终因惩治当地恶霸胡贡生爪牙而误伤人命，只得化名外逃投军。因擅长武功，不久升为伍长，屡建战功，升至川北协镇“千总”。

赵尔丰任四川总督时，调聘马宝为总督府镖客，待之甚厚。1911年12月清廷灭亡，四川军政府都督尹昌衡决定杀赵尔丰以树己威。辛亥年十一月初三日，赵尔丰被4个兵士高举飞跑，弄到老皇城内至公堂前第七块石板上。气喘吁吁随奔而来的老仆人哭哭啼啼为赵尔丰铺下红毡子，赵坐在上面破口大骂。尹昌衡当众厉声宣布其罪恶："屠杀西藏边民，杀害保路请愿百姓……该不该杀？"百姓大呼："该杀！"呐喊声中，尹昌衡挥手下令，赵尔丰脑瓜落地血溅丈外。

有封建感恩思想的马宝，决意为赵报仇。第二天，尹昌衡在成都举行庆功大游行，将赵尔丰脑袋装在盘内，由士兵端起游街……路边老百姓大骂：" 赵屠户，你也有今天！"

尹昌衡穿着呢军装，头戴金边大军帽，身挂指挥刀，骑在高头俊马上，意气风发……走马街口，街边楼上忽然"嗖"地一声，闪电般飞出一镖，把尹昌衡戴的军帽击飞。尹大惊失色高叫："快捉刺客！"

据马宝的关门弟子杨季冰老先生在20世纪80年代回忆：尹昌衡回衙后大怒，命将附近百姓捉拿严审；又疑马宝所为，派兵前往白云寺街12号马宝所住公馆，将马老夫人接到都督衙门。

几天后，马宝潜回家方知详情，对老婆说："大丈夫一人做事一人当，我怎能连累老母和百姓？"随即赴都督府自首。尹随即升堂问："为何刺杀本督？" 马宝答道："赵大人开边千里，功劳赫赫……结果被你杀了！他于我有恩，所以我要为他报仇。现既被捉，要杀要剐由你！"尹昌衡很大度，默然半晌说："义士杀之不祥，你也不愧英雄本色，又是孝子。我不治你罪，你走吧！"

马宝母亲忙道："快谢都督大人不斩之恩！"马宝打千谢过，尹当即将众百姓释放……关于赵尔丰、尹昌衡这一时期的许多史实，在《四川旧事》《成都旧事》中还披露不少，这里从略，蒋维明《义释刺客》一文就有不少描述。

民国六年后，马宝曾在成都三次主擂，晚年还在四川省国术馆国术专门学校与刘崇俊同任教育长，培育武林人材。马宝生有一子二女，长女涤新，后为教师，1932 年曾在成都花会中举办的全省国术比赛女子组打过银章。次子如龙，在军队中任上尉国术教官，"七七事变"后参加抗日，右头骨为弹片所伤神经受影响，容易健忘，后在四川水警总局任闲职。三女维新一直教书。

马宝弟子众多，高徒有杨季冰、胡澈超、刘宗沛、许文超、马石臣、罗伯华、朱仲康等。朱仲康善用勾拳、摆拳，外号"朱贯捶"，在成都青羊宫擂台赛中很有名气。马宝于 1941 年仙逝，葬于成都北门外肖家碾。一代宗师辞世后留下许多佳话，至今仍被四川武林人士常常提及[1]。

---

[1] 郑光路. 成都武豪"铁人"马宝［N］. 成都晚报，2008-04-30.

（三）六合拳传人——肖书安

肖书安（1893—?）自12岁起，拜民间拳师冯成江为师，得峨眉六合拳真传。肖书安因医术高明，医德高尚，人送外号“肖郎中”。1926年，四川军阀熊克武的中校镖师仗着主子的势力，在重庆沙坪坝摆起擂台，炫耀武力。一时间吹吹打打，煞是热闹。这位擂主阴损狠毒，许多武林好手原想与他堂堂正正地比武，结果都被他暗招伤身，败下阵来。这件事惊动了在重庆街头一位游方行医的肖郎中，他想：“擂主如此厉害，我倒要会会他。”“肖郎中”一上擂台，只见擂主膀阔腰圆，满脸横肉，显露骄横，一看便知是凶顽之辈，郎中暗中思量：“勿急勿躁，谨慎对付。”这时，擂主斜眼一看，见来人三十出头光景，矮小精瘦，貌不压众，不由心中骂道：“这种人也来打擂，真是活腻了。”比赛一开始，擂主就来了个“饿虎扑食”，脚下直奔郎中洪门，两掌直取面部，想给他来一个下马威。谁知郎中早有预料，不慌不忙将身体微微一偏，两脚轻轻一移，猛地闪到擂主身后，回手还击一招“风摆荷叶”。擂主听闻背后风声，知来掌厉害，急速将身体向前一倒，顺势用左腿向后一挑，直指对方中路，郎中见这招“野马飞蹄”来势迅猛，知其技艺不凡，便敏捷地向左边一纵，脚刚落地，擂主猛然转身来了个“横扫千军”，右腿再扫对方双脚，眼看要将郎中扫倒在地，只见郎中两膝一挺，从擂主头顶上飞出丈来远，飘然落在擂台一角。这一招“旱地拔葱”功夫奇特，巧破了擂主的“鸳鸯连环腿”。

第二个回合一开始，擂主就不断地改变进攻方法，时而用“黑虎掏心”“古树盘根”，时而又用“毒蛇出洞”“雪花盖顶”，招招紧逼，法藏杀机。不管擂主如何变化进攻，他都神态自如，不紧不慢地以峨眉派“六合拳法”生克之术防御对方伶俐的攻势；用“大、小、绵、软、巧”的峨眉拳独特手法，机智、敏捷地与擂主周旋，累得擂主气喘吁吁。气得擂主拼命使用“冲天炮”“宰肘靠”“迎面脚”“铁扇迎门”等威逼其身，甚至在众目睽睽之下，竟敢用他的毒招“锁喉剑”“二龙戏珠”和“仙人摘桃”，频频偷袭郎中的喉部、眼睛和裆部，企图治其于死地。只见“肖郎中”右手五指成撮勾手直戳擂主右肩，紧接着五指变拳，以拳背反击其右颊，旋急拳面直取其口鼻。这三击，间不容发，疾如闪电，全身气力宣泄于一瞬间。台下看客只见郎中右手在空中划了半个圆弧，紧接着“啪、啪、啪”三响，擂主便沉肩吊肘、面目青肿、口角流血，倒在台上。台下顿时响起满堂的喝彩声。

“肖郎中”打死擂主后，便被熊克武手下抓了壮丁，受尽了凌辱。三个月后的一天深夜，他凭借着矫健的峨眉功夫逃出了虎口，隐居在峨眉山下的夹江县城里靠行医为生。因不想被熊克武的手下发现，他刻意隐藏了自己精通峨眉武术的事实。多年来，他只有在夜深人静之后，才一个人悄悄地练功、练拳，以拳养身为乐。由于他从不在人前显露拳脚，连其家人都不知道他身怀绝技。

20 世纪 80 年代初期，成都体育学院开展“峨眉派武术”挖掘整理研究时，肖书安的事迹才被广为传播[1]。

（四）一代“武医宗师”——郑怀贤

1897 年 9 月 15 日，郑怀贤出生于河北省安新县白洋淀畔安新镇北辛街村的一个贫苦农户家中。他天资聪慧，自幼喜好武术与中医骨伤科。1911 年，他向本地武师屈恒山学拳，又向李洱庆学习飞叉和中医骨伤。8 年后，由李洱庆介绍到魏金山处学习国术与武医，魏金山见他为难得一见的好苗子，又推荐到孙禄堂处学习武术和中医。郑怀贤历经名师指点，谙熟飞叉、翻子、太极、形意、八卦、擒拿、快摔等武艺，同时还掌握了一套系统的中医骨伤术。随后，经孙禄堂推荐，他南下南京、上海，后又至成都，最终定居在天府之国。郑怀贤走南闯北，走过了不平凡的一生，为武术事业和中医骨伤科做出了重要的贡献。

1. 闯荡上海，绝技小露

1928 年，魏金山把郑怀贤介绍到南京国术馆帮孙禄

---

[1]注：原载于中国体育报，1983 年 3 月 5 日，编者有改动。

堂教拳。次年，任上海体育总会武术教员，开始闯荡上海滩。一次，郑怀贤在国货展览会上表演飞叉，他抱拳向观众唱了个喏，运足气力，舞动钢叉，只见寒光在他身体周围如银蛇一般翻滚。不料当他用脚把钢叉带向肩时，用力稍猛，钢叉却飞向记者席。顿时全场大哗，在这千钧一发之际，他眼明手快，趁飞叉落而未落时，仰面躺在台口，双手反撑台沿，翻身跃起，一脚将飞叉勾回身边继续旋转。场内观众惊得目瞪口呆，紧接着爆发出一阵震耳的掌声。第二天，上海各报大肆渲染这场惊心动魄的奇功异彩，郑怀贤成了上海滩的名人。1934 年至 1936 年，他被两江女子师范和交通大学聘为国术教官，当时的五洲大药房等商家也都把他当作“明星”。就像今天商家请明星当代言人一样，郑怀贤也不时穿上印有产品广告的衣服为商家宣传。

2. 技惊四座，扬威海外

郑怀贤凭着自己高超的武功和精湛的医术，行医、授艺、谋生，并结识了一批有识之士。曾在南京中央国术馆、上海中华体育会、上海交通大学、上海两江师范学校担任武术教员。1936 年，经过层层选拔，他以优异的成绩被录取为第 11 届奥运会国术代表团 11 名成员之一。在南京集训一个月以后，赴德国柏林参加第 11 届奥运会，做武术演习。出征前，蒋介石、宋美玲夫妇专门在南京行政院接见了国术表演团成员，并一起合影留恋。1936年8月，郑怀贤等人经过长途跋涉，辗转来到德国柏林。这是中国武术第一次有组织大规模地在国外献技表演武术，也是中国武术首次在奥运会上表演。

在奥运会开幕式上，面对数十万观众，郑怀贤手持飞叉，昂首挺胸出场。他拉开架式舞动钢叉，场内顿时静寂，只听得飞叉呼呼声响，上下翻腾，就像被施了神奇的魔法粘连在身上。飞叉刚柔有致，紧紧缠身，简直就像他手的延长那样翻腾自如，尤其是飞叉的“怀中抱月”和“苏秦背剑”等绝技更令全场掌声雷动，他虽谢幕达十多次，但观众仍意犹未尽。表演结束，在观众的喝彩声中，一位德国体育官员走到郑怀贤身边，用手在他身上里里外外摸了一遍，做了一个惊奇的手势，退场了。当晚的招待酒会上，这位体育官员依然百思不得其解，端着一杯啤酒再次来到郑怀贤身边，通过翻译问道：“白天在你身上没有发现什么东西，怎么那钢叉就不离身子呢？”郑怀贤自豪地说：“这是我们中国的武术！”这位官员马上敬酒，大为叹服。随后，国术表演队在德国的汉堡、法兰克福、慕尼黑等各大城市巡回表演。中国武术以其特有的魅力，征服了西方观众。

据说，郑怀贤在德国表演期间还演绎了一段传奇故事。在郑怀贤表演结束后，德国体育部长和希特勒心血来潮，走下主席台，祝贺他。德国体育部长专门与郑怀贤握手，突然全身瘫软，双腿跪地，认为对方手上带电，仓皇阻止希特勒与郑怀贤握手。也有人说，希特勒是感到害怕而不敢与郑怀贤握手。后来，成都有记者专门就握手一事向郑怀贤求证。谈及这段传奇，郑怀贤说，当时得知希特勒怀有种族歧视，拒绝与美国黑人运动员欧文斯握手，他心生愤慨，于是在和德国体育部长握手时，故意手指用力，摁住他的穴位，小小惩罚了对方，自己并未与希特勒握手。

3. 武医圣手，总理求医

从德国回国后，郑怀贤应邀去国民党中央陆军学校担任少校国术教官。1938 年，郑怀贤随中央军校迁往重庆，从此，郑怀贤就在四川定居下来。但郑怀贤因看不惯当时的官场作风，不久辞去军校教练职务，去成都行医授武。从 1948 年起，便到了成都体专任教。

新中国成立后，一天，国务院副总理兼国家体委主任贺龙元帅抵达成都，对四川省委书记李井泉说想请郑怀贤先生治疗他在战争年代受伤的右手。郑怀贤应邀而来，片刻后，贺龙那只经郑怀贤拿捏过的手就消除了疼痛。贺龙回到北京后，在多个场合说起过郑怀贤的高超医技，引起了其他一些高级干部的兴趣。董必武、徐特立、李先念等前往成都请郑怀贤治疗伤痛，无不奏效。贺龙元帅亲自指示有关部门抓紧总结整理郑怀贤丰富的骨伤科临床经验。1958 年，在贺龙元帅的关怀下，成立了全国第一所体育医院——成都体育学院附属体育医院，郑怀贤担任院长。郑怀贤数十年的伤科诊疗经验成为了一笔宝贵财富。

1964 年初春，周恩来总理在外交部长陈毅元帅的陪同下，连续访问了非洲 10 国以及阿尔巴尼亚。这些外交活动，是新中国外交史上的一个重要里程碑。周恩来在访问埃塞俄比亚时，受到东道主的热情接待。抵达后的第三天上午，根据埃方安排，去首都郊区的一家农场参观。这天，当地降雨，周恩来和东道主一边说话一边朝迎宾馆外走。不料，在走下宾馆主楼门口的台阶时，由于雨天路滑，致使周恩来脚下一滑，身子随之一个踉跄摔倒在台阶上。周恩来摔倒时，右手下意识地往地上撑了一下。总理的右手当年在延安时曾经坠马摔伤过，现在这么一撑，雪上加霜，再次负伤。虽然经过了随队医生和当地有名医生的精心处理，但新伤旧痛还是让周恩来右手出现肿胀，非常痛苦。最后一天，当周恩来和送行的东道主握别，进入机舱坐下时，额头已经沁出了汗珠。

回国后，卫生部认为，中医对于骨伤治疗自有一套独特而行之有效的手段。所以，他们建议请中医骨伤科专家诊治，可能会有奇效。陈毅把卫生部的意见转告给周恩来，周恩来笑了："对了！贺老总以前对我说起过四川有位姓郑的武术家，特别擅长治疗跌打损伤！"于是，郑怀贤进入了周恩来的视线。

在成都，郑怀贤在周恩来的手部按摩、捏拿，一番治疗后，周恩来右手疼痛马上减轻不少。郑怀贤还当场调制了中药敷在伤处，然后交代了饮食禁忌。当天晚上，周恩来就感觉到受伤部位不像前几天那样痛得几乎难以入眠，好好地睡了一觉。次日早上，周恩来自己打开裹在手上的纱布，惊喜地发现竟然已经消肿了，在以后的几天里，郑怀贤连续为周总理进行了六次治疗，使周总理的病痛完全解除。据说，周恩来还主动付清了费用。他是这样对郑怀贤说的："这是我个人的事情，不是四川省委的事。我自己走路不小心而摔了跤，所以这治疗费应该由我个人承担。"

郑怀贤武功阅历丰富，技艺超群，在拓展传统武术的医疗功能方面也做出了极为重要的贡献，被后人尊称为"武医宗师"。郑怀贤于 1981 年辞世，他一生致力武术和中医骨伤科事业的发展与研究，历任中华全国体育总会常委、中国武术协会主席、中国体育科学学会理事、全国运动医学学会委员、中华医学学会四川分会副理事长等职。

（五）峨眉名宿——赵子虬

赵子虬，字正清，男，汉族，1905 年 6 月 16 日出生在广安县东岳乡。曾任全国武术协会委员，四川省、重庆市武协副主席，江北县武协、老年体协主席，重庆市十一届人大代表，江北县第 1~3 届政协委员，第 6、7 届政协常委，全国十大武术名家之一。

赵子虬6岁时向舅父胡德炎学武，后拜侯炳森、肖秀堂、刘天祺、马锡山、何玉龙、陈晓东学峨眉洪门、岳门等四川地方拳械。1929年，以优异的成绩考入南京中央国术馆第二期教授班学武，并参加编审处协助唐范生（唐豪）编修武术书籍工作。

1932年7月，赵子虬完成学业后，到江苏扬州绥靖督办公署和西北军将领张之江家任国术教官。此时，他常向王子平、佟忠义、姜容樵、黄伯年、吉鸿昌等名师请教武艺。1933年8月至1939年7月，赵子虬被聘为湖北武昌中华大学、湖北艺术专科学校、省立一中等校的国术课教员，同时在中华大学中文系在职进修5年。

1935年，赵子虬应约与美国西洋拳师马士林在武汉公书林擂台比武，连胜3局。武汉报纸以《赵子虬拳打美国大力士》为题进行了报道，大长了中华民族志气，被传为佳话。1939年，日寇侵华进占江西，赵随校携眷西迁回川，前往江安、宜宾县中任国文课教师。1943年2月，赵定居江北县，任江北女中、江北三中语文课教师，兼传武术技艺。1951年6月，赵赴五宝乡（今属江北区）三村参加土地改革工作。此时，土匪头目僧广洲暗藏枪弹于观音寺内伺机进行破坏社会稳定的活动。赵子虬奉命对其进行抓捕，他不畏艰险，在雨夜路滑的长江边与僧广洲反复厮打，最后用一“拿法”活捉了这个血债累累的匪首，押送审判，就地正法，大快人心，至今传为美谈。

在是非颠倒的“文化大革命”中，赵被“造反派”关进“牛棚”，横遭审查。虽处境艰难，但每当深夜仍溜出校门，向学生传授武技。1976年赵调任县人民医院任中骨科医生，兼任县体委武术教练，不懈地培育新苗，训练武术骨干近千人，为江北县被四川省命名为第一个武术之乡（1987年）和全国首批武术之乡（1992年）做出了卓越贡献。1979年他参加全国武术观摩交流大会获一等奖（金牌），1982年参加全国武术工作会议时，受到中央领导同志的接见。

1983年，赵子虬被聘为四川省武术遗产挖掘整理小组顾问，往来于四川各市县之间，访问拳师、调查资料、撰写文章，并与陈尚洁合作撰写出了38万字的《四川武术史（初稿）》，还写出《中国武术管窥录》《峨嵋化门南拳——三十六闭手》《从明唐顺之〈峨嵋道人拳歌〉看峨嵋拳宗风格》《峨嵋武术纵横谈》《气功流源琐谈》等80余万字的专著史料，其中29篇近20万字专著发表在《中华武术》《武术健身》《武林》等国内20个报刊上。1984年和1986年两次被国家体委评为全国武术遗产挖掘整理工作先进个人，1986年被评为重庆市“山城健康老人”、四川省“巴蜀健康老人”，1988年被四川省授予“老有所为精英奖”，荣获中国国际武术节“武术贡献奖”，1995年被国家体委评选为“全国十大武术名师”之一。

1996年12月30日，赵子虬无疾而终。

（六）行侠仗义——路军健

1. 偷师学艺

路师军健原名路元银，字君健，清宣统元年（1909年）九月二十九日出生于成都市新繁一个小商人家庭。路师的父亲在新繁街上开了一家经营山货的小店，店铺的房主就是四川武林赫赫有名的“新繁四成”中的吴铁成，路师家的山货店旁边是吴师祖的宅邸。吴师祖师承绿林，在新繁有自己的武术棚子（武馆），武林中极高的声望让想跟着他习武的人踏破门槛，年仅8岁的路师经常看到吴铁成带着弟子们练功习武，心里十分向往。当时随吴师祖习武的多是富贵人家的子弟，很多人家都是用担子挑着银圆来拜师的，路师家境不宽裕，缴不起这样昂贵的学费。一心想习武拜师的路师发现吴师祖每天晚上都会在家里的后花园练功，练功时旁人一律不许入内，只有吴府的丫鬟巧儿每天傍晚提前进花园把茶给吴师祖泡上后离去，于是他便央求和自己玩得很好的巧儿偷着放自己进去。从此以后路师每天都躲在花坛后面偷学，这样的日子过了两三个月左右。直到一天晚上吴师祖练功正到妙处，路师看得兴奋，情不自禁动了一下身体，月光下仅仅晃动了一下的影子被吴师祖发现，一个抢步便从花坛后一把将路师拎了起来。吴师祖勃然大怒：“哪里来的小鬼，竟敢偷窥我练功？”路师年幼，不知这是犯了武林大忌，赶忙深施一礼回答：“我一心喜欢学武，但是家里没钱，只好躲在这里偷学，请吴老爷不要告诉我父母，不然他们会打我屁股。”吴师祖早在拎他出来时就看清是自家租户的孩子了，也就只想吓吓他，没打算深究。此刻听路师这番话后吴师祖被逗得笑起来说：“你在这里偷看了多久？”路师回答：“看了两三个月左右。”吴师祖开玩笑地问：“那你偷看了这么久学到什么没有？打给我看看。”路师就把偷看到的拳法认真演练起来，吴师祖一看便知此子悟性上佳，且习武的决心很大，心里不由暗喜，对路师说：“明天叫你父亲来我这里一趟。”路师怀着忐忑的心情回到家告诉了父亲。第二天，路师跟着父亲到了吴府才知道吴师祖并非是责怪自己偷学而是要正式收他为徒。于是，自那日起路师正式拜在吴师祖门下，每天跟着师傅闻鸡起舞，苦练绿林派武术。

2. 打擂成名

民国十八年（公元 1929 年）成都青羊宫举行蓉城花会擂台赛，也就是旧时川人津津乐道的“打金章”。当时的擂台赛要签生死状，台下摆棺材一口。吴师祖准备带着王汉山、杨继周等十余名学有所成的弟子前去打擂，时年路师还未满 19 岁，所以没有打算带他去成都。路师听说后缠着吴师祖带他一同前往，吴师祖一是被缠得没法，二是觉得路师年龄还小带他去历练历练也不错，便同意了。没想到路师上擂台后从资格赛一直打到银章赛都无败绩，这令吴师祖大喜过望。到了打银章时路师遇到了他武术生涯中的第一个强敌，这个名叫沈志龙的北方人是个行伍出身，身大力不亏，据说能把迫击炮筒平端在胸前而双臂不弯曲。刚一上擂台路师观他身体虽然魁梧，但动作不太灵活就有轻视之心。一开动路师仗着身法灵动一闪就挤进沈志龙的中门想一下解决战斗，没想到沈志龙似拙实巧，一手接住路师来手，另一只手已经一掌击在路师胸口，路师当时就觉得一口血要喷出来，强咬牙把血咽下肚去，赶紧脱化出圈子。支撑到此局结束以后，路师下台休息时心里起了怯意就想弃权，这时吴师祖一边拿出自带的伤药让路师服下一边说："你练的斗方连城六合那一手哪儿去了？"而在旁边帮着给路师扎腰带的师兄杨继周说了句："人前显众，浪里夺舟，今天你就是被打死在擂台上都得上去，不能丢了师父的脸！"路师被这话一激，心里的胆怯就完全忘记了，加上吴师祖一句话的点醒，让他信心倍增。第二局开始以后，路师还是照着上局的进攻方式一闪就抢进沈志龙的中门，沈还是按照第一局那样一手接手一手还击，路师突然用出斗方连城里的"六合手"，一个败势吊捶化掉沈的攻击，接着一个翻身捶将沈击中，紧跟一腿将其打倒在地，按照那时擂台规则，见红（出血）、倒桩（倒地）、闭法(被打得不能还击)、告法（主动认输）就等于输掉比赛，此战路师已胜，但是路师打得性发，一个跟进到了沈身边，接着就是一式杀招，想结果了对手的性命，眼看着就会上演一场悲剧，说时迟，那时快，当值的裁判——在一丈开外的僧门前辈刘玉书一个箭步便到了路师面前，用手格挡住了路师的杀招。此时路师不单单觉醒，更是深深敬佩刘前辈的功夫人品，后在吴师祖的引介下向他参师，对刘执弟子礼。在以后的擂台比赛中路师一帆风顺收获了金章。此次擂台赛吴铁成师祖的弟子王汉山、杨继周、路君健三人得到了三枚金章，一时被传为武林佳话。

3. 行侠仗义

擂台赛结束后，时任四川省主席的刘文辉聘了杨继周为自己的贴身保镖，路军健为川康边防司令寅东师部武术教官，而王汉山因为生性淡泊不愿出仕回乡务农去了。二刘争川时刘文辉被自己的侄子刘湘所败被迫退出成都来到雅安，杨、路二师也跟着到了雅安。当时的雅安治安混乱袍哥横行、政治不稳，藏彝回汉蒙满多个民族杂居，经济贫穷、文化落后。面对地理与西藏相连，宗教与拉萨密切，教权大于政权，主持宗教的喇嘛寺势力渗透社会各层面且有武装的现实，刘文辉推行了“以教辅政，以政翼教”的政策。为改善同藏族地区的关系，他到靖化广法寺皈依佛法，虔诚信奉佛教，府中设经堂，聘请喇嘛讲经布法。经过一番治理，刘文辉总算有了一块立足之地。这时杨继周师伯已经升任刘文辉军部直属手枪营营长，成为在编军人，而路师因不想当兵还是客卿身份。一日，路师路过雅安大十字街口时，遇到一个腰挎手枪面目不善之人正当街调戏一名良家少女，这人名叫罗雄，是雅安袍哥龙头舵把子刘树尧的红旗管事，那时四川西康一带袍哥势力强大，很多袍哥舵把子都有黑白两道双重身份。刘树尧本人是刘文辉二十四军的一名团长，又是雅安袍哥龙头大爷。这罗雄仗着刘给他撑腰在雅安横行不法，欺男霸女，今天他看到路过的一个姑娘美貌，色心顿起，强拉着往偏僻处去，街上很多路人都是敢怒不敢言。路师上前拦住说道："人家是良家女子你快放手。"罗雄大骂："关你鸟事，快给本大爷让路，不然老子请你吃花生米。"路师道："大路不平旁人铲，你今天休想抢走这女子！"罗雄丢开姑娘顺手就拔枪，路师使招"过肘断手"一掌斩在罗雄执枪的右手拇指上，罗雄的手枪应声而落。罗一看枪落地就向路师面门一拳打来，路师接住来手一招"缠丝磕腿"把他打翻在地。罗反应也很敏捷，倒地后马上就想去抓掉在地上的手枪，路师动作更快，一腿把他踢离手枪掉落的位置，然后用脚踩住他的脊梁使其不能动弹。路师捡起手枪问罗雄："你还抢人吗？"罗雄依然破口大骂："你娃娃给老子等到，有本事你就打死老子，不然老子要给你三刀六洞。"路师听此言大怒，用枪托暴打罗雄，直到罗服了软，下了软话告饶并答应以后再不作奸犯科才放了他。此事发生后罗雄求刘树尧替他报仇，刘心想，一个小小的教官居然敢动我的红旗管事，以后我刘某人的面子何在？于是下令追杀路师。路师辗转逃到乐山金口河袍哥龙头黑骨头处藏身，后经杨继周师伯出面请二十四军少将副官长陈耀伦调停（齐白石大师曾为陈治“家在清风雅雨间”“仲光”两印，皆是大师金石精品），刘树尧也觉得起因是罗雄惹是生非，这才取消了江湖追杀令。路师回到雅安后深感世事无奈，便辞了部队教官一职，在西康明德女子中学找了份体育教员的差事直到西康解放❶。

（七）“蜀中快手”——彭元植

1911 年，彭元植出生于成都华阳一个工商家庭，排行老七的他，受父亲影响，自幼喜爱玩弄拳脚，其父也为其广请名师执教。彭元植先后拜在向昆山、张海门下，习岳门硬拳、黄林功夫。后又跟随有“五龙二侯”之称的四川武术界七大高手之一侯坦学习僧门武技。19 岁在成都打擂成名后，又到四川省国术馆首届国术研究班学习，遍习中国各门派武术。彭元植将从少林派衍生的僧门武术与四川本土峨眉武功相融合，将擅长脚功的少林功夫变成以手为主的僧门拳术。年轻的彭元植自出道后，就以其身手敏捷、快如闪电在四川武术界扬名，人们称其为“千手观音”“蜀中第一快手”和“常胜将军”。

1931 年，成都青羊宫，川内外武术名家齐聚于此，参加在此举行的国术擂台选拔赛。当时，有着南方大侠

---

❶张俊提供，龚茂富整理编辑。

美誉的蓝伯熙也来参赛。这蓝伯熙何许人也？他可是曾挑战过孙中山贴身保镖北侠杜心武的武林高手。身高1.9米，体重100公斤的蓝伯熙，抽签排序时与彭元植不期而遇，尽管彭元植身高1.70米，体重不到70公斤，可他当时已是“蜀中千手观音”。一个是成名在先的老前辈南侠，一个是初生牛犊的“千手观音”，双方都紧张心虚，演出了一番意想不到的奇遇。预赛中两人频频暂停上厕所，最后双方商量，干脆先在擂台下较量。这一较量，几百个回合难分胜负，双方都敬佩不已。了解到彭元植的老师是侯坦，蓝伯熙专门跑去拜会，要向侯学艺，见已负盛名的蓝向自己拜师，侯坦心下大喜便爽快收下。这下，彭元植和蓝伯熙成了师兄弟。最后，彭元植退出了比赛，蓝取得了四川第一名。

1936年至1941年期间，蜚声武术界的彭元植先后在国民党川南边防军司令部、重庆炮兵司令部、四川省军管区军管总队当武术总教练。20世纪40年代末期，美国的拳击家康嗣同来到四川拜会彭元植，康认为中国功夫重中、下盘，上盘功夫差劲，再加上他曾用直拳打败过不少中国拳师，便瞧不起中国武术。彭听后很生气，说：“我就用上盘打你。”两人开始过招。康一记重直拳，彭一招“花园传枪”，险将康拖倒，另一只手已打在对方软肋上。康又一直拳快如闪电般向彭面部袭来，彭右手轻轻一挡，格开康的手臂，一指迅速找康眉心，一发力往外一送，康飞出数米外，仅1个招式，美国直拳便败在快手之下，康佩服得五体投地。新中国成立前夕，彭元植淡出武林界，在望江楼小学（今川大附小）当教师，教体育、历史等。20世纪80年代，在市体委等有关方面的动员下，退休在家的彭老重出江湖，尽管年事已高，可雄风依在，参加市、省武术比赛，夺得双冠。彭老作为峨眉派僧门代表人物，被载入《四川武术大全》和《中国武术人名辞典》等武术图书。

（八）德高望重——王树田

1918年5月16日，王树田生于直隶省（河北）新城县。因家中穷困，5岁那年他随父亲王玉山赴上海谋生。1925年，在上海先施公司游乐场“学武会”从师于其表兄朱国福学习形意拳、弹腿、摔跤、八极拳、搏击术等，成为朱国福八大弟子之一。1928年，王树田以优异的成绩考入“南京中央国术馆”第一期专修班深造，师从朱国福、朱国祯、郭子平、马英图、高振东等名师。1929年11月，参加杭州举行的全国“国术游艺大会”登台献艺，受到各路名家赞许。1933年，王树田到湖南长沙国民革命军第四陆军军事训练处深造。在长沙，王树田向表兄朱国祯学习武术搏击功夫，跟随人称“花蝴蝶”的中国快跤大师常东升学习“保定快跤”，并向林存森学习“六合通背拳”。随后，王树田被聘为湖南省国术教官，同时兼任“湖南省国术馆”师范班国术教官。

1935年，17岁的王树田报名参加了在长沙举行的“华南数省国术比赛”。在擂台上，王树田力克群雄，一举夺得湖南省国术比赛大会搏击冠军和摔跤亚军，被武术界誉为湖南“小黑虎”。王树田记忆力、领悟力特别强，对各种技艺看一遍就能掌握精要，并记忆深刻。因此，其技艺进步非常之快。

1937年，抗日战争中他辗转移居四川，定居成都，并在成都空军机械学校任国术教官。此后他参加了“新生国术队”，积极参与成都的各种武术活动，常与郑怀贤配对表演空手夺枪、单刀进枪、对擒拿、形意拳等武艺，受到成都国术界同仁的高度赞誉。

新中国成立后，王树田担任成都体育专科学校（成都体育学院前身）武术教师兼教研组副主任。1953年，他作为西南地区代表队成员，参加在天津举行的“全国民族形式体育表演及竞赛大会”。在大会上，王树田与郑怀贤表演了“空手进枪”和“对擒拿”等武技，荣获优秀奖。会后，王树田连同其他优秀获奖者一道被邀请到中南海为国家领导人汇报表演，受到周恩来、朱德、贺龙等国家领导人的高度赞赏和好评。此后，他一直在成都体育学院担任武术教学工作。

1959年，王树田参与国家体委组织的“甲组竞赛套路”的创编工作。1979年，参加在广西南宁举行的“全国武术观摩交流大会”，荣获优秀奖。1982年12月，应邀参加在北京举行的“全国武术工作会议”。王树田历任成都市武术协会主席、四川省武术协会副主席、四川省武术队主教练、四川省武术馆主教练等职，多次担任全国、省、市武术、摔跤比赛的总裁判长。王树田精熟形意拳、八卦掌、八极拳、太极拳、查拳、通背、劈挂、擒拿、摔跤、劈刺等武艺，并编纂有《形意连环拳》《形意对打》《八卦连环掌》《八卦龙形剑》《八卦散手刀》《八极拳》《六路弹腿》《六合通背拳》《梅花剑》《满江红》《对擒拿》《燕青拳》《二郎拳》和《功力拳》等著作传世。王树田在数十年间培养学生和弟子近数万人，遍布 20 多个国家和地区，其子、女、婿皆得其传。1985 年荣获国家体育开拓者奖奖章；1988 年荣获国际武术节武术贡献奖；1996 年被国家体委评为中华武林百杰，授予中国武术八段。作为开创中国现代武术套路及现代散打运动的先驱者之一，王树田虽没有太多传奇经历，但是他技艺纯熟，武德高尚，有四川武术界“活字典”之誉。

第七章　近代以来峨眉武术杰出人物简介

近代以降，峨眉武术事业的发展中涌现出了许多杰出的人物，其中包括为峨眉武术发展谋篇布局，做出突出政绩的官员或管理人员；在基层一线传承峨眉武术的各门派代表性传承人；在国外辛勤耕耘，奋力拼搏，致力峨眉武术国际化传播的知名人士；以及围绕峨眉武术进行理论研究的专家学者等。他们为峨眉武术的发展培养了众多传承人，在峨眉武术发展事业中做出了重要贡献。为方便查询检索，本书的收录依据出生日期的先后排序。

刘灝　(清乾隆年间—?)

刘灝，男，清乾隆年间人，出生在四川资中罗泉井，原籍广东，湖广填四川时到罗泉井，性情刚烈，脾气暴躁，三下河南学得少林拳法和岳门脱化功夫，后独创齐步云脚高桩盘破拳法，创立峨眉盘破门。长年浪迹江湖，行侠仗义，人称“行义侠”，是为峨眉盘破门开山祖师。

马镇江（1821—1920年）

马静源号镇江，原籍陕西凤翔，幼时随父母及父亲的几个师兄弟一道由陕西入川，生于1821年9月11日（阴历），于1920年1月4日（阴历）去世，终年98岁。曾任清四川荣县把总、茂县把总、十营总管、总教师，清皇子果亲王教师，授正三品武将开头衔，民国初年任四川省武士会总会长。

马镇江自幼随父亲练武，后又拜马黑子为师，深研武艺。艺成后，他走南闯北，寻师访友，武功登峰造极，尤善腿功，人称“无影腿马镇江”。他根据自己精湛的武功和丰富的实践经验，采众家之长，去粗取精，自成一体，创立了“马派”武功。

马镇江的得意弟子有胡子文、陈大章等人，其直隶马派功夫传承人当数爱徒胡子文。胡子文曾任清军差官、千总等职，后为四川省军政府参议，新中国成立后以行医为生。其孙胡能琦尽得其衣钵，著名的徒弟有房东华、黄民生、肖家泽、吴信良等人。

佘英（清同治末年—1909年）

佘英原名佘俊英，号竟成，四川泸州小市镇人，生于清朝同治末年。他是四川近代史上的著名人物，也是峨眉武术史上的英杰之一。佘竟成出身贫寒，早年丧父，与母亲靠佃种、针黹收入谋生。他先后干过铜匠、撑船，十余岁就有一身好气力。

他极爱好使拳弄棒，最初无处拜师，只有四处偷经学艺。后经人举荐到小市镇武举人李孝思处学习峨眉派武艺。李孝思绰号“通城虎”，于1896年在泸州设武棚授徒，传习拳脚、骑射等武艺。佘竟成习武刻苦，故武艺大进，尤精于搏击。他豪放不羁、好为不平事，被泸州人称为“豪士”。后他参加清代最后一次科举考试，考取了武秀才，被公推为当时有革命意义的市镇袍哥会“文字公口”的“舵把子”。

泸州的清朝官吏见佘竟成武艺好，请他任“州衙堂勇管带”，负责“领卫队、揖捕盗匪”，但他“目击清政不纲”，不久后便辞职回家。1906年，革命党人黄复生邀佘竟成东渡日本去见孙中山。孙中山先生见他魁梧豪放，大为器重，当即委以西南大都督：“命英归，喻会党以大义、为种族效命！”佘竟成回国后，以会党（袍哥）首领兼同盟会会员的双重身份，成为四川反清运动重要首领。他先后组织、参加了泸州、叙府、广安等武装起义，虽然都失败了，但给清朝政府以沉重打击。佘竟成不气馁，多方聚集队伍、积极操练武艺准备再次起义。1909年12月13日，革命党再次在川南起义。佘竟成指挥一路人马，在嘉定府和童家场夺得团练局近百支快枪和8只炮船。当日下午各路人马齐聚嘉定上游的新场关帝庙中，正式宣布起义，前去攻打嘉定城。但守城清军人多势众，装备精良，义军腹背受敌。佘竟成逃至云南边境的豆沙关附近被捕，遭杀害[1]。

刘崇俊（？—1938年）

刘崇俊自幼好武，师从数人，其身形魁伟而灵巧，武功全面，尤精峨眉派、北派、三原派技艺。1908年，他与师兄马镇江一道拜马黑子学习北派武艺，获传“大小红拳”“小神拳”“九龙大刀”等技艺。后来，马镇江被聘为清军十营总教官，刘崇俊辅之，二人武艺高强深得赞誉。

当时，刘崇俊秘密参加了反清组织“哥老会”。1911年，成都保路运动开始，他武勇报国，积极参加。民国期间，他以反清之功曾任团长，但他不欲仕途，旋即解甲，复以习武养生为乐事。1912年，四川第一个官办武术组织“四川武士会”在成都忠烈祠正街成立，刘崇俊为副会长（省都督尹昌衡为名誉会长、马镇江为会长）。1925年筹建“四川省国术馆”，刘崇俊任副馆长，后任具体负责馆务工作的教务长。1929年，杭州举行首次国术国考，他亲自领队赴杭，并与杜心武、杨澄甫、吴鉴泉、孙禄堂、刘百川等29名国术名流担任评判委员。刘崇俊在会上表演了“练步拳”，功力精深，刚柔俱妙，深得行

[1]注：根据郑光路1995年于四川人民出版社出版的《中国当代热点问题透视——中国气功武术探秘》以及2007年于四川成都出版社出版的《四川旧事》相关章节整理而成。

家好评。后刘崇俊被“中央国术馆”馆长张之江聘任编练处长。他思乡心切，因此从南京中央国术馆返回四川老家。在成都，他仍参与并负责省国术馆工作。他在主持省国术馆期间，成绩斐然，罗列众多俊才逸士，为民国期间峨眉武术发展做出了重要的贡献。

刘崇俊虽为典型武人，然学识渊博，诸子百家皆有涉猎。1938 年 3 月 3 日，被称誉为“吾川国术泰斗”的刘崇俊病逝于成都[1]。

余发斋（1853—1940 年）

余发斋为余家拳代表人物，四川简阳县人，祖籍广东。他自幼喜爱武术，好学求精，善于博采众长，家传武技经其琢砺发展，日臻完善，拳风别具一格，他是将祖传武艺发扬光大的第一人。余发斋育有一子余鼎山（1875—1945 年，又名余勋）。民国七年（1918 年），他与儿子余鼎山，孙子余德馨，弟子扬占荣、张光远到成都参加首届打金章擂台赛，当场表演了拳术和刀、棍，由于他武艺超群，招术精湛，被国术馆评委选中，并推荐为擂主。在成都青羊宫举办打擂比赛期间，他以花甲之身击退众多对手，一举名扬蜀内。

同年，偕子余鼎山前往重庆发展，经历多次比武较技后，余家父子名扬陪都重庆，后定居重庆，开启了余家拳

[1]郑光路. 四川旧事［M］. 成都：四川人民出版社，2007：78-82.

在重庆的传播之路。1926年，余发斋受聘于重庆商埠督办潘文华为名誉社长的“扬武国技社”，任总教席，由于技艺高超，拳风独特，教学卓有成效，从学者甚多，其中不乏有高中级军官。民国十六年（1927年），余发斋回石盘埔老家定居。余鼎山继承父业，技艺也极其精湛。1920年，刘湘部师长朱兆南在簧学巷设擂考聘国术教官，余夺魁受聘。1925年参加重庆珊瑚坝打擂比赛。1926年任“扬武国技社”教席。1928年参加重庆市国术考试，名列榜首，获“武士”称号。1929年起，任重庆市国术馆专职国术教师。余鼎山一生授徒众多，为余家拳的发展做出了重要贡献。抗日战争后期，重庆战火频繁，民国三十二年（1943年），余鼎山离开重庆到雅安，教授刘文辉儿子武术。后他迁居到成都，住在提督西街的徒弟家中，不久便身染重疾，其子余德馨将其接回老家，次年正月初十病故，时值民国三十四年（1945年）[1]。

其后代余森杨完整继承了余家拳术，1963年考入成都体育学院，1978年参加全国武术比赛获一等奖。曾在内江、自贡教授余家拳，现任余家拳研究会名誉会长等职。

马宝（1864—1941年）

马宝，字飞熊、哲良，成都人。原居住在乡下，清

---

[1] 内江地区体育志编纂委员会. 内江地区体育志［M］. 成都：四川辞书出版社，1995.

末搬进省城。他出生时家境十分贫穷，却自幼喜欢练武。由于家境贫寒，他请不起师父教授武艺，就常常跑到镇上看江湖汉子卖艺，偷偷地记在脑子里，回家后自己就在那里比比划划，时间长了，竟无师自通。马宝他们家附近有个河滩，他为了练习力量，没事的时候时常跑到河滩举巨大的石头练习力量。马宝长大后身材高大，臂力过人。

马宝师从多人。他先后拜原太平天国翼王石达开身边四勇将之一的刘扬廷与外号“金舵子”的黄二爷为师，深得这二人的真传。马宝脾气暴躁，因惩治当地恶霸胡贡生爪牙而误伤人命，不得已化名外逃投军。他在军中骁勇善战武功过人，不久被升为伍长，屡建战功，后升至川北协镇千总。

赵尔丰担任四川总督时，调聘马宝为总督府镖客，待之甚厚。民国时期，马宝曾三次任成都青羊宫举行的打金章擂主之职。晚年还在四川省国术馆国术专门学校与刘崇俊同任教育长，为峨眉武术培育人材，当时有四川第一高手之称。他一生收徒众多，其高徒有杨季冰、傅元亨、刘宗沛、胡澈超、许文超、马石臣、罗伯华、朱仲康等。朱仲康善用勾拳、摆拳，外号“朱贯捶”，在成都青羊宫擂台赛中很有名气。马宝去逝后，葬于成都北门外肖家碾[1]。

---

[1]郑光璐. 四川近代武林人物［J］. 体育文化导刊，2003（3）：74.

朱智涵（1873—1973年）

朱智涵，名永才，生于1873年（清朝同治癸酉年），逝于1973年。幼年入道门后得道号“智涵”，世人敬称他为“智涵子”。

朱智涵祖籍山东泰安。清光绪十一年（1885年）山东大旱，饿殍遍地，朱智涵一家十一口人，仅他一人幸存。在其南下谋生途中，他昏倒在山东滕县千山头玄武观门前，被观内精武懂医道士朱教玉（四川省中江县人）收养为徒。朱智涵天性诚谨，奉师至笃，练功勤苦，尽得师传。

时值山东“义和拳”运动如火如荼之际，朱智涵毅然参加了义和团“坎字团”。1899年12月，袁世凯开始疯狂镇压义和团团民。在这种情形下，朱道长（朱教玉此时已做道长）遂偕先生朱智涵沿运河南下谋生，经苏州玄妙观、余杭“洞宵宫”等，入福建，再赴龙门南昆山，潮州老君洞，进湖北武当山，然后往玉虚岩、华阳岩，遍访异人名师。朱智涵于罗浮山得九势二十七气“金钟罩”气功、武功和医术。

朱智涵所育桃李遍及省内外，较著名的有海灯法师（范剑英）、张宗安、代自海、周子常、刘子千、严永达等。其徒均学有所长且能发扬师教，桃李盈门。健在者目前继续在哺育和浇灌着中江、德阳以及外地区的民间武术之花。

李国操（1875—1960年）

李国操，原名李大江，湖北沙市人，清光绪元年（1875年）出生，四川近代武林著名人物之一。他9岁起开始学武术，刻苦用功，后遍游大江南北寻师访友，得拜武当派高手樊益良为师刻苦学艺8年，潜心深研，力大过人，身怀绝技，武艺精湛。

李国操先在重庆都督府任步兵营长、行营学校技术教官。辛亥革命之后，西上成都，出任川军熊克武部查马长（镖房主任），同时也是熊克武的保镖。后任三军成都联合办事处技术主任，专事川军武术的教授。

民国七年（1918年），四川军政首脑人物以“团结尚武”为号召，在成都青羊宫举行四川第1届武术擂台赛。在比赛中，李国操任第一组擂台的擂主。比赛期间，全川武林高手纷纷登台献技。历时月余，大会公认李国操无论是实战功夫还是表演功夫都居人之上，夺得“金章”，荣获“金牌擂主”美誉，一举成名。自此之后，李国操之名传遍川内。1923年，他在刘伯承主办的四川泸州政治学校任主任教官。解甲退隐后，他热心授徒，深受武林界推崇。1954年，他被推为全国体育总会西南分会武术研究员。1957年当选为重庆武术协会副主席。1960年在三年自然灾害中无疾而终，逝后葬于南岸三块石山岗上，墓碑上刻有八个大字：大拳师李国操之墓。

钟润生（1878—1962 年）

钟润生，四川温江人，为黄林派代表人物，曾居于成都西郊马家寺（现为成都双流县通江）。他生于武术世家，其弟叫钟俊之，比他小十来岁。钟润生父亲武功甚好，曾任清代达县、峨眉县等地武官。钟润生兄弟自幼习武刻苦，父亲亡故后，先后向十来个师傅学习，将父亲遗留的家产耗用殆尽。辛亥革命后，“四川武士会”成立，曾任清军十营总教头、人称“无影腿”的马镇江为会长。钟润生又拜马为师学习数年。后他又与宋鹞山、钟俊之、余老幺等一道拜四川隆昌县人刘松云为师，学艺数年。宋鹞山、钟润生等向刘松云学习了“蹲桩拳”“四平拳”“火龙滚”等套路，还有“火龙对扣”（对练）等拳技。

抗日战争期间，钟润生曾任川军田颂尧部武术教官。抗日战争胜利后，回家务农。成都、温县等不少人慕名求学，从此，“钟家火龙拳”遂闻名于成都一带。1962年，钟润生无病而终，享年 85 岁。钟俊之为钟润生幺弟，新中国成立前后积极传授火龙拳。他武功精熟，拳架舒展自然，颇受时人好评。钟俊之于 1976 年去世。钟润生育有一子钟方汉（1903—1990 年）。钟方汉自幼随父亲习武，在川军中任职教授武术，曾随王铭章出川参加抗战。他谙熟多种武艺，如火龙拳、九滚十八跌、北方拳种等。抗战胜利后他归川，在马家寺一带授徒甚多。

解放后流放新疆，70年代后回到四川[1]。

吕紫剑（1893—2012年）

吕紫剑于1893年（清光绪十九年）生于湖北宜昌，原八卦掌掌门。自称从小跟随母亲学习武术，后来拜江英为师，稍大就读于湖北国医学堂。18岁（1911年）前往北京，在京城拜八卦掌李长叶及形意拳丁世荣为师，最后在重庆跟随李国操习太极长拳。1920年，南京雨花台举办武术擂台，当时已27岁的吕紫剑一举夺得了武术大会擂台冠军。1929年，为抗议当时国民党“废止中医案”，他被选为中医医疗组组长。抗战期间，他在重庆，曾任国民党军事委员会总裁侍从室少将国术教官。“文化大革命”时期，他被打成“反

吕紫剑八卦掌拳姿

❶郑光路. 峨眉黄林派武术——火龙拳［J］. 成都体育学院学报，1984（1）：27.

革命分子”，在新疆劳改了十多年。1979年返回重庆，被选为市政协委员。1982年获全国武术精英赛雄狮金奖。1984年获峨眉山拳师邀请赛特别金奖。1994年任国际气功协会首席顾问。后来他开办了“渝丹紫剑武术馆”和“吕紫剑骨伤科诊所”。

吕紫剑先后出版了《中国武当内家拳法》《八卦养生法》等著作。自创“八卦浑元养生功”，被国家体育总局武术运动管理中心评为国家武术九段。2012年3月10日凌晨0时25分，在重庆逝世，享年119岁。

李雅轩（1894—1976年）

李雅轩，名椿年，河北交河县人，自幼习武。初随少林武师陈殿福学习长拳，1914年拜太极拳一代宗师杨澄甫为师，专攻太极拳。1928年以优异成绩考入中央国术馆。次年，追随杨澄甫到杭州国术馆，担任太极拳主任教员一职。1934年，南京组织太极拳社，被聘为该社社长。1935年任国民体育学校国术组长。1937年“七七事变”后，辗转到武汉，后至重庆，最后定居成都，任四川省国术指导。1946年，任原国民党二十八军军官总部队上校军官，教授武术。1947年任陆军大学三级教官。新中国成立后，被聘为成

李雅轩杨式太极拳姿

都市政协委员、成都市体委太极拳教练。李雅轩深得杨澄甫真传，在太极拳、刀、剑、枪、推手、散手方面技艺全面，造诣精深。1953 年代表西南地区参加全国民族形式武术表演大会，荣获优等奖。他为人和蔼可亲，教拳严谨有法，循循善诱。1976 年逝于成都，终年 82 岁。他对四川地区的太极拳传播与发展做出了积极的贡献，是四川太极拳事业开拓者之一。

张英振　(1896—?)

张英振，冠县人，回族，出身查拳世家，其父张其维，全能武术家，尤其以祖传查拳独步武林。1908 年从张其维习查拳、滑拳。1915 年，入山东济南国术传习所。1917 年任泰安三中国术教员，兼任驻军国术馆教官。1925 年开始在济南教拳。

1928 年在南京全国武术会考中跻身前 5 名，获冯玉祥将军所赠“仁义道德”剑一柄。同年，在南京中央国

张英振查拳拳姿

术馆教授班学习并任班长，后被聘为一级教授，并且与其弟张英健及朱国富、朱国禄等人共同学习拳击。1931年任黄埔军校国术教官，期间曾获国术馆内部拳击对抗赛冠军，多次参加与日本、蒙古等国的武术比赛，均获冠军，一时轰动武坛，为中华民族争光。1938年随军校西迁入川，后在成都定居，授徒甚众，是四川查拳发展的宗师。1949年中华人民共和国成立以后，从事查拳研究工作，并应成都体育学院之聘传授查拳。晚年专心从事查拳技艺研究，自编和与人合编了《查拳概况》《五路查拳》等书籍。

侯坦（1896—1952年）

武艺尤为精绝，为僧门第四代掌门，师承于清末峨眉派僧门著名武术家、四川清军五营总教习周腾蛟。其师请清朝思想家隐士吴娇子授玄门内丹，袁子凡授群经诸子，于是侯坦武艺及理论精进。侯坦亦擅长大镋，后人称其“侯镋”。数战成名后，名列当时四川武林“五龙二侯”（李飞龙、张永龙、陈柱龙、李云龙、李犹龙、侯坦、侯万里）之中。

清代末期，侯坦与其师一起倡导成立了武术组织达摩会。周腾蛟和吴蔚生任正、副会长，王镜屏任执法。每年达摩会全国各地武林高手云集成都发扬武术文化，以武会友，交流武技，研究武学，拜师收徒，场面精彩壮观；为成都及四川武术活动发展起到了推动作用，功不可没。1929 年，始于成都中莲池街螃蟹石门窦开棚授徒，先后教成一批学生，其中的蓝佰熙、彭栋梁（彭元植）、李可读、刘文华、彭述古、侯仲约、张志清（女）、晏星五、杜子明等，后来都成了四川及成都“打金章”擂台上威名赫赫的人物。杜子明医术高明，新中国成立后在北京为中央首长做保健医生，被授予医学专家称号，故后葬于八宝山公墓。蓝佰熙被誉为“南侠”，彭元植则有“蜀中第一快手”的美称，侯仲约有“小罗成”之称。

郑怀贤（1897—1981 年）

郑怀贤又名郑德顺，河北省白洋淀安新县安新镇北辛街人。中国著名中医骨伤科专家、武术家、教授。历任中华全国体育总会常委、中国武术协会主席、中国体育科学学会理事、全国运动医学学会委员、四川省政协常委、中华医学会四川分会副理事长、成都运动医学学会主席、成都体育学院运动医学系主任、成都体育学院附属体育医院院长等职。郑怀贤因其造诣精深，被后人尊称为“武医宗师”“骨伤圣手”。

郑怀贤演练飞叉

郑怀贤先后师承李洱庆、魏昌义、魏金山、孙禄堂等人。1936 年，经过激烈的层层选拔，成为国家国术队员之一，赴柏林第 11 届奥运会表演国术。回国后，他辗转到成都，被聘请到成都体育学院任教，并一手创办了“武术系”与“运动医学系”。郑怀贤在成都体育学院武术系工作期间培养了大批武术人才，为峨眉武术的发展做出了卓越的贡献。

郑怀贤主要著作有《正骨学》《伤科诊疗》《伤科按摩术》《运动创伤学》《实用伤科中药与方剂》等。参加编写了《中国中医百科全书·运动医学》《中国医学百科全书·中医学伤科学》部分条目并任编委，曾获 1978 年四川省重大科技成果奖。其中的《正骨学》已被译成外文，传播到海外多个国家。

释通永（1899—2010 年）

释通永是佛教圣地普贤道场峨眉山的一位高僧，俗

姓董，名明开，苗族，祖籍贵州省大方县，生于1899年2月。1942年，他在峨眉山大坪净土禅院出家，拜普明上人为师，获赐法名通永。1944年，于成都文殊院受戒。后被派往五通桥多宝寺驻守2年，新中国成立初期返峨眉山万年寺常住。曾任峨眉山大坪净土禅院（已毁）监院、万年寺都监等职多年。通永大师一生爱国爱教，维护常住，坚守戒律，信仰弥坚，禅净双修，归向净土，精勤不懈。在众弟子和僧众中拥有崇高的威望，影响遍及海内外。

释通永大师是峨眉派猴拳的传人之一，他继承了峨眉派功夫，尤以猴拳见长。民国时期，通永和尚多次代表峨眉山前往成都参加武林擂台赛，力克众多武林高手，并与海灯法师切磋武艺。“文革”期间，红卫兵造反派曾多次冲击寺庙，通永老和尚总是挺身而出，以身护法，保护寺庙文物。2002年中国“少林、武当、峨眉三大武术精英赛”期间，时已百岁的

释通永的峨眉拳拳姿

通永老和尚身披袈裟，在峨眉山武僧的护卫下亲临报国寺赛场，观看“三大武术精英赛”盛况，关注中国传统武术的新发展。2007 年，他接受峨眉派弟子王超、杨烈洪、张世忠、江德忠、张林、沈贵华、李保明七人的拜师请求，在报国寺举行了收徒仪式，并分别为他们取了法名，勉励他们保护传承好峨眉武术这一中华文明的瑰宝。

蓝伯熙（1900—?）

蓝伯熙，又名家增，生于清光绪二十六年（1900 年），祖籍福建。他出身于武术世家(其父绰号“蓝大旗”，曾任清军先锋官)，8 岁随父习武，兼习经传与骨科医术。

蓝伯熙先后受业于谢安民、邬四木匠及河南少林寺刘鹰子、靳飞鹏等。18 岁时，外游各地，遍访名师。先拜峨眉剑派高手——泸县终南山陈元庆为师苦学 3 年，后又拜何根久为师，集南、北两派之长，融僧、道两家为一炉，内外两功为一体。他勇武过人、医技精湛、济困扶危，人称“南方大侠”。

民国十七年（1928 年），蓝伯熙参加成都打擂比武，胜云南省主席龙云的镖客胡坤，得金章一枚、银瓶一个，获“武魁状元”，名噪全川。他曾任隆昌国术馆教务长，富顺武士会会长，刘湘、刘文辉部第二十一、二十四两军川康绥靖公署总教官。刘湘出川后，他应重庆炮兵司令部聘请，任武术教官。民国二十年（1931年），他在成都、重庆、泸州、富顺、内江等地设棚课徒。1951年东北招聘团来渝，被聘为抚顺矿务局职工医院主任医师，因不适气候，再回重庆。1956年10月，他牵头联合重庆名医赵锦才、刘宏君、张席君等人，创办重庆骨科联合诊所。1958年投入重庆市较场口中医骨科医院筹建，并任第一任院长。蓝伯熙的拳械套路、骨伤科医术，流传于四川各地。得意门徒有谢仲明、李建堂、赖奎龙、黄开文、罗海林、王佑辅等人。

释海灯（1902—1989年）

释海灯生于四川江油，俗姓范，名靖鹤，字剑英，又名无病，号无病道人，法号海灯。中国当代的传奇人物、著名诗人、武术家、禅宗上师。海灯是禅宗沩仰宗第九代祖师宣明。师从全真道龙门派朱智涵道长，及四川川军国术教官王体泉等。宝光寺智光法师，虚云大师沩仰宗九世宣明法子。接智光老法师传临济正宗法。接虚云老和尚传沩仰宗法脉,赐法名“宣明”。

先后就任七曲山大庙住持、云居山真如禅寺住持、苏州吴县石公寺住持、观雾山极乐寺住持、江油市海灯法师武术馆馆长。第 6、7 届全国政协委员，四川省政协委员，中国佛教协会理事，梓潼县佛教协会理事长。

海灯法师的三指禅

1928 年，两位身怀少林绝技的少林寺护寺高僧，因祖庭被军阀所毁，前往四川化缘救灾，住成都昭觉寺（详见：汝峰大师之谜），海灯法师在成都五岳宫街观看汝峰大师（即贞绪大师）表演少林绝技时，想习之，追随数日，但汝峰大师告知："本绝技概不外传，必须是我少林弟子方可习之。"为示虔诚，要求以其胸燃 32 盏油灯，燃灯供佛，皈依佛门拜师入佛习武，海灯遂拜两位高僧为师，学习少林武功。开始练"童子功""练精化气""练气化神"等，在两位少林高僧苦心教导下，范无病学得不少功夫。每天凌晨三更闻鸡起舞，勤学苦练，终练得四大绝技：一是面壁坐禅，入定几天，轰动一时；二是二指禅功，就是用二指撑地，翻身倒立可达 2 分钟；三是童子柔功，须从少年学起，终年不辍，终生不娶，才能练得全身柔软如棉，能头套进腰鼓桶，运用软功，利索落地；四是梅花桩拳，脚踏梅花桩，步法稳健，分寸不乱，才能在 11 根高约 3 尺的梅花木桩上如履平地，表演梅花拳法。1929 年由川军 28 军教官王体泉引见拜山东朱智涵道长学习少林拳和道家功等。

海灯法师以武术而闻名，为武林一代宗师。1989 年 1 月 10 日亥时在成都圆寂，终年 86 岁。

赵子虬（1902—1996 年）

赵子虬，字正清，男，汉族，四川广安东岳乡人，全国十大武术名师。曾任全国武术协会委员，四川省、重庆市武协副主席，江北县武协、老年体协主席，重庆市十一届人大代表，江北县一、二、三届政协委员，六、七届政协常委。

6 岁向舅父胡德贵学武，后拜侯炳森、刘天锡、马锡山、陈晓东为师学峨眉拳术。1931 年，赵子虬考入南京中央国术馆第二期教授班学武并参加编审处编修武术书籍工作。赵子虬常向王子平、修忠义、姜容樵、黄伯年、吉鸿昌等名师请教，多有所得。1933 年 8 月至 1939 年 7 月在湖北武昌中华大学、湖北艺术专科学校、省立一中任国术课教师（此间在中华大学中文系在职进修 5

赵子虬的三十六闭手拳姿

年)。1935 年与美国西洋拳师马士林擂台比武，他连胜三局，武汉报纸以《赵子虬拳打美国大力士》为题予以报道，传为佳话。1938 年日寇侵华进占江西，他随校携眷西迁回川，被迫放弃国术专业，前往江安、宜宾县中任国文课教师。1943 年 2 月定居江北县，任江北女中、江北三中语文课教师兼传武术技艺。在是非颠倒的“文化大革命”中，他被“造反派”关进“牛棚”，横遭审查，虽处境艰难，但每当深夜仍遛出校门向学生传授武技。1976 年他调任县人民医院任中骨科医生，兼任县体委武术教练，不懈地培育新苗，训练武术骨干近千人，为江北县被四川省命名为第一个武术之乡（1987 年）和全国首批武术之乡（1992 年）做出了卓越贡献。

1979 年，赵子虬参加全国武术观摩交流大会获一等奖（金牌），1995 年被国家体委评选为全国十大武术名师之一。1978 年后他广搜武术史料，伏案写作，与陈尚洁合作撰写出 38 万字的《四川武术史（初稿)》，还写出《中国武术管窥录》《峨眉化门南拳——三十六闭手》《从明唐顺之〈峨眉道人拳歌〉看峨眉拳宗风格》《峨眉武术纵横谈》《气功流源琐谈》等 80 余万字专著史料。1984 年和 1986 年两次被国家体委评为全国武术遗产挖掘整理工作先进个人。1988 年被四川省授予“老有所为精英奖”，荣获中国国际武术节“武术贡献奖”。

蒋信平（1902—2013 年）

蒋信平，号青松红梅道人，俗家乐至县人，1902 年农历四月初六诞生于四川乐至县牌楼乡蒋家坝蒋家祠堂。曾任成都市道教协会会长、四川省道教协会顾问，为全真龙门派丹台碧洞宗一代宗师。信平大师精通道教全真龙门派武术及内丹功，尤擅长全真龙门派龙门太极拳、龙门八卦掌，亦博及中国中医学、中草药学、书法，均得大成，为青城山“龙跷飞腾”术正宗传人。信平大师一生广授门徒，海内外弟子众多，为弘扬中华博大精深的道教文化、武术文化、国学文化，做出了极大贡献。其中潘崇福（道名：崇清）为其武术嫡传弟子。

信平大师 25 岁在青城后山太清宫出家拜师学道。1956 年，到青城山上清宫。1962 年，任上清宫当家。1963 年，任二王庙当家。1966 年，返青城山天师洞，住持工作。1979 年 12 月 13 日，成立青城山道教协会，任常务理事、办公室主任、天师洞当家。1993 年，回青城山太清宫进行修复工作，新建一楼一底三皇殿，培修三清殿，新建厢房 16 间，使明清碑刻等文物得到保护。2004 年及 2006 年，两次出席中国（成都）道教文化节。

2006年第2届中国（成都）道教文化节期间，他多次在大型道教文化原生态实景表演——“太极神韵”上表演龙门太极拳及太极扇子功，轻盈稳健而出神入化，全无百岁高龄之痕。

曹明仙（1905—2010年）

曹明仙，俗名曹淑良，1905年出生于成都土桥。他幼年丧父，因生活艰难，14岁遵母命出家学佛。淑良极其聪慧，深得比丘尼们的喜爱。3年后，曹明仙遇张永平真人，被其道家神功折服，转而学道。因他年岁尚小，永平道长教其拜在大弟子刘元尚门下。刘元尚擅长道家养生功法、气功等技艺。曹明仙敏而好学，尽得刘元尚所传，再加之永平道长时时点化，其技艺进步很快，系统掌握了青城山道教养生功、青城柔功、气功等道家武艺。曹明仙道长在青城山祖师殿修道，极少出席外界社会活动，其青城养生功、青城柔功、青城气功也少为外界所知。曹明仙大师2010年4月5日（庚寅年农历2月21日）在青城山祖师殿羽化登仙，享年105岁。再传弟子知名者有何道君等。

周潜川（1908—1971年）

周潜川，字笛横，祖籍四川威远县，博学多才，为峨眉十二庄代表人物。1939年，因患大病经峨眉山高僧永严法师医治病愈后，遂投师永严法师。法师遂以峨眉密传功法及医术精要传之，赠以“镇健居士”法号。周潜川聪慧好学，既能旁及诸子、术数、气功、武术，又始终以医家的理论与实用技艺为核心，既得道家真传，又旁通儒佛两教，既有留学海外的经历和西方近代实证科学的熏陶，又能坚持东方传统文化的韵味。

抗战结束，周潜川悬壶上海。20世纪50年代应社会名流之邀前往北京“三时学会”旧址施诊，晚间开讲授业。60年代初，因治愈山西省委秘书长之顽疾痼病，又被盛情邀请到太原，在省中医研究所进行人体经络、中医中药理论研究，同时传授峨眉气功功法。此间他每年应邀赴各省、军区为高层人物治病，讲授气功与养生之道，但不久即因此蒙难入狱，1971年逝于狱中。

周潜川曾撰写并出版了《气功药饵疗法》《峨眉十二庄释密》等专著。他精通医、释、道、儒、武等诸家经典，功理功法精深广博，医理医法独树一帜，尤其在气功、大小导引、针灸、丹药、草药以及阴阳论、经络论、气化论等很多方面都有所发现、有所创新，而自成一家，所传学生众多。

刘成栋（1910—1999年）

刘成栋为峨眉盘破门第六代传人，先后从师谢重富、卢永年老师，尽得其真传。1926年参加由资中军阀王瓒绪举办的散打擂台赛获银章。1927年被四川省国术馆聘为武术教官，参加成都青羊宫擂台赛获并列金章。1983年资中县武术协会成立，他被聘为顾问。他擅长峨眉盘破门散打技法，终身奉献于武术事业，桃李满天下，高徒众多❶。

刘新吾（1910—2001 年）

刘新吾，生于 1910 年，四川简阳县贾家区人，峨眉盘破门代表人物之一。他从小酷好武术，8 岁拜师习武，成年后考入有名的四川天健体育专科学校，毕业后云游四方，寻师访友，曾拜陕西三原县名拳师刘永中以及河北著名杨式太极拳家王月波学拳。此后在四川资中县老拳师肖天禄、陈鹤皋处学习峨眉武术中的“僧门盘破”等技艺。此外，他还向青城山道人吕嘉会子学习道家“老聃吐纳法”，向峨眉山释明朗和尚学习佛门禅功。1940 年他任省会警察总局武术教官时，又拜青城山普照寺住持申寅和尚学习“陈抟睡功”。

1928 年秋，时年 18 岁的刘新吾参加了四川省合川县举行的 5 县联办国术擂台赛，获得金章第一名。此后他多次在各种擂台赛中获金章。1946 年省武士总会主持

❶陈建国，代慧玲. 四川资中峨嵋盘破门介绍［J］. 四川体育科学，2008（3）：113-114.

举行四川省考武术特别组打擂比赛，参加比赛者都是历届擂台赛中荣获金章者，刘新吾又力克群雄，荣获金章。1948 年旧中国第 7 届全运会在上海举行，为选派代表，四川省曾举行了包括有技击散打、刺枪术、剑击等内容的选拔赛。刘新吾在此次比赛中获第二名。他与余克俭两人代表四川省出席全运会，5 月 6 日在表演赛中被评为全国拳术第六名（全运会未设打擂比赛）。

20 世纪 80 年代，刘新吾年届古稀，仍精力充沛、两目炯炯有神。他多次应邀在全省老拳师表演会演练拳械套路，仍能灵巧翻腾跳跃、跌扑滚闪，功力精深，颇获好评。他晚年家境清贫，居简阳贾家场烟袋巷。2001 年大年十五，他驾鹤仙逝，终年 92 岁[1]。

路军健（1910—　）

路军健，四川新繁人，现居雅安市。6 岁时，他拜武术大师吴铁成习峨眉绿林武功。1929 年，他参加青羊宫举办的武术擂台赛，取得金章。次年，被聘任为国民党二十四军川康第一师国术教官。两刘大

[1] 郑光路. 四川近代武林人物［J］. 体育文化导刊，2003（4）：75-76.

战刘文辉败走西康，他追随到了雅安。新中国成立后，路军健就职于雅安电力公司。

路军健拳姿绿林小手

1982 年，路军健参加四川省第 5 届运动会武术比赛，获优秀奖。1983 年四川雅安市武协成立，任副主席，后兼任雅州武馆顾问。同年参加全国传统武术观摩大会，以绿林派七弦太守刀、绿林双卡夺雄狮金奖。1986 年被四川省体委授予“四川武术先进个人”称号，载入《四川体育史料》。1989 年载入《四川武术大全》，1994 年作为绿林派代表人物载入《中国武术人名辞典》。1995 年为表彰路老对四川武术事业做出的贡献，四川省体委授予其四川省武术荣誉拳师称号。他教授学生数千人，著名弟子有何三金、宋守义、刘志贵、刘志全、张俊等。

彭元植（1911—2002 年）

彭元植为峨眉僧门代表人物。1911 年，他出生于成都华阳一个工商家庭。受父亲影响，他自幼喜爱玩弄拳脚，其父也为其广请名师执教，先后拜在向昆山、张海门下，习岳门硬拳、黄林功夫。13 岁时，拜四川僧门高手侯世荣（原清军武营教习周玉珊之徒，周玉珊则是新都赵麻布的嫡传）学习僧门武技。彭元植师从侯世荣五载，从其处学得僧门拳法大练、单鞭、六通、缠丝、虎抱头五路拳等功夫，后又跟随有“五龙二侯”之称的侯坦学习僧门武技。19岁在成都打擂成名后，到四川省国术馆首届国术研究班学习，遍习中国各门派武术。

年轻的彭元植自出道后，就以其身手敏捷、快如闪电在四川武术界扬名，人们称其为“千手观音”“蜀中第一快手”。1929年，他报名参加“国术”省考比赛，自始至终，未输一场。1936年至1941年期间，他先后任国民党川南边防军司令部、重庆炮兵司令部、四川省军管区军管总队武术总教练。解放前夕，他淡出武术界，在望江楼小学（今川大附小）当教师，教体育、历史等。20世纪80年代，在市体委等有关方面的动员下，退休在家的彭老重出江湖，尽管年事已高，可雄风依在，参加省、市武术比赛，夺得多个冠军。彭老作为峨眉派僧门代表人物，被载入《四川武术大全》和《中国武术人名辞典》等武术图书。

余国雄（1913—2003年）

余国雄，泸州纳溪人，自幼父母双亡，兼通武、医。先随民间武术家易占彪学峨眉南拳。1933年，又拜新津县老中医胡培伦为师，学中医外科，后再拜青城山陈琳道长（字遐仙，道号紫阳，号云游子）学青城武功，以

及道家接骨技术和内外方药。

1936年，余国雄参加青羊宫打擂，获得蓝、银二章，随后被聘为国民党军队140师国术教官。1938年，奉命率大刀队参加台儿庄战役，他一人杀敌十余名。1939年，负伤退役回到纳溪老家，被县政府聘为武术教官。1941年，任纳溪县中学义务国术教师，同时兼任地方消防中队长至“文革”。在退役回归故里后，他一边传授青城武术，一边悬壶济世，先后被泸州市政府确定为名老中医、中医副主任医师，四川省卫生厅授予他先进工作者称号。1982年泸州市武术协会成立后，他被推举为副主席，同时任纳溪县分会主席，一生培养学生数千人，较有名者有刘绥滨等人。

20世纪80年代末，余国雄被确认为青城武术代表性传承人之一（另两个为周烈光和陈生一）被载入《四川武术大全》，90年代作为青城武术唯一代表人物被载入《中国武术名人辞典》。

余国雄演练的青城武术

王登州 （1913—1993 年）

王登州，重庆合江县人，师从宜宾市马德胜先生，曾任宜宾市武术协会副主席。1932 年来宜宾学习装裱工作，1952—1956 年经营甜食小摊，1956—1973 年参加甜食二店的工作，1973 年退休。期间，1936 年参加四川省在宜宾举办的第六区川南运动会，获得武林比赛银奖。1945 年为庆祝抗战胜利，参加了重庆举办的“精赛大会”全国性武林大赛，荣获三等奖。1984 年，参加四川省第 5 届运动会，获得武术项目的地方器械比赛老年组纪念奖。1984 年，参加天津举办的全国武术观摩大赛，荣获传统项目一等奖，参加峨眉山市武术精英会演暨对抗项目比赛（传统项目）获得特别奖，并被授予“十佳峨眉老人”称号。

王登州拳姿

此后，他还参加了中国武术协会、国家体育总局武术研究院录制工作，录制了“单鞭教主拳二路”“五虎下西川”

"练步拳"共三套。他一生培养了一批优秀的弟子，如尤再清（四川省武术协会副主席）、庞廷华（宜宾学院副教授）、钟建刚（生门研究会副会长）以及吴宗明（生门研究会秘书长）等。

肖应鹏（1915—1997年）

肖应鹏，字韦飞，湖北省武汉市人，有第一代"猴王"之誉。自17岁始学武艺，入当地国术馆习练拳套，嗣后入重庆武英国术专科学校深造。先后向张正忠习太极玄门剑、拔步单刀与形意拳，从丁世容习吴式太极拳、形意拳与八卦掌，从胡建秋练硬气功、醉拳、子午拳、猴拳等。刻苦自励，技艺精进。1948年任重庆警察学校国术教官。1949年中华人民共和国成立后，参加中国人民解放军，任汽车驾驶员，并利用业余时间继续苦练钻研猴拳武艺。

为求得猴拳之真谛，家养猕猴，以悟其性、仿其形、取其灵，深得其奥妙，并创编了"猴拳""猴棍"等套路。1953年在全国民族形式体育表演及竞赛大会上，以一套猴拳获优秀奖。受邀前往北京中南海向中央领导汇报表演，获得好评，旋即被选入首批国家武术集训队。1979年参加在广西南宁举行的全国武术观摩邀请大会获猴拳一等奖、1980年参加在山西太原举行的全国武术观摩邀请大会获猴棍优秀奖，多次参加全国及省市武术比赛，以猴拳、猴棍等演练荣获多次优秀奖、一等奖等奖项。

肖应鹏演练猴棍

1956年，肖应鹏进入中央体育学院武术班学习，1958年被调入成都体育学院任教，在三尺讲台辛勤耕耘，培养了大批武术人才。在教学与训练之余，还发表了较高水平的武术论文，曾参与《奇功显影》《中国武术观》等专题片的摄制工作。1985年获国家体委授予的“新中国体育开拓者”荣誉称号。

王树田（1918—2005年）

王树田，河北新城人。国家级武术裁判员，成都体院武术教研室主任，四川省武术馆总教练，中国武术协会委员、四川省武协副主席。

1925年8岁时，即师从武术名家朱国福先生习武。1928年，考入南京中央国术馆第一期武术专修班。1935年，时年17岁的王树田更是一举夺得湖南省国术比赛大会搏击冠军和摔跤亚军，名声顿起，任教于湖南省国术训练所，后考入湘军军事训练处技术研究班高级组学习。1937 年，担任湖南国立第八中学国术教员。1939 年，担任四川省警察训练所暨空军机械学校国术教官。新中国成立后，任教于四川省体育专科学校（现成都体育学院），一直工作至退休。1953 年，参加全国民族形式体育表演竞赛大会，荣获一等奖，到中南海为党和国家领导人汇报表演，受到毛泽东、周恩来等老一辈革命家高度赞扬。曾参加国家体委组织甲组拳、械套路及《六路弹腿》的创编工作，也促成过 20 世纪 80 年代神州大地第一擂——首届蓉城武术擂台赛的举行。王树田先生既是传统武术的代表人物，也是中国现代武术套路及现代散打运动的先驱者。

数十年间培养学生和弟子达数万人，遍布全球 20 余个国家和地区。学生和弟子在国际国内重大武术比赛获冠亚军数十人。多次率领四川省武术队和摔跤队参加全国比赛，多次担任全国及省市武术比赛和摔跤比赛的总裁判长、仲裁委员等工作，对中国的武术事业了如指掌，被誉为“中国武术活字典”。

王树田演练的八卦掌

1985 年荣获国家体委颁

发的新中国体育开拓者金质奖章，1988 年被国际武术节组委会授予国际武术贡献奖，1996 年被国家体育总局武术运动管理中心评为中华武林百杰，后被授予中国武术银龙八段，2005 年被世界文化科学研究院评为“世界著名十大武术教授”。作为中国武术著名的代表人物，载入《四川武术大全》《中国武术人名辞典》和《世界人名录》等大型辞书。

兰素贞（1918—2002 年）

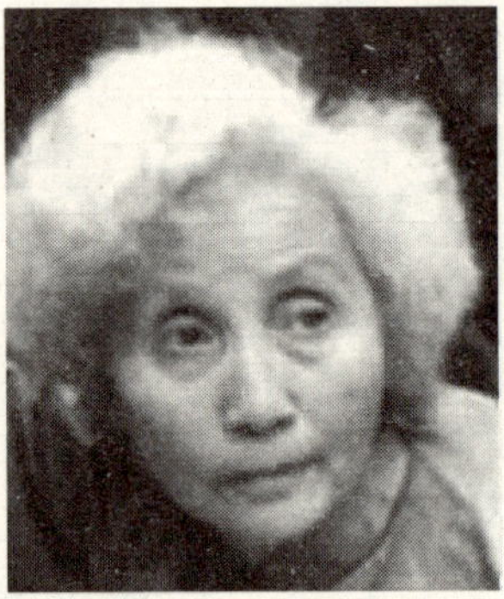

兰素贞，江苏靖江人。曾获国家体委授予的“新中国体育开拓者”荣誉称号与体育工作贡献奖。民国时期，任中央国术馆学员，后进入国立国术体育专科学校，主要师从著名武术家温敬名。随后，又博采众长，师从国术馆内各大名师，擅长绵拳（古时太极拳曾亦称“绵拳”）、绵枪、自然剑、龙拳、对八打（形意拳对练）以及对刺剑等项目，其中，绵拳尤为突出，以平衡类、控腿类以及柔韧类动作为主要内容，以突出平衡性、稳定性与柔韧性为主要特点，亦配合拳法、掌法、肘法等动作；技击上讲究“柔而化之，防后发着”。在演练中，通常以 4~6 个平衡动作为一组进行连续展示，其技术精湛，深得武术界同

兰素贞叉腿平衡

仁的称赞。在绵拳中，除分腿、燕势、仰身、朝天蹬动作以外，其后叉腿平衡，属于国内首创，可以说是现代竞技太极类平衡难度动作的雏形。此后，从 1953 年伊始，曾代表四川参加全国性武术比赛，如全国民族形式体育表演及竞赛大会（1953 年）、十二单位武术表演大会（1956 年）以及第 1 届全国运动会（1959 年）等，并在各类全国性与省、市比赛中，多次荣获第一名与一等奖。约 1950 年后进入成都体育专科学校（成都体育学院前身）担任教师，随后调入重竞技小组［郑怀贤（组长）、王树田、兰素珍等教师］担任武术教师。

1957 年，重竞技小组改为武术教研室，同时应国家体委要求，兰素珍撰写与出版了书籍《绵拳》与《自然剑》，又创编了双剑、双拐等套路动作，并在武术教研室主要担任女队武术教师，其在校内外所授的弟子众多，尤其以叶道清（绵拳）为优秀学生代表。退休后，常年保持练习绵拳，并在社会上广泛授徒。

林墨根（1920—1997 年）

四川资中人，杨式太极拳传人，中国武术八段。曾任四川省武术协会荣誉委员、四川省太极拳推手研究会会长、四川省武术馆太极推手总教练、中国永年太极拳联谊会副理事长，被誉为“四川太极推手第一人”。

林墨根师从杨澄甫的得意弟子李雅轩，得太极拳真谛，耄耋之年仍和年轻运动员对垒，有“四川太极拳推手第一人”的雅号。1992年参加在山东济南举行的“全国重点单位太极拳推手观摩交流会”，先后与全国推手总裁判长和比赛的重量级推手冠军较技，让人们领略了神奇的太极拳功夫。他致力太极拳的研究和传播六十余年，形成了自己的风格和特点，一生桃李满天下，为中国传统武术的发展做出了贡献，被成都市武术协会授予“蓉城武术之家”的光荣称号。林墨根和四川省太极拳推手研究会研究制定了“全国武术功力大赛”项目“夺桥徒搏”的竞赛规则与运动器械，编写了《太极内功十二类功法》《上善若水，守常抱一，身得则万物备》《太极释义》等论文和著作。

刘子均（1920—　）

1920年9月28日，刘子均出生在四川省江北县（现重庆市渝北区前身）复兴乡书院村。13岁跟随表叔周南浦习练贺家拳。曾任重庆市渝北区武术协会名誉主席。

1984年，武术遗产挖掘

整理工作在全国范围内开展，刘子均积极投入其中，他主动提供并协助整理已流传县内160余年贺家拳的拳、械、功法近30个，列入《江北县武术拳械录》。1985年10月，他作为峨眉（巴渝）武术贺家拳健在的代表人物，参加四川省体委在重庆大田湾体育场的传统武术影像集成，省体委将他演练的“八步桩”“总择手”录制成片，永久保存。

刘子均演练的羊角骶

2007年3月，刘子均在第2届香港国际武术大奖赛上获得“特别金奖”和“最佳创意奖”。2008年被选为北京奥运会火炬手，参加了重庆的传递活动。在第3届世界传统武术节的比赛中获得第二名。2008年，他演练的“峨眉金刚掌”、长器械“羊角骶”套路、贺家拳秘传内功心法“正阳功”和“太子劲”等，被《中华武藏》收录保存。

李毅立（1924—2010年）

李毅立，四川武胜县人，武术一级教练，国家一级裁判。曾任中国武术协会委员、四川省武术协会常委、四川省武术学会委员、重庆市武协副主席。

李毅立幼年随父学缠闭门拳械，后师从陈树廷学大、小红拳和燕青拳。1937年入重庆市国术馆，受教于郑怀贤、朱国福、朱国祯、朱国祥等，系统学习各种传统拳械、对练套路和竞技性项目，擅长太极、形意、八卦、锁口枪、形意对打、太极对剑等。1940年，从四川省十一行政区国民教育师训班毕业后，从事武术与行医工作，曾先后担任重庆市国术馆教练，重庆青年会露天国术学校公园分校教师、教务主任。重庆解放后，利用行医之余，在市中区担任业余武术教学训练工作。1953年，受邀参加全国民族形式体育及竞赛大会，表演锁口枪、钢拳、对剑等项目，获优秀奖。1954年为中华全国体育总会西南分会武术研究整理组成员。1956年当选为中国武术协会委员。1957年当选为重庆市武协理事，同年获射箭锦标赛武术观摩评奖大会武术三等奖。1958年入四川武术队集训，后调入成都体育学院任教。1983年任四川省武术挖掘整理组副组长，1984年被评为全国武术遗产挖掘整理先进工作者，1985年被评为全国优秀裁判员，1986年起担任重庆市武术馆名誉顾问，1992年被授予中国武术协会荣誉委员，1995年被中国武术协会、国家体委武术运动管理中心评选为中国当代“中华武林百杰”之一。李毅力为人忠厚老实，遇事求真求实，颇受武术界赞扬。

朱梅霞（1931—　）

朱梅霞，河北省人，曾任四川省武术协会委员，攀枝花市武术教练，四川省老年体协太极拳高级教练、四川省太极拳俱乐部理事长、四川省内家拳联合会顾问，1986 年退休后，担任市老年体协副秘书长、市武术协会主席，为四川省武术名家。

出生于武术世家，其父亲四兄弟，即朱国福、国禄、国祯、国祥。20 世纪 30 年代人称“朱氏四杰”。大伯朱国福 1929 年任南京中央国术馆教务处长；其父朱国祯任教授班长，1937 年到四川后，任黄埔军校武术教官，40 年代任成都体育专科学校（今成都体育学院）武术老师，1949 年病故。40 年代，三姐妹随父学习太极拳、燕青拳、满江红拳、刀、枪、棍、剑等套路，并向其父的结义弟兄郑怀贤学习八卦掌，跟随王树田学习剑术、梅花剑、龙行八卦剑等拳术与器械，并向邹德发老师学习八卦连环掌。1996 年跟随李德印学习武当太极剑与杨式太极剑。

朱梅霞演练太极剑

1975年在体委任教，1976年创建渡口市第一支少儿武术队。其本人从1985年开始，参加四川省第5届运动会，荣获太极拳第一名、八卦掌第二名、枪术第三名等好成绩；1986年，在四川省老年人太极拳比赛中荣获太极拳第一名；1992年在昆明举办的全国老年人太极拳比赛中荣获第二名；1993年荣获四川省老年太极拳比赛武当太极剑第一名。自1985年以来，在她带队参加的四川省与全国各类武术比赛与太极拳（剑）比赛中取得省级金牌56枚、全国比赛金牌57枚，培养了一大批优秀的武术运动员。

1988年与1992年两次被评为四川省武术先进工作者，1993年被评为全国老年人体育先进个人，1996年被评选为四川省老年体育优秀工作者，1997年与2001年被评为全国群众体育先进代表，2003年被评为四川省老年体育协会开拓者，2008年被国家体育总局评为全国“群众最喜爱的社会体育指导员”。

习云泰（1935—　）

习云泰（曾用名习云太），1935年12月生，河北唐山人，教授，硕士生导师，中国武术九段。曾担任中国体育科学学会理事、中国武术协会常委、中国武术学会常委、中国武术科研委员会

副主任，成都体育学院武术系主任、科研处副处长，四川省及成都市武协副主席、武汉体育学院客座教授、解放军体育学院客座教授等职。国家体育总局武术研究院首批特聘专家。

习云泰培养了众多本科生、研究生以及世界、亚洲及全国冠军，他曾多次应邀出国前往德国、法国、加拿大、瑞士、苏联、日本、捷克斯洛伐克等国进行表演授课及学术交流。他在武术史研究领域具有开创性贡献，其所撰《中国武术史》填补了新中国武术史研究的空白。此外，他还编著其他武术书籍、教材等数 10 本，先后获国家教委特等奖和优秀教材一等奖，并两次获国家体委一等奖。

1985 年，他被国家体委授予“新中国体育开拓者”奖章，1988 年获国家武术贡献奖，1992 年享受国家特殊津贴，1995 年获中国体育科学学会先进工作者荣誉奖，同年当选为当代中国“十大武术名教授”，2010 年获香港国际武术节特殊贡献奖。

习云泰形意拳拳姿

习云泰现任四川省武术协会顾问、徐州市武术拳法研究中心顾问、峨眉武术研究会顾问、全球功夫网顾问、中国尚派形意拳联合会名誉主席、国际功夫联合会名誉顾问等职。

邹德发（1937—　）

四川省自贡市人，笔名周华、蜀珍。中国武术段位八段、国家级武术裁判，成都体育学院武术系副教授，曾担任四川省、成都市武术协会副主席，四川省老年体协太极拳专业委员会（俱乐部）主任、理事长，龙泉驿区青少年宫武术培训中心技术顾问。

1955 年，邹德发考入成都体育学院，入院武术队。1987 年 3 月晋升为体育专业（武术）副教授，主要从事武术教学和训练。1977—1990 年间先后担任成都体育学院武术教研室副、正主任和竞技学校技术教研室主任。他自幼习武，曾参加 1960 年、1964 年、1965 年和 1972 年全国武术比赛，获得醉拳三等奖、空手夺双枪优秀奖。

自 1956 年起数 10 次担任四川省、全国性大型武术比赛的裁判员、副裁判长、裁判长、副总裁判长、总裁判长、仲裁委员会主任等职。1986 年 9—10 月作为中国武术代表团成员应邀出访日本东京、福冈、大阪，并担任第 3 届全日本武术太极拳比赛大会裁判长，表演八卦连环掌、对擒拿等拳艺，受到热烈欢迎。由于武术工作突出，1989年被国家体委授予“全国优秀裁判员”称号。他为国家培养了大批武术高级人才，如郭洪海、陈坚、任刚、李殿芳、熊长贵、彭英、刘小川等。

邹德发演练的地躺拳

他发表的论文与著作有：《玄虎拳》《浅谈几种峨眉稀有拳》《峨眉派五龙拳概说》《峨眉五虎拳》《峨眉缠丝拳》《浅谈峨眉派武术的技术特点》《图说峨眉散手实战》《八卦连环掌》《八极拳》《通臂拳》《对擒拿》和《论峨眉武术(上下篇)》等。

宋子方（1937—　）

宋子方，男，汉族，资中县罗泉镇宋家花园人，盘破门第六代弟子。生于武术世家，自幼学习家传武功，由伯父宋浩然、父亲宋官祥传授羊尾盘破，由八叔宋富州、伯父宋炎

武传送高桩盘破武功。精通拳术器械，长于技击，武艺高强，收徒众多，德高望重，四川省非物质文化遗产“盘破门武术”第六代名师，一生授徒无数，为盘破门武术的挖掘、整理、继承、发扬做出了突出贡献。

1983年任威远县武术协会会长，现为资中县武术协会顾问，2007年在中国四川峨眉武术节上获得双金牌，2008年在第3届世界传统武术节上获双铜牌，2011年为四川省名人明星争霸赛年度名人。

叶道清（1938— ）

叶道清，四川成都人，中国武术七段，省武术协会荣誉委员、市武术委员。1955年考入成都体育学院中专班（58届毕业），期间师从郑怀贤、王树田、兰素珍等武术名家学习武术。因成绩优秀被保送为本科生（62级），毕业后留校任教近40年。曾多次参加全国比赛与观摩表演赛，1964年代表四川参加第2届全运会，荣获表演优秀奖，新项目深受全国武术节的好评。1973年参加全国武术表演赛（山东济南），成绩优秀，其中四川对练项目突出。1974年，四川省组建武术队，从成都体育学院调派三名教师担任教练（邹德发、陈坚和叶道清）。

叶道清演练双刀

此后，参加1976年的第3届全运会（北京），1977年与邓昌立一同带队参加全国武术比赛（哈尔滨），由于成体教师较缺，同年调回学校担任代表队教练。1980年带队参加河南郑州全国武术比赛、1984年带队参加全国体育院校比赛，荣获男女团体第一名，金牌20枚、银牌19枚、铜牌6枚的好成绩。其本人1986年参加省工人运动会武术比赛荣获金牌两枚。此外，在1978—1987年期间，担任两届全国武术教练员训练班、研究生班以及短期外国留学生班的教学工作。1982—1983年间，参加《自古英雄出少年》的拍摄，1984年在《峨眉金刚拳》电视剧中担任武打设计工作。任教期间曾参与本科教材的编写工作，其教材被评为全国体育院校教材一等奖。还曾参编《中国武术辞典》《中国武术拳械录》以及《双刀进枪》等书籍。退休后，先后担任省、市老年大学及社会辅导站武术与太极拳教师，荣获体育工作突出贡献者称号，并为成都市老龄工作委员会编著《健康长寿老人秘籍》一书。

邓昌立（1940—　）

邓昌立，重庆人，国家级武术教练。曾任四川省武术馆副馆长、省武协副主席、四川省武术队总教练等职。现任中国武术协会委员、四川省武术协会顾问等职。他1956年入成都体院中专班专修武术，毕业后留本校附中任教，1964年调院武术教研室任教。

邓昌立自幼好武，1956年考上成都体育学院后，跟随郑怀贤老师学习形意、八卦，跟随王树田老师学习散手、刀、长拳，跟随兰素贞老师学习绵拳、查拳、剑，毕业后以优异的成绩留校任教。1976年，被调任四川省体校武术教练。在任期间，带队在1980年、1982年的全国武术比赛中连获男子团体亚军，1986年、1987年又连获女子团体冠军，男、女队先后共获金牌39枚，在第6届全运会上夺得团体总分第一，被四川省人民政府记大功一次。曾4次任中国武术代表团教练，出访西德、日本、英国、马耳他、法国、中国香港等国家和地区，5次获国家体委颁发的三级奖章，1985年又获“新中国体育开拓者”荣誉奖。20世纪80年代，邓昌立先生还参加过多部电影的拍摄，如峨眉电影制片厂的电影《峨嵋飞盗》以及《大凉山传奇》和《自古英雄出少年》等。

· 邓昌立演练的剑术

1993 年，受援外办派遣，他作为专家赴印尼，援助印尼组建国家武术队并担任教练。在短短一年的时间里，他执教的印尼队就在东南亚运动会中拿了 4 个第四，在世锦赛上拿到了枪术第五名。2006 年 3 月，受四川省运动技术学院重竞技系聘请，担任四川省武术队顾问兼队委会成员。2007 年起在老年体育协会传播武术。

曾庆宗（1941—　）

曾庆宗，出生于重庆市。1965 年毕业于电子科技大学数学系，后被分配到二机部九院工作。1976 年调入四川大学，1986 年被四川大学计算机系评为计算机专业副教授，1986 年底调入成都体育学院武术研究室工作。2006 年至今，他在国内先后被聘为峨眉武协顾问、峨眉武术院客座教授、峨眉武

曾庆宗演练的太极道功法

术院名誉院长、四川省武术协会特邀顾问、北京八卦掌研究协会顾问。同时任贵州师范大学特聘教授。

曾庆宗同时为成都市武协委员，曾担任河南省峨眉拳研究会副会长、四川省峨眉功夫馆副馆长兼秘书长、蓉城内家拳散手研究会名誉会长等职。1991 年，他接受瑞典斯德哥尔摩大学中文系的邀请前去讲学，随后他留在瑞典，创办了武馆、针灸医院以及“曾庆宗武医学院”。他在武术和武医结合方面都有较高的造诣，其弟子、学员遍及海内外。

曾庆宗一生致力武术和气功的学习与研究工作，先后拜张裕龙、郭玉琪、高子英、钟俊之、叶丹一、杨富芳、姚宗勋、段志良、沙国政等武术家、气功家为师。他融合古今中外武术理论及实践的精髓，创立了一整套环禅道武学，包括峨眉环禅道太极拳、峨眉十二庄横练、峨眉形意拳 150 捶、峨眉八卦掌、峨眉气血循环功、峨眉大成拳等。发表了有关武术、气功、养生、武医、功夫等学术论文数 10 篇，出版了《曾庆宗武术文化医学研究文集》和《曾庆宗太极拳》两部专著。

陈坚（1942— ）

陈坚，重庆市人，9岁师从山东太极气功大师王志仁，后随河北沧州六合门大师冯宝森习六合门拳械。

1958年经由重庆市与四川省选拨参与北京举办的武术观摩比赛，回四川后居留成都体育学院，师从全国武术协会主席、著名骨伤科专家郑怀贤教授习练武术与学习跌打伤科。

1958年以后，分别在1959年、1960年、1964年、1965年、1972年、1974年、1975年、1980年以及1981年代表四川省参加全国武术比赛及观摩赛，连续2次获全国武术比赛金牌，还参加过第2届、第3届全国运动会，并取得优异成绩。

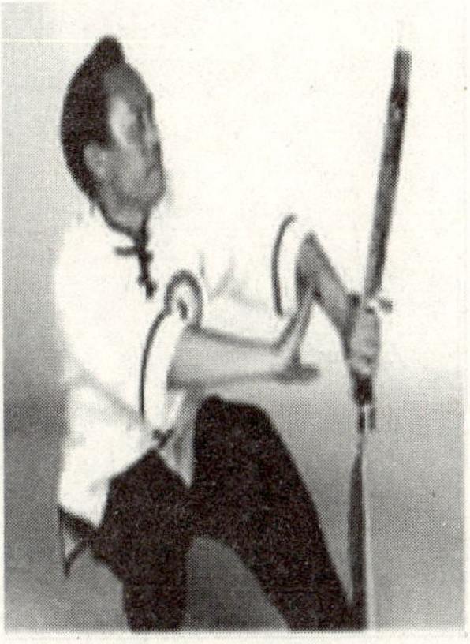

陈坚演练刀术

首批被评为全国高级武术教练，曾担任四川省武术队、成都体育学院武术队、成都市武术队、四川省武警总队武术队教练。期间，培养与指导过李殿芳、任刚、熊长贵、王向红、彭英、王萍、吕小玲、刘志刚、徐浩、张政、曾扬、蒋玉芳、彭芳等一大批武英级运动员及全国武术裁判员。曾被《新体育》《中华武术》《广东武术》等杂志报道，参加过武打电影《自古英雄出少年》《南拳王》《警察与侦探》和《张宝仔传奇》的拍摄。1996年与儿子陈朝晖在美国旧金山成立美国峨眉文武学院，并在旧金山成立中医跌打伤科诊所。

梁守渝　(1942—　)

梁守渝，重庆人，曾任加拿大哥伦比亚体育学院武术主任、加拿大首任国家武术队总教练、国际武术散打道联盟创会主席、加拿大杰出华人代表、中国爱国华桥联合会副主席。

自幼习祖传武功，也拜过多位名师习武，在国内外武术比赛中荣获金牌和荣誉奖牌近百块，50多次任国际武术比赛总裁判长、裁判委员会主席。20世纪六十、七十年代曾多次被选进四川省武术队，代表四川武术队参加全国武术比赛。1981年赴美，是中国大陆第一位到北美传播武术的专职教师。第一任加拿大国家队总教练，第一位在北美洲正规大学任教的武术教授和武术主任。1987年成立梁守渝武术太极

梁守渝演练的六合八法

气功学院和国际散打道联盟。2002年，被选为加拿大全国武术团体联合会终身荣誉会长。先后被邀请担任20多个国际组织的名誉会长、主席等职，10余次被中、美、加杂志选为封面人物以及被电视台报道。出版了十几种英文版武术文化书籍和四十多种教学带，有些已经被翻译成了13种语言，在世界各地发行。个人事迹先后被收录到美国《WHO'S WHO…》《国际历史名人录》《世界名人录》以及《中华名人大典》《中国体育年鉴》和《世界著名武术家大型画册》等近二十种大典和几十种报纸杂志之中。

2010—2012年，在中国和美国荣获国际武术大赛特别颁发的终身成就奖《LIFE TIME ACHIEVEMENT AWARD——Grand Master Shouyu Liang》。

郭洪海（1942—2015年）

郭洪海，四川成都人，中国武术七段，武术国家级裁判。刚开始在成都体育学院附中学习，随后进入本科学习，在此期间，师从郑怀贤、王树田、肖应鹏、兰素

贞等知名武术前辈。1964 年毕业并留校任教，同年代表四川参加第 2 届全运会，其空手夺双枪（优秀项目）和步枪对刺、蛇拳、猴棍、剑术等一系列更新项目，引起了武术界的轰动。全运会之后，被选成为国家队队员。此后常参加成都市、四川省乃至全国的武术比赛，均取得第一名与第二名的好成绩，尤其是对练项目的突出与旋子转体动作的首创，深受武术界好评，被赋予中国武术界“旋子转体第一人”的称号。

任教期间发表学术专著和论文 10 余篇（部）。曾任武术系武术套路教研室主任；曾获成都市体委“一等功”、四川省普通高等学校第 1 届优秀教学成果“一等奖”荣誉；曾在一段时间内被调派到国家武术运动管理中心从事全国武术挖掘整理工作。1992 年 12 月任成都体育学院副教授，2002 年 11 月

“旋子转体第一人”郭洪海

退休。郭洪海先生是四川武术名家，其形意拳、八卦掌、八卦龙形剑（王树田所传授）、猴棍（肖应鹏所传授）也在川中享有盛誉。他早年与邓昌立、邹德发等武术家一起练习的“空手夺双枪”绝技曾被称作川中武林一绝，名震国内武术界。在成都体院任教期间，培养了一大批优秀的武术人才，弟子遍布海内外。

孟宪超（1943—　）

孟宪超，河南省巩义市孟寨村人，现为河南省峨眉拳术研究会会长。1958 年在四川重庆市十三中读书时得吴先绪先生峨眉拳法真传。1986 年至今，在相关武术杂志上发表峨眉拳文章 50 余篇。

1987 年应邀列席“全国首届武术学术理论研讨会”，并应邀参加“全国技击理论研讨会”。1987 年主持成立“开封市武协峨眉拳研究会”，任会长。1988 年，“河南省峨眉拳学术研究会”成立，任会长。1988 年 10 月，受聘于河南大学武术学院进修班，兼职教授峨眉拳，学时两年。2007 年出版了《峨眉拳全书》。

余森洋（1943—　）

余森洋，出生于武术世家，自幼跟随父亲余绍华学习武术，于 1963 年考入成都体育学院。中国武术六段，其父余绍华继承了曾祖父拳术、器械、医疗、正骨、狮灯等技术。

余家拳2009年列入四川省资阳市非物质文化遗产。2010年四川省资阳市简阳文化体育局成立余家拳研究协会，余森洋任名誉主席，其弟余诒彬任主席，张光能任副主席。余家拳由余拳祖上赛燕飞所创，一直是余家的护家拳。主要套路有拐子、五官、七星、得胜锤等，其风格特点：身法灵活、手法多变、架势低矮、直进疾退、以攻为主、攻防结合。余家拳的代表人物是余发斋、余鼎山父子。

张邦元（1945— ）

张邦元，四川成都人，生于1945年2月。6岁出家于昭觉寺，拜少林派三大高僧济尘法师、海灯法师、源清法师为师学习中华传统武术。为“成都龙腾武校”创始人、“中医骨科医馆”创办人。1985年，应邀担任成都金牛区武术队总教练，带领武术队参加成都首届武术比赛，获得团体第三名，后参加国内各类武术擂台赛并多次获奖。1987—1990年间，多次跟随并代表海灯法师到全国各大省市进行中

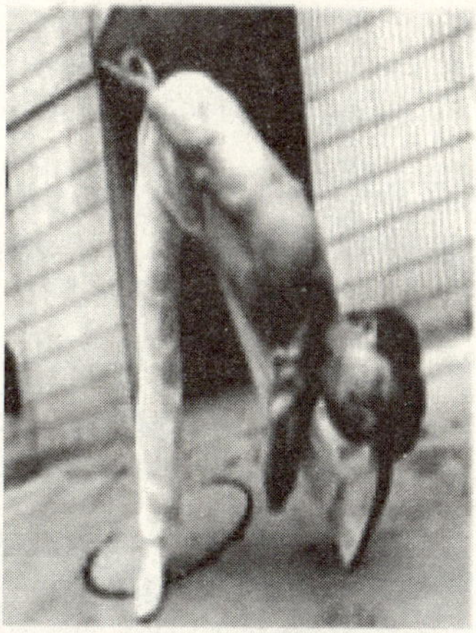

张邦元演练的童子功

华武术宣传表演活动。1991年他作为“中华绝技演出团”团长，率李兴友、黄明生、利唤云等赴深圳表演绝活。2002年参加四川首届中华奇人绝技大赛获一等奖。2004年参加中国首届百绝大赛获金奖，并担任大赛武术总监。2010年8月，参加第5届香港国际武术比赛，独揽三金，获国际冠军，并获得了少林随行拳、峨眉斩蟒刀、峨眉绝技（童子功、倒顶双枪、隔山望月）个人全能第一名。他被收录《当代武坛精英名录大典》《当代中国传统武术名家名录大典》和《2008走向奥运的中华武术》等著作中。现为海灯法师文武学校武术顾问。

张培莲（1945—　）

张培莲，女，1945年3月18日生于四川江津，祖籍涪陵。成都体育学院大专毕业，重庆三体校武术教练，重庆峨眉武术研究会会长。

自幼随峨眉民间拳师练拳，后随李毅立、杨国忠习武，1976年到成都体院深造，得到郑怀贤、周德潜、王树田、习云泰等教授指导，后随赵子虬习峨眉派拳术。

曾多次参加省和全国武术观摩交流赛，获陈式太极拳、峨眉南拳、峨眉剑金牌多枚。为省武术队、部队、武警和体育院校输送过数10名学员。曾被评选为四川武术挖掘整理先进工作者。著有《三十六闭手》和《峨眉剑》等峨眉武术专著。

傅尚勋（1947—　）

傅尚勋，成都市人，为峨眉黄林派代表性传承人。曾任四川省第一任散打教练、成都市武协教练委员会主任、成都市武术队教练等职，所培养的套路及散打运动员，获全国和省级比赛各级别冠亚军数10人。

他4岁时随叔父傅思齐习练峨眉黄林派拳术，后师从四川著名拳师刘震南深造。1966年，为了更全面地学习黄林派武艺，他又向钟方汉、宋德昭、何绍清、邓善堂等黄林派老师学习，全面深入地掌握了黄林派拳术、器械。随后又拜王树田、吕紫剑为师，学习内家拳和养生功法。

1982年，他参加了四川省武术遗产挖掘整理工作，先后获省和全国武术挖掘工作先进个人。1985年，获全国优秀裁判员称号。1979年，他参加成都市武术比赛，获得枪、剑、拳一等奖，还获得了散手第一名。2004年，参加首届世界传统武术节，他表演的火龙拳让人们领略到峨眉武术的真面貌，获得了金牌。2005年在云南开远，他又一次表演峨眉黄林派武术，获得拳术和剑术两块金牌。

傅尚勋演练的黄林派拳姿

王学贤（1947—　）

王学贤，四川成都市人，生于1947年，国家二级社会体育指导员，国家一级武术裁判员。自幼跟随其舅父习武，后分别从师巴蜀名师丁国基、李孟常学习峨眉派赵门、化门的拳术、器械、功法和技击术。从20世纪70年代初起拜在成都体育学院教授王树田门下，系统学习各种拳术、器械和武术基础理论以及教学训练方法，后被收为义子。从70年代至今，多次参加各类武术比赛，成绩优异，所获奖项甚多。他曾是四川省凉山州体委首任武术教练，四川省西昌市武术协会副主席兼秘书长，四川国福武术馆理事、副馆长，四川峨眉功夫馆教练。1983年被中国武术协会等6个单位评选为全国优秀武术辅导员，现任成都市武术协会副秘书长、成都市武侯区武术协会副主席、四川省武术协会太极拳委员会委员等。

陈龙骧（1948— ）

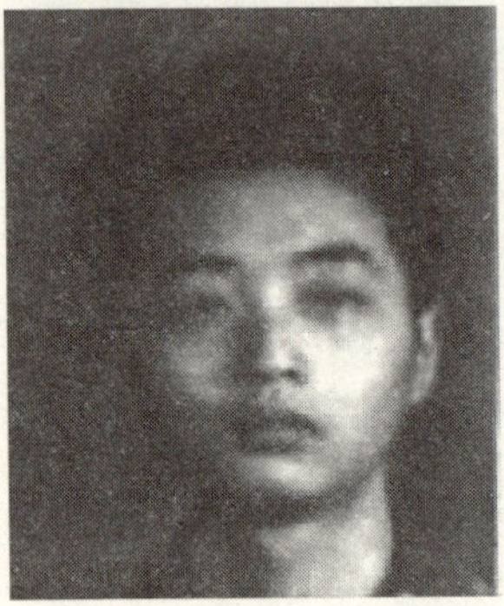

陈龙骧，四川成都人，生于1948年1月，中国武术七段。曾在成都飞机工业（集团）公司任工程师。陈龙骧为一代太极拳大师李雅轩先生之婿，8岁即追随李雅轩习太极拳艺，深得其师器重。与其妻李敏弟一道得李雅轩衣钵之传，为当代李雅轩太极拳代表性传承人。1983年被评为全国千名优秀武术辅导员，1986年获全国武术比赛雄师奖。多年来，在《武林》《武魂》《精武》《太极拳》（台湾）和《武坛》（新加坡）等刊物上发表了大量武术文章，被国内外有关报纸杂志专访报道。其专著有《杨氏太极拳法精解》《杨氏太极剑法精解》《杨氏太极刀法精解》《三才剑法精解》《武当剑法精解》和《李雅轩杨氏太极拳架诠真》等。其事迹收入《中国武术人名辞典》《中国民间武术家辞典》和《世界名人录》等。现为中国国际太极拳年会副秘书长、国际太极拳年会拳师名师级别评定委员会会员、新加坡李雅轩太极学院名誉院长和成都市李雅轩太极拳武术馆馆长。

陈龙骧演练太极拳

肖德生（1948—　）

肖德生，四川成都人，中国武术六段。原中国国际航空公司航空机械故障失效分析师，国家重大科技贡献者，获国家科技进步二等奖一次，部级科技进步一等奖、二等奖20余次，国家注册高级文物鉴定师。曾任四川武警总队太极拳总教练，成都南郊武术社社长，民航成都维修公司杨式太极拳协会会长，四川大学研究生会太极拳协会总教练。现任四川省武术协会特邀副主席，武警警官学院太极拳客座教授，四川大学道教文化养生客座教授，四川省武协肖德生太极拳学研究会会长，肖德生太极拳学馆馆长。

1963年，肖德生开始跟随查拳名家张英振学习武术。1965年，经张英振先生介绍拜入杨式太极拳第四代传人李雅轩先生门下学习传统杨式太极拳。近51年来，他先后拜访并互访了杨振基等数10位国内外太极专家、名家，他还擅长运用现代自然科学理论来解析、演绎传统杨式太极拳，自1980年开始从事太极拳教学推广至今，学生过万。

肖德生演练的太极剑

江云国（1950— ）

江云国，四川射洪人，毕业于成都体育学院。现任重庆市武术协会常务副主席，为中国体育科学学会会员、中国武术七段、武术国家级裁判。

1974—1983年，他多次率队参加全国及省级武术比赛，获金牌、银牌各2枚。1982年以来，任重庆市武术散手队主教练，培训学生数千名，为公安、武警部队及体育院校输送人才数百名。曾多次率队参加全国及省级武术散手擂台赛，获全国团体第六名2次，并获单项金牌、银牌40余枚，获省级团体冠军4次。1997年，他受聘任新加坡国家武术散手队教练，并率队参加东南亚第19届运动会，获武术擂台赛男子70公斤级第三名。

曾获重庆市先进工作者、市体育系统优秀教练员，四川省、全国优秀武术辅导员、优秀裁判员称号，并被编入《重庆武术志》《中国武术人名辞典》和《中国大百科专家人物集》等书籍。

郑光路（1950— ）

郑光路，男，原名郑光露，1950年9月生于四川成都，历史学家、作家、中国武术六段，被授予四川“武术名家”荣誉称号，中国多家刊、报特约专栏作者，“中国独特题材文学网”网站站长。致力武术、近现代史研究和写作近30年，在武术史和武术理论研究方面成绩显著。在多家专业刊报上发表过大量的引起广泛反响的学术性文章，现已出版发表作品达500万字以上，多次获奖。

其学术性文章有《武医结合、造福人民》《论武术与医学的关系》《鲁迅与武术、气功——中国近代体育史上的重要史实》《中国武术走向世界的序曲——1936年中国国术表演队赴奥运会详记》《四川近代武林人物》《十一届奥运会悲伤的看客——1936年中国体育代表团旧事》等。出版有《气卷神州》《中国当代热点问题透视——中国武术、气功探秘》等研究专著。

郑光路演练的腿功

其他主要作品有《文革高潮中的四川》《特殊的战争——大武斗》《世界罕见的文化现象——中国“文斗”现象奇观》《四川旧事》《成都旧事》《成都打工妹》《“张献忠屠川”真相》《炸响辛亥革命的惊雷——四川保路运动历史真相》《川人大抗战》和《四川大抗战》等。曾获第10届四川省“五个一工程”奖和第5届“四川文学奖”，多部著作被中国863计划图书馆及美国国家图书馆等收藏。

黄延忠（1950— ）

黄延忠，男，1950年生，四川省南充市人，松溪内

家拳第十二代传人。现任四川省武术协会松溪内家拳研究会会长、南充市顺庆区武术协会副主席。四川省 2011 年度传统武术名人、四川省传统武术一级拳师、中国武术六段、四川省武术名家。1964 年拜松溪内家拳第十一代传人陈季康为师开始学习松溪内家拳，经过近 30 年的潜心磨砺，较为完整、系统地承接了陈晓东传陈季康的松溪内家拳的全部内容。

20 世纪 70 年代，在南充地区开办松溪内家拳辅导站、武术训练班，协助师父陈季康教授了大批松溪内家拳学生。1974 年，随陈季康老师、袁志明老师参加“文革”后四川省首届武术比赛，演练鹞子拳、六乘枪，得到了裁判员和教练员的一致好评。1982 年，南充市武术协会成立，黄延忠任教练委员会主任。1984 年 1 月，与陈季康师傅一起被评为“四川省武术业余训练优秀辅导员”。1992 年陈季康去世后，他联合同门师兄弟承担起了

黄延忠演练松溪内家拳剑术

传承发扬松溪内家拳的历史使命，至今仍致力传播松溪内家拳事业。2005 年，与师弟赵通强、弟子李建平等一起系统整理出版了《松溪内家拳》。

刘太福（1951—　）

刘太福，成都人，中国武术八段、中华“武林百杰”、国际级武术裁判、中国武术协会委员、中国武协裁判委员会委员。曾任四川省武术协会常务副主席兼秘书长，四川省武术馆副馆长、馆长，四川省健身气功管理中心副主任兼办公室主任。1960 年开始习武，1974 年考入成都体育学院，擅长“形意拳”“八卦掌”“太极拳”等武艺。1983 年以来，先后担任全国武术比赛裁判、裁判长、副总裁判长，第 7 届全国运动会武术决赛副总裁判长，第 11 届亚运会武术比赛裁判长，第 5 届亚洲武术锦标赛副总裁判长，第 3 届东南亚运动会武术比赛副裁判长等。1985 年被国家体委评为“全国优秀

刘太福、吕紫剑合影

武术裁判”。1998年被四川省体委评为“四川省优秀武术裁判员”。1986年被国家体委评为“全国武术遗产挖掘整理先进个人”。曾参与《中华武术》杂志、中央电视台联合主办的《峨眉武术行》专题片拍摄，参加编写《四川武术大全》与《四川武术拳械录》并任副主编。

肖家泽（1951—　）

肖家泽，现任四川省武协副主席、中国武术协会委员、四川省内家拳研究会会长、四川省武术协会王树田武学研究会会长等职，中国武术八段。

他自幼随吴振环习练峨眉武术及骨伤科。1966年，他又拜胡子文为师，习练直隶派武功。1988年，拜武术名家王树田为师，学习形意、八卦、太极、查拳、八极等各流派拳械。2002年，他又拜吕紫剑为师，学习八卦掌、九环八卦双刀等拳械及医术。1983年，参加四川首次武术散打比赛，获得无差别级冠军。2004年，参加首届世界传统武术节，获得八卦掌、岩鹰拳两块金牌。2005年，他又参加了中国传统武术节，获得了两项冠军。

1971—1983年10月，肖家泽任电子科技大学校医院中医师。1983—2004年2月开办四川省第一所私立武术学校——成都市私立武术健身学校，任校长、董事长。1991 年，该校更名为“成都市峨眉武术学校”，在校生达两千多人，培养出了许多峨眉武术人才。1985 年，他与马明贵等人一道倡议并筹备全国首届武术擂台赛，被省体委采纳，启动了全国首创的“蓉城擂台赛”。

肖家泽演练枪术

肖家泽不仅武艺精湛，而且擅长中医、书画，被尊称为“三国（国术、国医、国画）先生”。同时，他还在宾馆、驾校、房地产、金融投资等领域均取得成功。

吴信良（1951— ）

吴信良，中国武术八段，国家级散打裁判。现任中国体育学会武术分会委员，四川省武术协会科研委员会副主任，峨眉武术工作委员会主任，峨眉武术联合总会秘书长、总教练。曾任四川省武术协会副秘书长、四川省第一任散打教练等职。

吴信良擒拿对练

吴信良自幼酷爱武术，幼年时受峨眉武术拳师田禾影响较大。后师承多家，技艺大进。1965 年，吴信良拜胡子文为师学习直隶门马派功夫。1971 年，拜张传警为师学习军警实战格斗技艺。1972 年，他又拜肖应鹏为师，专攻猴拳、猴棍等峨眉拳艺。1985 年，他拜入赵子虬门下，学习峨眉化门武艺。1985 年，他被林墨根收为门徒，主攻太极推手技艺。除此以外，吴信良还得到王树田等名师的指点，对八卦掌、八卦散手刀等拳艺有独到见解。

他多次参加全国武术比赛，曾获通臂拳银牌、醉拳金牌、醉剑金牌。同时，先后获省、市级武术比赛各单项冠军 10 余次。在习武之余他还钻研学术，著有《峨眉散打术》《峨眉功实战精择》《醉拳、醉剑和醉棍》《实用女子防卫术》《实用防身术》《擒拿自卫》《防暴格斗》《实用摔法招招绝》《实用拿法招招绝》和《世界搏击精粹》等 13 本个人专著。拍摄的武术教学片有《峨眉散打术》4 集、《中华武术实战教材》1 集、《中华武术养生系列片》3 集、《女子功夫》2 集、《峨眉拳一、二路》1 集等，并在各类杂志上发表相关论文数 10 篇。

他还参加了电影《南拳王》的拍摄，担任电影《警官与侦探》等片的武打设计。多次接受中央电视台体育频道与国际频道、湖南卫视、北京卫视、湖北卫视、青海卫视等采访出镜。

李含光（1951—　）

李含光，南充人，中国武术六段，四川省武协松溪内家拳武术研究会会长，四川省南充市武术协会副主席，四川省传统武术名人、四川省一级拳师。

他自幼即随伯父李良鹄学习武术。李良鹄师从武当“松溪内家拳”武术大师陈伯镛门下，并兼修韩门内功及外家拳。后李良鹄推荐李含光拜师陈季康习练武当“松溪内家拳”武术，得其指导、点化，较为系统地掌握了该拳种的拳经理论、技击方法以及内功修为。20 世纪 80 年代至今，李含光带领其门人多次参加省、市比赛和展示，获金牌、银牌 50 余枚，两次在果州擂台赛中夺得金牌 5 枚。2010 年，在安阳参加全国传统武术比赛获金牌。2010—2012 年，参加四川省传统武术名人、明星争霸赛，连续获“武术名人”称号，并获“武术名家”称号。

李敏弟（1951—　）

李敏弟，成都人，李雅轩之女，国家非物质文化传承人，中国武术七段，中国武术一级裁判，成都市李雅轩太极拳武术馆副馆长，新加坡李雅轩太极拳学院荣誉院长。

从小随家父研习杨式太极拳，多次代表成都和四川省参加国内外武术大赛，荣获太极拳、械冠军，1999年在河南陈家沟荣获国际太极拳锦标赛太极拳冠军。多年来，李敏弟与其丈夫一起致力李雅轩太极拳的传承与推广，培养了无数的优秀太极人才，多次参加国际与国内各种太极拳名家研讨会，多次应邀赴国外讲学，并与其丈夫合著有《杨式太极拳法精解》《杨氏太极剑法精解》《杨氏太极刀法精解》《武当剑法精解》《三才剑法精解》《李雅轩太极拳械论》等书籍，广受大众喜爱。其事迹收录于《中国武术大典》。

李敏弟演练太极剑

赵通强（1951— ）

赵通强，四川南充人，中国武术六段。现任四川省内江市武术协会副主席，市中区武术协会主席，中国松溪内家拳联合总会会长。

自幼拜松溪内家拳第十一代传人陈季康老师为师，并得以真传，收益于著名技击家李良鹏老师的精心指点，1981 年被长江大侠吕紫剑收为入室弟子。1984 年入成都体育学院随王树田、习云泰、邹德发等老师系统学习了形意、八卦、太极、通臂、劈挂、翻子、长拳等拳种。长期研习传统与现代搏击技术，在技击方面享有盛誉。多次获全国总工会、省总工会、四川石油管理局先进集体及先进个人称号。

赵通强演练的八卦剑

1980 年带领弟子参加市、省、全国、国际比赛获得优秀成绩。1981

年组建了全国第一支工人武术队。1984年任中国武当山拳法代表队总教练并在武当山任教数月。1995年成立全国第一家“士百达”搏击俱乐部，任副董事长兼总经理，将体育与社会经济接轨，在全国引起轰动。2008年，参加四川省首届资中武庙传统武术散打擂台赛获冠军。

温佐惠（1952—　）

温佐惠，女，成都体育学院教授，硕士研究生导师，国家武术研究院专家委员会专家，中国武术九段，首批武术套路国际A级裁判。曾任成都体育学院武术系主任等职，曾为成都体育学院学术带头人、首届教学名师、国家级特色专业负责人、省级精品课程《武术》负责人、四川省体育学科教授任职资格评议组成员、成都体育学院教师职务评审委员会委员、中国体育科学学会武术分会常委、中国武术协会裁判委员会副主任等职。现任四川省、成都市武术协会副主席，云南民族大学体育学院客座教授、内江师范学院特聘教授。

1975年考入成都体院，师从王树田、周德发、郭洪海等老师学习长拳、南拳、大刀、形意、八卦、太极、八极等各流派拳械，多次参加省、市、全国武术观摩比赛、全国工人运动会武术比赛，获得了南拳、大刀、对练等金牌、一等奖。

长期从事研究生、本科生、留学生等的武术教学工作。2010年被评为国家体育总局教学成果三等奖。多次承担全国教练员、裁判员培训班的教学、晋级考试工作，多次参与国际、国内武术规则制定与修改工作，多次担任国内外重大比赛的总裁判长工作（世锦赛、亚运会、全运会、城运会等），连续3次被评为“全国武术十佳裁判员”。曾多次应邀出访美国、英国、意大利、日本、芬兰、罗马尼亚、韩国、越南等国讲学、任教和裁判工作，在国内外享有较高的知名度。

温佐惠演练太极扇

近年来，主持省部级课题4项、厅局级课题4项，参与国家级、省部级课题多项。出版有《实用自卫拳法》

《巴蜀武术》《飞叉》等武术专著，参编《体育与健康》《中国武术推手》《中国武术教程》等10多部专业教材，并在核心刊物上发表论文30余篇。多次参加全国体育科学大会论文报告会、亚科会、第3届世界老年人运动会与健康论文报告会（芬兰）等国内外重大学术会议。

何三金（1952— ）

四川雅安市人，祖籍成都。自幼喜爱武术，少年意气飞扬，仰慕路老绿林武术风采，16岁正式拜路军健为师练习绿林武术，走上武术正轨，几十年如一日练武、侍奉师父，武学态度笃定，终身研习绿林武术。2010年，何三金接过100岁高龄的绿林派第五代掌门人路军健亲手授予的雄狮金牌、绿林永昌印，成为雅安的峨眉绿林派第六代掌门人。

何三金行事低调，不喜欢抛头露面，不喜欢在人前谈论武术，至今仍有多年熟人不知其身怀深厚武功。他继承了路军健的点穴解穴功夫、柳叶八卦掌、绿林绵掌等技艺，内五行功力精纯，外五行武功扎实，其练习的大腿平行地面的绿林马步桩、沉手、宰手可达一个小时之久。

何三金淡泊名利、务实求真、忠孝仁义，在雅安绿林派最低谷的时期，他一直侍奉在路老左右，心无旁骛，得到路老的内功心传。加之自身的勤奋努力，他全面系统地继承了路军健所传的绿林武术，他与其同门师兄弟一道为保存和传承雅安绿林武术这支四川传统武术的重要流派做出了重要贡献。

尤再清（1952— ）

尤再清，四川内江人，中国武术七段，8岁开始习武，拜著名峨眉武术拳师王登州、八卦名师吕紫剑为师，学习八卦掌、查拳、生门拳术等武技。1990年伊始，被选为内江市武术协会主席。任职期间，于2006年1月组织工作人员收集、整理了内江各县（区）武协的基本情况，完成了“内江武林”网站建设和《内江武林》报刊的出版宣传工作，对传统武术进行了有效的挖掘整理和传承，并设立各类传统武术研究会，如太极拳研究会、松溪内家拳研究会、少林王家拳研究会等9个研究会，进一步推动了内江武术活动的开展与普及。在此基础上，协会组织与开展了上百次和各类武术活

尤再清演练刀术

动与比赛，并参与各类国际武术节和省武术锦标赛等赛事，屡获金牌、银牌，培养出一批四川武术新秀。由于内江市武术协会成绩突出，2011 年，内江市取得了四川省武术段位制考评点资格。2013 年 7 月，组织了内江市首次段位考评活动，取得了良好的效果。同时，积极鼓励会员和学生参与社区武术活动，扩大段位制的宣传，辅导社区群众进行各类武术锻炼。

2004 年，被四川省内江师范学院聘为武术名誉教授，定期到该校进行武术专题讲座。2009 年，被内江师范学院聘为学院特聘教授。2005 年以来，一直担任四川省青少年散打锦标赛的裁判。2008 年，担任四川省武术段位制考评委员会副主任，并一直担任名人、明星争霸赛的裁判工作。由于积极支持参与武术协会的工作，2010 年被推选为四川省武术协会副主席，并被评为“先进工作者”。

肖清黄（1954—　）

肖清黄，成都市人，1954 年 6 月 18 日出生，国家武术六段，国家一级社会体育指导员。四川省太极拳高级教练，国家体育总局健身气功辅导员，2005 年荣获四川省老年体协太极拳专业委员会武术名家终身荣誉称号。他自幼习武，师从原成都市武术协会

肖清黄演练大刀

副主席、峨眉赵门第五代传人陈志清老师，主攻峨眉赵门的拳术、器械、散手及内功。近年来，频繁应邀参加国内、国际各类武术比赛，取得诸多的优异成绩，多次获得三节棍、刀术、拳术、太极拳、大刀等项目的金牌。步入中年后，潜心于杨式太极拳研究和教授及普及工作。为中国武术协会会员、现任四川省老年体协太极拳俱乐部副理事长、四川省太极拳专业委员会副主任、四川省武术沙龙表演队队长、成都市武术运动协会常委、成华区武术协会副主席、国际武道联盟专家委员会委员等职。

张选惠（1954—　）

张选惠，女，四川人，“中华武林百杰”之一。1977 年毕业于成都体育学院，后留校任教至今。1979—1982 年在成都体育学院进行研究生学习深造。1992—2005 年曾担任武术系副主任、主任、科研处处长等职。

张选惠在拳术教学课中

2005—2006 年 9 月作为访问学者，在日本东京国士馆大学留学一年。现任成都体育学院教授、博士研究生导师。

张选惠主要从事武术、养生与民族传统体育方面的研究工作。近年来，承担了国家社科基金项目 1 项，四川省哲社、国家体育总局体育社会科学等省部级项目 3 项。在武术、养生、民族传统体育等方面出版专著、教材 10 余本，发表论文百余篇。此外，还参编有《中国武术大词典》《中国大百科全书——武术》等重要著作。

庞庭华（1954—　）

庞庭华，1979 年毕业于成都体育学院体育教育专业，中国武术六段，国家一级武术裁判，国家一级健身气功裁判。自幼习武，先后拜学多位民间拳师。幼年时拜师苏紫辉，不仅打好了扎实的武术基本功，而且学会了燕青拳、燕青棍等技艺。1972—1976 年插队下乡期间，又拜师泸县“白庙子”的道人左志元门下，学会了大洪拳、小洪拳、缠丝拳。1977 年，他考入成都体育学院，有幸向邹德发、郭洪海等老师学习拳艺。后来，他又拜具有“峨眉十老”之称的生门第五代传人王登舟（已故）为师学习生门武艺。

庞庭华演练螳螂拳

多年来，庞庭华带领宜宾市武术代表队在省、市级武术比赛中多次获得金、银牌。此外，多次担任四川省武术、健身气功比赛裁判工作。1995 年获四川省“优秀裁判”称号，2009 年获四川省“健身气功先进个人”称号，2010 年获四川省“先进体育工作者”称号。

庞庭华现任宜宾学院体育学院副教授、综合教研室主任、四川省武术协会委员、宜宾市武术协会秘书长等职。发表的相关学术论文数 10 篇，出版了《中国武术——生门》等学术专著。

贺十辉（1954—　）

贺十辉，中国武术六段。10岁起随祖父、父亲学习贺氏家传武功，即“桩功八法”与“象形拳术”，兵器有“乌龙大刀”与“月牙铲”。16岁拜武术名师温盛斌门下学习中国盘破门武术，学练盘破门经典拳术“八阵图”“闪手练步拳”“游龙戏水拳”，并研习盘破门“二十四串子手”及兵器“大战棍”与“单刀破矛”等。

贺十辉盘破门拳姿

2009年在中国四川峨眉国际武术节上获双银牌，2010年获第4届世界传统武术锦标赛双金牌，2011年在“全国传统武术比赛”中获双金牌，同年在中国四川国际峨眉武术节上获国际组1金1银。

李明中（1955—2008年）

李明中，四川省夹江县人，中国武术六段，峨眉蛇

拳(毒蛇吐信)的杰出代表人物，四川省武术名家。1967年伊始，拜四川民间拳师韩民胜为师，习练家传与四川武术拳种，即“毒蛇吐信”蛇拳、盘龙棍、峨眉擒拿与格斗术等拳械系列。从1982年开始，先后受到夏柏华教授，成都体育学院王树田、邹德发副教授的亲自传授。

从1982年至90年代初，先后在1982年、1984年、1985年省武术比赛、省运动会以及首届工人运动会武术比赛中多次荣获“毒蛇吐信”蛇拳与盘龙棍金牌。曾3次代表四川武术界出席1984年（兰州）、1985年（天津）以及1991年（山东泰山）举行的全国武术观摩交流大会，峨眉“毒蛇吐信”蛇拳荣获金牌（泰山，1991年），并受到全国武术界的一致好评。曾参加1982年版“西游记”、1989年电视剧“青城奇侠、1991年纪录片“武术世界”以及1992年央视全国武术冠军“峨眉武术行”的

“雄狮奖”奖章

拍摄。在1986年全国武术“挖掘整理”工作中荣获国家体委颁发的“雄狮”二等奖，被评为先进个人；同年5月，在省武术“挖掘整理”工作中荣获二等奖。

此外，曾担任乐山市体总委员、省武术协会教练委员、四川省散打队（1988年）与四川省青少年武术队（1993年）教练、夹江县业余体校常务副校长等职务。由于其工作成绩突出，1992年夹江县被国家体委命名为首批“全国武术之乡”；同年，他受聘担任四川省公安厅武警总队武术队教官。多年来他培养了一批一级与健将级运动员输送到省队和各大体育院校。曾连续多年被授予具有突出贡献的县级“拔尖人才”称号，并常年担任夹江县与乐山市政协委员。2005年起，直到逝世，任四川省老年体协太极拳俱乐部副理事长、四川省传统武术工作委员会副主任。

李明中演练峨眉拳的“毒蛇吐信”

钱兴勇（1955—　）

钱兴勇，1977年毕业于成都体育学院武术系，峨眉武术联合总会常务副会长、总教练，中国武术协会会员，国家武术高级教练，峨眉内家拳第七代掌门人，武当游身八卦掌宗师吕紫剑老师入室弟子。西昌市武术协会主席，凉山州《中国武术段位制、健身气功》管理办公室主任，凉山州体育局武术散打教练，凉山西昌川南武术馆馆长。

自幼随父亲习练家传玄虎门武功，后拜长江大侠吕紫剑为师研习游身八卦掌、混元功法等武当绝学。在体院就读期间，师从王树田、邹德发、习云泰等著名武术教授。

张汉斌（1955—　）

张汉斌，四川温江人，峨眉黄林（皇令）派代表性传承人，中国武术六段，四川省一级拳师，四川省成都市二级气功辅导员。现任成都市武术协会常委、温江区武术协会会长、汉斌武馆馆长等职。

张汉斌演练的黄林拳

自幼跟随其父张国兴习练黄林武术，后经其师爷钟方汉点拨，功夫日益精进，并继承了钟方汉的针灸、推拿、按摩、跌打损伤等精湛医术。

20世纪80年代以来，他积极参加国内外武术套路、散打、硬气功比赛，多次获得金银牌。1989年，在其家乡温江区永宁镇创办了“汉斌武馆”，并多次带领弟子参加省内外各项比赛，获得多项优异成绩。

作为温江区武术协会负责人，他积极组织开展武术普及与健身活动，多次组队参加太极蓉城太极比赛、巴蜀武术交流大会、百城千村健身气功比赛等武术比赛，以及一系列全民健身推广展示活动等。张汉斌为黄林火龙拳的保护与传承以及地方武术的发展做出了积极的贡献。

赵幼生（1955—　）

赵幼生，重庆市人，武术高级教练，武术八段，武术一级裁判员。1978 年到重庆江北县体委工作后，历任江北县十一届人大代表，重庆市第 9 届政协委员，江北县武术馆副馆长、馆长，渝北区体委副主任，渝北区文广新局副局长，渝北区武术协会第 1~3 届副主席。现任渝北区体育局党组书记、局长，渝北区体育总会主席，渝北区第 4 届武术协会主席，重庆市武术协会副主席，中国武术协会第 4 届委员会委员，重庆市非物质文化保护工作专家委员会委员等。

赵先生自幼随父（赵子虬）习武，深得父亲真传，技精艺熟。青少年时期曾多次代表市、县加参全国、省、市（地）武术比赛，成绩优异，后考入成都体育学院深造。曾担任《玉蛟龙》《九根毛》等多部影视剧的武术指导、武术设计，并成功主持、策划、编导了“武术群英会”“武术之夜”“武术之乡风采”等多部大型主题活动和武术专题录像片。

在长期的训练、管理工作中，他为渝北区（原江北县，被命名为全国首批“武术之乡”）做出了积极贡献，培养出众多世界和全国武术冠军。主要论著有：《如何对少年儿童进行武术训练》《吴氏简化太极拳》《谈谈气功》《大鹏府仰功》《新编广播太极拳》《四川南拳》《三十六闭手》《武术管理规录》《浅谈武术套路中的四击八法十二型的表现》和《浑元简化太极拳》等。

赵幼生演练的枪术

林立（1956—　）

林立，四川省峨眉山市人，现为中国武术荣誉六段，四川省武术协会传统武术委员会主任，四川省武术协会峨眉武术工作委员会主任，峨眉山市武术协会主席，峨眉武术联合总会顾问。

在策划、管理、研究峨眉武术等方面他做了大量卓有成效的工作。2002 年以来，参与策划、组织了“峨眉、武当、少林三大武术精英赛”

“金顶论剑”“峨眉武术申遗”“中国·四川国际峨眉武术节”等系列活动。多次组队参加国内外武术比赛，开展群众性武术普及活动，取得了突出成效。促进了峨眉武术发展领导小组和峨眉武术发展中心的设立，落实了峨眉武术发展基金，为倾力打造峨眉武术文化品牌奠定了坚实基础。主编出版了《武行峨眉》一书，发表了《从峨眉山的人文历史谈峨眉武术的起源与发展》《峨眉武术创始人及在中华武术文化中的地位初探》等论文。

任刚（1958—　）

任刚，重庆市人，中国武术八段，武术国家级教练员，现任四川省武术运动管理中心主任，省武术协会常务副主席兼秘书长，中国武术协会委员，中国武术协会教练委员会、科研委员会委员，中国武术段位制工作委员会委员等职。师从王树田、刁云泰、邓昌立、邹德友等老师。

1978年进入四川省武术队，1979年当选四川省第4届人民代表大会代表，1981年至1985年连续5年夺得全国武术比赛通背拳的冠军。1984年任四川省武术队副领队、助理教练，1988年任四川省武术队女队主教练，1997年任国家武术队主教练，1998年任四川省武术队总教练，2001年12月任四川省武术协会副主席，2002年

任刚通背拳拳姿

任国家武术队主教练，2003年4月任四川省健身气功管理中心副主任，同年3月任国家青少年武术集训队教练，2006年2月连任四川省武术队总教练，并任项目责任人、队委会主任，2006年3月任四川省运动技术学院重竞技系副主任，2007年4月任四川省武术管理中心副主任，2008年获中国武术八段。2010年至今，任四川省武术运动管理中心主任、四川省武术协会常务副主席兼秘书长。2011年8月被聘为国家武术队总教练，2012年6月再次任国家武术集训队总教练。

多年来共培养了3名世界冠军、9名洲际冠军、20余名全国冠军。3次荣获国家体育总局颁发的国家体育运动荣誉奖章（特等功），4次获得国家体育总局颁发的国家体育运动奖章，并获四川省政府奖励一等功1次、三等功1次。1995年被中国武术协会、国家体育总局武术运动管理中心评为“当代中华武林百杰”。

目前，任刚受聘担任成都体育学院特聘教授、硕士研究生导师，内江师范学院特聘教授、成都大学特聘专家。其科研成果主要有国家武术院课题《竞技武术套路运动的制胜规律》；个人专著有《中国通背拳》《通背拳连环秘技》和《太极道养生功法》；发表的论文有《武术套路的形式结构与意识结构》《武术套路制胜的基本要素探析》和《竞技武术套路制胜因素与谋略的研究》等。

李建平（1958— ）

李建平，男，1958年生，四川省南充市人，中国武术七段，四川省武术名家。现任松溪内家拳联合总会会长，国际传统武术联合会主席团主席，吉尔吉斯共和国中华传统武术协会（终身）总教练。

12岁拜师松溪内家拳第十二代传人黄延忠，此后致力松溪内家拳的传承与发展。20世纪80年代初次参加“四川省南充市武术比赛”，即获得个人拳术和器械第一名、全能第一名。随后数年，继续潜心钻研，博采众长，曾得到松溪内家拳传人李含光、陈德昌、文运平、程景亮、林承太等老一辈拳师的指点。通过多年磨砺，形成了自己独特的技术风格。

2002年应邀赴吉尔吉斯共和国传播中华武术，后于2008年在吉尔吉斯斯坦自建松溪内家拳馆，开馆授徒。2010年5月在吉尔吉斯斯坦举办了第1届“松溪内家拳

李建平演练剑术

杯”国际武术邀请赛。2014年代表参加第6届世界传统武术锦标赛，并担任队长。近几年带国内外弟子一起参加地级、省级、全国和国际传统武术比赛数10次，共获金牌74枚、银牌93枚、铜牌70枚。

何伟琪（1958—　）

何伟琪，重庆市人，1966年随父母到成都。现为僧门第六代代表性传承人，成都达摩国术研究会会长，成都市峨眉派僧门武校校长，国家武术六段。

他师承侯仲约，自幼天资聪颖悟性高，勤奋刻苦，练功持之以恒，是侯仲约精心培养的嫡传弟子。他对峨眉僧门拳路、打法、七十二擒拿、六十四卦、三百八十四招、子母连环手、七星盘子、木人桩、呔字功、嗨字功、洗髓经、易筋经、内外二壮功及各种器械都能精研深悟。

何伟琪不仅能发扬传统的武术教学方法，而且能结合时代的发展整理出一套科学系统的训练方法，使学员在短期内掌握技法，达到一定的武技水平。近10年来他培养的学员遍及十几个国家和地区。其很多事迹被收编于《老成都》系列丛书中，被誉为“铁腿快手”，其名载入《中国当代武林名人志》等刊物。

刘志钢（1960—　）

刘志钢，1960年6月出生，成都人。武术套路高级教练，中国武术协会裁判委员会委员，中国武术七段，国际A级裁判。现任成都市武术跆拳道运动管理中心副主任。1982年7月毕业于北京体育大学后到四川省原南部县体育局任武术教练，1984年7月调任成都市体育中心武术教练，1986年1月任成都市城北体育馆武术教练，1999年4月升任成都市武术跆拳道运动管理中心副主任。曾担任过世锦赛、北京奥运会武术比赛、亚运会、世青赛、全运会、东亚运动会、世界武博会等国内外重大比赛的裁判工作。他为四川地区培养了大批武术后备人才，在任职成都市武术跆拳道运动管理中心副主任期间工作表

刘志刚担任裁判工作

现出色，为成都市武术的发展做出了积极的贡献。

熊长贵（1961—　）

熊长贵，成都人，武术高级教练。曾多次荣获全国比赛猴棍冠军，被誉为“第三代猴王”。1970年师从武术名家王树田、邓昌立、邹德发等老一辈武术家，开始业余武术训练，1972年开始参加全国武术比赛，1975年选调四川省青少年儿童业余体校集训。1977年6月四川省武术队正式成立，此后他代表四川省参加第3届全运会武术比赛，从1976开始连续参加全国武术比赛，并在1978年参加第4届全运会，荣获棍术第四名。1980年在昆明全国武术比赛中荣获猴棍冠军。1981年在福州全国武术比赛中荣获对练冠军。1983年在第5届全运会中荣获猴棍冠军、棍术亚军、全能第四名。1984年湖北武汉全国武术比赛，获猴棍冠军，同年由运动员兼任助理教练。1985年在宁夏银川全国武术比赛中荣获猴棍冠军。1986年退役，担任武术二队主教练。1987年担任新加坡国家武术队教练，所带队员陈娅兰获得首届亚洲武术锦标赛女子南拳冠军、剑术第三名。1987年底返回四川队，担任男队主教练一职到1998年，后到训练科工作。曾参加过多部影视剧的拍摄，如《自古英雄出少年》《神厨》《新少林寺》和《海灯法师》，并荣获1988年全国第2届“十佳演员“称号。此外，在武术队期间，由于成绩突出，荣获省十佳运动员称号和国家体育总局颁发的三等荣誉勋章以及省体育局授予的一等功。曾多次随中国武术代表团出访海外30多个国家。2006年，再次担任四川武术队男队教练至今，培养了亚洲冠军、全国冠军等一批优秀的武术运动员。

熊长贵演练猴棍

吕小玲（1961— ）

吕小玲，四川成都人，1982年毕业于北京体育学院武术专业，1986年在成都体育学院任助教，并在进修武术研究生班结业。现任国际武术联合会技术委员会委员、美国武术联合会副主席，泛美武术总会技术委员会主任、

美国峨眉少林功夫武术学院院长等职。

1989 年，参加国际武术比赛并获得三项金牌。1993 年创办峨眉少林功夫武术学院，在第 1~4 届青少年世界武术锦标赛上任裁判（长）、仲裁和总裁判长。2014 年南京青奥会期间在特别为前国际奥委员主席罗格先生开设的太极拳培训班上教授太极拳。此外，曾受当时中国驻美大使杨洁篪先生及其夫人的邀请，在中国大使馆开办太极拳教学班。曾连续 3 年在马里兰校长官邸教授太极拳、在乔治梅森大学教授太极拳和太极剑。因武术各方面工作成绩突出，多次被美国国家武术总会评为年度最佳教练，被美国“功夫”杂志评为 2001 年全美最佳教练，2003 年被加拿大武术联合会评为最佳武术贡献奖。

吕小玲参加国际武联会议

王超（1962— ）

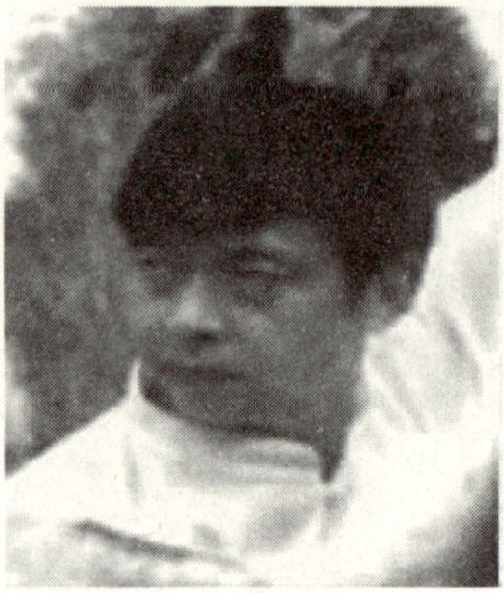

王超，四川峨眉人，峨眉山佛教协会俗家弟子，法号心亮。现为峨眉山市武术协会副主席兼秘书长，峨眉武术发展中心主任，国家级非物质文化遗产峨眉武术代表性传承人。他师承胡先荣、肖显容等人，并向王树田、周德发等老师学习武术。在众多拳师、名家的指点下，其武艺特别是在竞技武术、散手、峨眉传统武术上得到了较大的发展。他擅长峨眉民间传统拳术和传统器械，曾代表乐山参加省及国家级的武术比赛达30多次，均取得优异的成绩：1984年乐山市武术比赛获全能第一名，2005年四川省传统武术比赛获拳术第一名，2005年参加全国武术之乡武术比赛获传统器械一等奖、传统拳术二等奖。王超立足峨眉为国家培养了一批优秀的武术人才，被四川省授予“武术名家”称号。

王超演练的峨眉剑

何道君（1963—　）

何道君，1963年出生，成都市人，职业武术家，中国武术六段，全真龙门派第二十一代嫡传，四川省级非物质文化遗产青城武术代表性传承人。现任青城道君精武馆馆长、青城功夫研究会会长、成都市武术协会常委等职。

他早年游历大江南北，精研少林、武当、峨眉、青城等内外功夫，艺成百家，圆融各派，精通技击、硬气功、养生等，其首创的独门硬气功——汽车过头，曾引起海内外的极大轰动，被誉为青城一绝。1992年，他创办了国内首家传统园林别墅武馆——青城道君精武馆，

何道君青城派拳姿

组建了青城山功夫表演团。他所培养的弟子、学员多次获得国内外比赛金银牌。现在他主要致力青城山功夫的挖掘、整理，以及国内外的推广工作。

丁耀庭（1964—　）

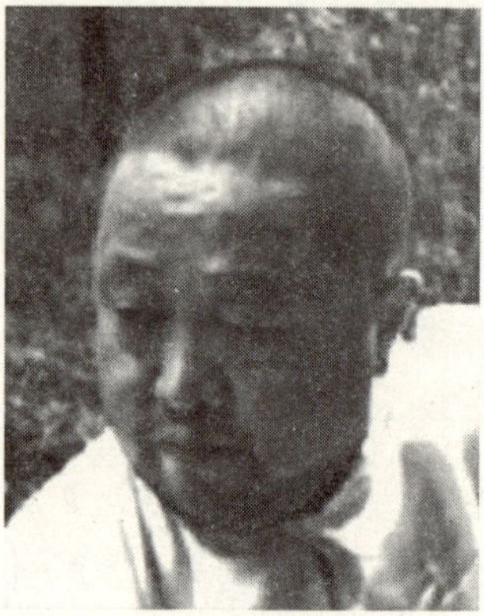

丁耀庭，土家族，中共党员，中国武术段位六段。土家余门拳代表性传承人，丁氏第七代掌门人，中国武术家协会会员，天台余门拳培训基地教练、药剂师、县政协委员。

从小体弱多病，患X腿，经余门拳名家丁举高用五禽戏基本功对他进行耐心培养、矫形，逐渐恢复正常，同时为以后的武术学习打下了良好的基础。1984年同师傅一道参加省体委传统武术挖掘整理工作。从那时起他便明白了传统武术的文化内涵和重要性，便加倍刻苦练功，先后参加国内及港澳台各类武术赛事活动和非物质文化遗产展示活动，他本人及弟子获得金银铜奖牌若干，其事迹被中央电视台、国家人文地理等多家媒体报道。

刘绥滨（1965—　）

刘绥滨，四川都江堰市人，道名信玄，四川省级非

物质文化遗产青城武术代表性传承人、中国武术七段。他为余国雄（已故）的高徒，现任四川省都江堰市政协委员、四川省武术协会青城武术研究会会长、四川省道教协会理事、青城武术馆馆长等职。

刘绥滨曾6次获得中国电视吉尼斯擂主，担任2008、2009、2010年中华养生健康国际论坛形象大使。在2009年第15届全球中华文化艺术薪传奖评选中，荣获“中华武艺奖”。2013年获两岸养生文化交流特别贡献奖。他执教国内多家大学、CEO、MBA、EMBA、董事长班、商界领袖班等养生课程，桃李满园，目前其学员遍及全球30余个国家。

2003年，他表演的青城派武功，载入《中华武术展现工程》。2004年，在中国民间文艺家协会、成都市委、市政府举办的“首

届中国民间艺术百绝群英会”上，被授予“特别成就奖”。出版了《中华绝技——青城武术》《青城太极养生》（中英文对照，书带盘）《青城太极十八式》（中英文对照）等10余本专著，在国内外公开发行的专业报刊及国际学术研讨会上发表论文、文章数10篇。

陈代玲（1965— ）

陈代玲，重庆人，现任重庆市武术运动管理中心主任，重庆市武术协会主席，中国健身气功协会常务委员，中国武术七段，国际级武术裁判员，国家一级武士，国家海外健身气功教练员。研究方向：武术及传统养生太极拳、五禽戏、易筋经、八段锦等。

自幼习武，9岁到四川省体校武术队学习训练。1987年毕业于成都体育学院武术系，到西南大学任教5年后调到市体育局运动学校任武术教练员6年。

赵斌（1966— ）

赵斌，重庆人，教授，硕士研究生导师，中国武术七段，武术国际A级裁判。现任成都体育学院武术系主任、中国武术协会常委、四川省武术协会委员等职。

自幼习武，1983年考入成都体育学院武术专业学习，师从王树田、陈坚、兰素贞、叶道清、邹德发、郭洪海、温佐惠、周直模等老师。曾获得双刀全国冠军、通背拳全国体育院校比赛冠军等。1987年毕业后留校任教，长期从事武术教学、科研、训练与管理等工作。

赵斌多次承担全国散打裁判员培训班的教学、晋级考试工作，参与国际、国内武术散打规则制定和修改工作。多次担任国内外重大散打比赛的裁判长工作，并被评为“全国优秀裁判员”“全国武术十佳裁判员”。

赵斌长拳拳姿

近年来，主持“繁荣发展峨眉武术文化的目标、方向与实施路径研究”“四川‘峨眉武术’旅游品牌的构建与应用研究”等省部级课题3项，厅局级课题4项。公开发表“峨眉武术文化的地域性特点研究”“关于峨眉武术分类中五花八叶的历史渊源考证”等论文数10篇，出版了《传统武术创新发展与现代健身的审视研究》《我国武术产业发展策略研究》等多部学术专著。

李家安（1966— ）

李家安，四川省仪陇县新政镇人。中国武术六段，本科学历，中共党员，现担任四川省慧明中等专业学校、南充市第十八中学董事长、校长、党支部书记，南充市文教制品有限公司董事长，嘉陵区人大代表，南充市民营企业家协会副会长、嘉陵区工商联副主席，南充市武协副主席、顺庆区武协主席。

热爱教育事业，以“办人民满意教育”为己任，努力探索从幼儿至大学阶段的教育，创建学历+技能、专业+特色的模式，突出“文武兼修，一专多能”的特色。20余年累计培养幼儿学生近千名、初中学生2000余人、高中学生3000余人，他们分别升入武汉大学、四川大学、电子科大等学院深造，培养的两万余名中专学生全部推荐就业。

热爱传统武术文化：从2005年至今，受南充市体育局业余体校聘请，担任南充市武术散打队主教练，带出市级冠亚军100余人、省级冠亚军近30余人，在四川省锦标赛、四川省运动会上获得金银牌。2010年担任顺庆区武协主席，在他的协调下，2011年、2012年顺庆成功举办了四川省第2届传统武术比赛、全国男子武术套路锦标赛，受到了国家武术运动管理中心的一致好评，并获得赛会组委会的特别奖，他所带领的顺庆区武协连续两年获省武术协会表彰的“先进集体”单位。团结各位武术爱好者推动了南充竞技武术水平的提高和普及，并积极创造条件争取早日把顺庆区打造成全国武术之乡。

汪健（1968—2013年）

汪健，法号心权，曾任中国峨眉武术研究会会长、中国武术协会会员、四川武术协会委员、乐山市体育总会副会长、乐山市武术协会副主席等职。他还曾是国家级非物质文化遗产峨眉武术传承人之一和峨眉山佛教释通永大师的关门弟子。

他出生在武术世家，自幼跟随其父汪顺清老先生学习武术，刀、枪、剑、拳样样韵熟。11岁时，拜师重庆的严奉勇习练诸多峨眉派拳法。16岁拜师著名武术家李国荣先生精研峨眉臂腿拳、六合拳、阴阳剑，后辗转拜上海精武会武术大师孙常虹先生门下，学习功力拳、螳螂拳、精武弹腿和八仙剑等。

汪健演练的峨眉拳

1991年，他创办“乐山大佛文武武校”，苦心经营，颇具规模，其弟子、学员先后多次获得全国武术比赛冠亚军，并编撰出版了《习峨眉武功》一书。

梁小葵（1970— ）

梁小葵，中国武术七段，国家级武术裁判，国家级运动健将。1970年出生，自幼在广西省武术队跟随陈旭

红教练学习武术，1990 年被任刚老师选调到四川省武术队，在任刚老师的指导下太极拳技艺不断提升，后又在任刚老师安排下得到中国“太极王子”王二平教练的指导，获得第 9 届全国运动会女子太极拳全能冠军、第 5 届亚洲锦标赛女子太极剑冠军、第 2 届东亚运动会女子太极拳冠军，并多次获得过全国武术锦标赛太极拳、太极剑冠军。曾代表国家及四川省出访多国参加国际赛事和文化交流。

梁小葵的太极拳拳姿

历娜（1981— ）

历娜，山东枣庄人，从小在枣庄市业余体校学习武术，1994 年被武汉体育学院华桦老师选入武汉体院武术业余体校训练，得到武术名师华桦、肖红征、梅汉超和丁宝玉等老师的悉心培养与照顾。2002 年毕业于武汉体育学院民族传统体育系，同年由任刚老师选调到四川武术队任教练员兼运动员，在任老师的严格训练下，多次在全国和国际比赛中获得优秀成绩。2010 年上调四川省体育局人事处工作锻炼，2014 年担任四川省武术运动管理中心副主任。

所获成绩：2004 年全国武术冠军赛剑术第三名、全能第三名，2005 年第 10 届全国运动会武术套路比赛长拳第六名，2006 年全国武术锦标赛剑术第一名、长拳第三名，全国武术冠军赛长拳第二名、剑术第三名。2008 年第 4 届世界传统体育大会剑术第一名。

刘艳艳（1974— ）

刘艳艳，重庆人，现任重庆市武术队主教练。1985 年 10 月—1988 年 7 月为四川省武术队集训队员，1988 年

8 月—1998 年为四川省武术专业队运动员，师从李江、任刚老师。1995 年考入成都体育学院武术系，1999 年毕业。1998 年为重庆市青年委员，2003 年 1 月为重庆市政协委员。1998 年 3 月—2001 年为重庆市武术队运动员兼教练，2007 年—2014 年任重庆市运动技术学院重竞技系副主任，2014 年至今任重庆市武术运动管理中心副主任。

所获成绩：第 3 届世界武术锦标赛获女子刀术冠军、第 9 届全国运动会获女子对练冠军。1990 年 5 月获国家体委三级奖章和武英级称号，1995 代表中国参加美国巴尔的摩市第 3 届世界武术锦标赛获女子刀术冠军。

周竞（1975—　）

周竞，中国武术六段，武术国际健将。1996 年随成都武术名家刘志刚老师学习武术，同年进入四川省武术队受武术大家任刚老师的指导向竞技武术的高峰攀登。

2003 年—2007 年入成都

体育学院武术系学习。1999 年首次参加全国武术锦标赛获对练第六名，2001 年参加全国第 9 届运动会获对练第四名，2002 年参加全国武术套路锦标赛获对练第二名，2004 年参加全国武术套路冠军赛获南棍第一名、南拳第二名，2007 年参加第 9 届世界武术锦标赛获南棍世界冠军。

周竞演练的南拳

陈振勇（1976—　）

陈振勇，河南许昌人，1976 年生，教授，硕士生导师。1999 年毕业于河南大学体育学院体育教育专业，2000—2003 年在成都体育学院攻读民族传统体育学硕士学位，同年留任成都体育学院武术系工作。

2003—2006年在上海体育学院武术系攻读民族传统体育学专业博士学位，2006年获教育学博士学位。曾担任成都体育学院武术系搏击教研室主任等职务，现任研究生部副主任。自幼随许昌市查拳名师马建习练传统武术，曾习练查拳、心意拳、中国跤、意拳、八极拳、双手刀、陈式太极拳等传统武艺。

近年来，他主要专注于巴蜀武术历史与文化的研究。在专业期刊和杂志上发表“中国武术传统在现代发展的文化思考”“从布迪厄的‘文化资本’审视武术文化的继承与发展”“武术文化继承与发展：地域武术文化发展展望”等论文30余篇。主持和参与国家社科基金课题，教育部、国家体育总局武术研究院，国家体育总局社会科学课题，四川省哲社、四川省科技厅、四川省教育厅、成都市哲学规划办等国家级、厅局级课题10余项，出版《奥运语境下武术文化的发展与审视》《四川少数民族传统体育资源开发与现代化发展研究》专著2部，合著《巴蜀武术》1部，参编《中国武术史》国家教材1部。

陈振勇演练的八极拳

龚茂富（1983—　）

龚茂富，江苏徐州人，1983年11月生，博士，副教授，硕士生导师，中国武术六段，舞龙舞狮国际级裁判，武术套路国家级裁判。自幼习武，主要擅长双手剑、螳螂拳、太极拳、八极拳、通背拳、擒拿格斗等武艺。2004年毕业于江苏师范大学体育学院，获教育学（武术方向）学士学位。2006年毕业于上海体育学院武术系，获民族传统体育学硕士学位，同年入蜀，执教于成都体育学院武术系。2008年入北京体育大学研究生院继续深造，2011年获体育人文社会学博士学位。现任成都体育学院武术系搏击教研室主任。长期从事武术套路、擒拿与格斗、舞龙舞狮等课程的教学工作。

目前，他主要从事武术与民族传统体育文化研究、身体文化研究、体育非物质文化遗产研究、体育与社会人类学研究等。在专业期刊和杂志发表有《武术套路视觉特性的文化解读》《近代中国武术文化变迁的文化人类学审视》《新中国武术发展的演进与思考》《中国民间武术祖师爷信仰研究》《我国大众媒介体育传播异化现象思考》《郑怀贤武术教育思想研究》《中国武术教育中的身体隐喻研究》和《视觉文化视角下对中国武术文化传播的研究》等20余篇论文；主持或参与国家级、厅局级课题10余项；出版《中国民间武术生存现状及传播方式研究》1部，合著《绵拳与自然剑》1部，参编教材2部；作为主笔，参与编纂《峨眉武术史略》一书。

龚茂富演练传统棍术

李付魁（1986— ）

李付魁，河南商丘人，2009年毕业于成都体育学院武术系。1997年1月在商丘豫东武术学校习武，2000年8月在四川铁山武术馆习武，2002年进入四川省武术队，师从任刚老师。2003年参加全国第5届城市运动会，在武术套路项目比赛中获南拳冠军。2009 年在全国第 11 届运动会上获武术套路男子南拳项目全能第三名。2012 年获全国武术锦标赛男子南刀、南棍、南拳全能冠军。2012 年获亚洲武术锦标赛男子南拳冠军。2013 年获第 12 届世界武术锦标赛男子南棍冠军，并获得国际健将称号。2007—2013 年代表中国出访多国进行武术表演。

李付魁演练的南刀

附录一　峨眉武术部分练功器材简介

1. 打狗皮包

（1）结构

缝一狗皮包，内装 15~20 公斤砂或者 35~40 公斤黄豆、豌豆、铁砂子，或铁砂子 10 公斤、绿豆 1 公斤、花椒 100 克混合，或者用药煮过的鹅卵石。

（2）运动方式

放置桌、凳上，用手拍打，或者绳吊至齐肩高，再踏着步法击打。

2. 扭滑子

（1）结构

用一长麻绳，穿过高处一滑子，一端捆一重物，15~40 公斤不等，另一端捆一把竹筷或六角形的木棒。

（2）运动方式

练功时，马步站立，双臂平伸，用指腕力裹动竹筷，卷起再放开，反复练习。

3. 上滚筒

（1）结构

用直径15厘米左右、60厘米长的楠竹筒一根，打磨光滑，内装铁砂。

（2）运动方式

练功时，马步站立，双臂平伸，来回滚动竹筒。

4. 穿砂背心、带锡瓦、走梅花桩

（1）结构

砂背心：按背心式样，用细帆布做成双层背心，内装铁砂子数斤。

锡瓦：按小腿形状，做成锡瓦一副。

梅花桩：用直径9厘米的圆木21或31根，按梅花形分别将每根圆木的一端栽入地下。

（2）运动方式

把砂背心穿在身上，在锡瓦内放一块细布，分别捆在两小腿上，先练跳梯。习惯后，在地上挖一圆坑，在坑内跳进跳出。然后逐渐加大坑的深度。

在练跳坑的同时，练气功。用一口大水缸装满水，并在缸沿上站桩、练提气。然后用小勺逐渐把缸内的水舀出，至一定水量时，仍能在缸沿上站桩为止。

在以上两项练成后，就到21根梅花桩上练步法。待熟练后，两人同时在31根梅花桩上练习推、排、击、打

等方法。

5. 打草龙桩

（1）结构

16 厘米左右粗细的木桩一根，一人半长，地下埋半人深，地上部分缠草绳。

（2）运动方式

手掌正反砍拍。臂、腿、肩、肘撞击。脚掌踢、踹、蹬、勾、扫。

6. 黄荆靶

（1）结构

取指头粗、近 40 厘米长的黄荆棍，五棍一排，两层。两端用细铁丝捆紧，浸药酒后晾干。

（2）运动方式

放平，用臂、掌砍拍，握于手中用指抠。

7. 甩沙袋

（1）结构

用沙袋盛入三分之二的木屑、河沙、铁砂。由轻到重。

（2）运动方式

一人练习，将沙袋上抛，用撩手接住；再上抛，再接住。左右手交替进行，如多人练习，先站一圆圈，互抛互接。

8. 击抓棉球

(1) 作用

此功专练“眼力”及手的准确度。

(2) 运动方式

将棉花少许搓成圆球状，以线将球悬吊，高不过头。初练时先从静止状态开始，用一指、二指、掌、拳击棉球，也可以用腿或其他器械击打。但都不易击中，须得苦练，待能频频击中后，再练活步击打。虽然难度大，但苦练到每击必中时，则眼力和出手之准确度的功夫就到家了。这功夫甚利击技活动。

9. 打黄签纸

(1) 结构

用黄签纸做成挂在与人身高合适处。

(2) 运动方式

练宰掌、铲掌、擒拿劲、手法的速度。

10. 上罐功

(1) 作用

此功主要练指尖之力，兼练双臂悬劲和两手擒抓之功。

(2) 结构及运动方式

备有双耳之铁罐一个，以绳一端系罐耳，另一端固定在直径 3 厘米的小圆木上。初练时，罐重 3.5~4 公斤为宜。成马步桩，用双指尖抓握圆木两端缓缓旋转收绳向上绕。晨昏各练 30 次。每 3 个月增加罐重量 0.25 公斤，连增若干次后，待罐重增至 15 公斤左右，若能上下自如旋转则功成。练者双臂力、腕力、指尖力均远胜常人。

11. 搓筷子

(1) 结构

用楠竹制成四方见棱的竹筷一把，用麻绳将两端捆紧，或以四方有棱的铁筷一束，两端仍用麻绳捆紧。

(2) 运动方式

先用竹筷搓擦手掌、手背等部位，到有一定功夫后，再用铁筷练习。

12. 八郎筒

(1) 结构

将直径 10 厘米、长 50 厘米的楠竹竹节打通，灌入河沙石子或铁砂子，再将筒口封固即成。

(2) 运动方式

可一人练，最好两人对练。两人面对面站立成马步桩，将筒用双臂来回抛接。抛者用手臂的阳面或臂棱抛出，接者用手臂的阴面接住，再用臂棱或阳臂抛出，如此不断练习。视练者身体状况由轻至重（筒的重量），时间由少至多，量力而行。

13. 滚筒

（1）结构

用 1 米或 1.5 米的楠竹筒两根，内装河沙、石子，两端筒口封固。

（2）运动方式

①短筒：两脚开立，双臂前举，置筒于手臂上，运用手臂之力使筒在手臂阴、阳、棱三面滚压，最后把竹筒放在台上，用前臂下部去搓滚竹筒。

②长筒：双手执楠竹筒的两端，抓紧，上举，侧举，双手舞动竹筒，步随身动，亦可站成马步桩，双手平举、上举、挺举等。

14. 解牛皮疙瘩

结构及运动方式

用生牛皮割成条状，每条结成几个疙瘩，悬挂起来，坠上重物，以后便成死疙瘩。练时把疙瘩一个一个地解开，结合三指拨钉，久练能提高手指楸、抓、捏的能力。

15. 批打桥把

（1）结构

用粗实的黄荆条为材料，把黄荆条首先刨削成方条，再锯成约 20 厘米的短节。用数节并成 10 厘米宽的条体，用小钉钉成一排，用三排重叠成长方体，两端再用小钉钉牢，并用细铁丝缠紧。

（2）运动方式

练习时用前臂尺骨一侧，在桥把上砍劈，同时用掌外侧（小指一侧掌骨部位）在把上宰打。长期练习，可使前臂外侧与掌骨外侧练出老茧，肉结骨坚。在技击比赛中砍、宰、劈、削、遮、拦、架、格，威力无穷。

16. 劈铜板

（1）结构

用熟铜制成方形铜板，25 厘米见方、底平面凸，呈中间厚周围薄的流线形，厚度适当。

（2）运动方式

厚铜板为练掌工具。练习时双掌正面不停地在铜板上击打，轻重缓急，循序渐进。采用多种招式，围绕铜板，四周走动依势击打。长期锻炼能促使掌坚劲足，从而达到“掌击赛铁扇，掌坚如金钢”。

17. 抓坛子

（1）结构

两个约 66 厘米（2 尺）高的圆口小坛子，以五指能抓握住坛口为宜。

（2）运动方式

两手各抓起一个坛子，指腕尽量内扣以鹿伏鹤行步，做犀牛望月、和尚挑水等动作。

18. 甩链子

（1）结构

用直径1厘米的铁条做成链子，链重约7.5公斤，长1.5米左右。

（2）运动方式

左右手以缠花、背花、滚花、甩鞭、缠腰等动作变换训练，主要增强力量和练活手法。

19. 走簸箕

（1）结构

用柳条或腊木条编成直径1.6米左右、边高0.5米的簸箕，在簸箕里面装上沙（沙与箕边等高）。

（2）运动方式

练功者穿软底鞋在箕边上走，来回返转，越走越快。到了一定程度，再把里面的沙子逐步分次挖出，直至在窄小的边棱上走转如飞，即功已练成。练到这种程度的练功者能在任何条件下行走，且行步稳、准，快步如飞。

注：练功时间、次数和向外挖沙子的多少，由练功者根据自己的功夫而定。

20. 麻圈

（1）结构

用五根竹条捆成10厘米一把，然后围成一个80厘米的圆圈，用麻绳缠起来，再拴在麻桩上。

(2) 运动方法

虚步穿云，然后变弓步，在麻圈内练擒、拿、挂、提、宰、飞、翻、打八字手法。在麻桩上锻炼左右前铲腿、后扫腿、扫裆腿。

附录二　峨眉武术发展大事记

1. 1983 年，国家体委对四川峨眉武术进行挖掘整理，发现峨眉武术共有 68 个拳种和门派、1093 个徒手套路、518 个器械套路、41 个对练套路、276 个练功方法和 14 个技击项目。在此基础上，相继整理编写了《四川武术拳械录》，出版了《四川武术大全》《峨眉拳》（一路、二路），还编写了《四川武术史》（初稿）。

2. 1989 年 9 月四川省武术馆正式成立，之后四川武术协会成立。

3. 1992 年，峨眉武术学校成立。

4. 2002 年 9 月，“少林、武当、峨眉三大门派武术精英赛”成功举办。

5. 2004 年，中国峨眉武术研究会成立。

6. 2005 年 4 月 16 日，中华峨眉武术交流会成功举办。

7. 2005 年 11 月，在成都望江楼公园内举行了中断 50 多年的成都民间武术活动“达摩会”，自此成都老民俗“达摩会”正式恢复。

8. 2006 年，乐山大佛文武学校成立，并组建“峨眉武术表演团”，多次在峨眉山、成都、重庆、深圳和香港等地表演。

9. 2007 年 1 月 26 日，第 3 届中国成都国际美食节《中华武林英雄暨峨眉拳王争霸赛》在成都一品天下成功举办。

10. 2007 年 3 月，峨眉武术代表队参加第 2 届香港国际武术大奖赛，在开幕式上表演《七剑》。

11. 2007 年 3 月，峨眉武术成功申报为四川省级非物质文化遗产。

12. 2007 年 5 月，首届成都国际非物质文化遗产节武术（峨眉武术）专场表演成功举办。

13. 2007 年 8 月 26—30 日，首届中国·四川峨眉武术节成功举办。武术节以“峨眉武术与奥运同行”为主题，开展了三大赛事（武术散打争霸赛、武术套路邀请赛、传统武术比赛），还举办了“峨眉武术摄影展”“峨眉武术论坛”。

14. 2007 年 5 月 29 日—6 月 7 日，CCTV4《走遍中国》栏目录制“谁主峨眉”武术专题拍摄，并于 7 月在栏目中播出。

15. 2007 年 7 月，四川电视台拍摄峨眉武术专题片《峨眉七剑》，并在四川卫视《魅力发现》栏目播出。

16. 2007 年 10 月，首届成都文殊坊“打金章” 峨眉拳王争霸赛在成都文殊坊成功举办。

17. 2007 年 12 月 18—24 日，中国武术协会战略合作伙伴黑龙江卫视文化资讯《龙武堂》栏目摄制组及台湾亚洲卫视先后来川拍摄报道峨眉武术。

18. 2008年2月，第2届成都文殊坊“打金章”峨眉拳王争霸赛在成都文殊坊成功举办。

19. 2008年6月7日，国务院公布关于第二批国家级非物质文化遗产名录和第一批国家级非物质文化遗产扩展项目名录的通知，峨眉武术作为四川省唯一传统体育、游戏与杂技类的项目成功申报为第二批国家级非物质文化遗产。

20. 2008年6月19日，中共峨眉山市委、峨眉山市人民政府出台了《关于加快峨眉武术文化发展的意见》，成立了峨眉武术发展领导小组，建立了峨眉武术发展中心。

21. 2009年1月，第3届成都文殊坊“打金章”峨眉拳王争霸赛在成都文殊坊成功举办。

22. 2009年4月，第2届成都国际非物质文化遗产节天府大巡游峨眉武术表演和专场演出成功举办。

23. 2009年8月5—8日，第2届中国·四川国际峨眉武术节成功举办。武术节以“天下武林聚峨眉”开展了传统武术比赛、武术散打争霸赛、峨眉民间传统武术绝技展示大赛，还举办了“金顶论剑武术活动”“千人太极展示活动”和峨眉山乐山大佛旅游系列活动。

24. 2009年9月7日，峨眉武术代表队应邀前往新加坡参加第8届全国武术观摩大会，并于9月19日晚在观摩大会上展示了峨眉传统武术，获得成功。

25. 2009 年 10 月，第 4 届成都文殊坊“打金章”峨眉拳王争霸赛在成都文殊坊成功举办。

26. 2009 年 10 月 29 日，第 2 届峨眉武术文化交流联谊会在峨眉山世纪龙武术文化村召开。

27. 2009 年 3 月，台湾东森电视台来川录制峨眉武术专辑纪录片。

28. 2009 年 5 月 11 日，央视数字电视《一方水土》栏目组来川录制峨眉武术节目。

29. 2009 年，土家余门拳、绿林派武术、峨眉盘破门武术、青城派武术成功申报四川省非物质文化遗产名录。

30. 2010 年 9 月 6 日，CCTV5—央视体育频道摄制组赴峨眉山进行了为期 4 天的《峨眉武术》专题节目摄制，节目已于次年 4 月 4 日在 CCTV—5《体育人间》播出。

31. 2010 年 4 月，峨眉武术联合总会成立。

32. 2010 年 5 月 13 日，峨眉武术联合总会健身养生馆开馆。

33. 2010 年 12 月 23—26 日，第 1 届四川传统武术名人明星争霸赛成功举办，共评选出 8 位四川传统武术名人和 10 位四川传统武术明星。

34. 2011 年 10 月 3 —7 日，第 2 届四川传统武术名人明星争霸赛成功举办，共评选出 10 位四川传统武术名人和 10 位四川传统武术明星。

35. 2011 年，四川省武术运动管理中心、四川省武术协会在成都复兴了“打金章”峨眉武术赛事。

36. 2011年6月，第3届成都国际非物质文化遗产节天府大巡游峨眉武术表演和专场演出成功举办。

37. 2011年8月10—15日，第3届中国·四川国际峨眉武术节成功举办。本届武术节以“继承传统文化、祈福仙山峨眉、尽享品质生活”为主题，主要活动有传统武术比赛、《武林大会》2011峨眉论剑擂台挑战赛、开幕式文艺演出、峨眉武术论坛等。

38. 2011年，四川峨眉武术院成立。

39. 2012年2月24—26日，四川省武协“打金章”在成都市新津县花舞人间成功举办。

40. 2012年10月24—28日，第3届四川传统武术名人明星争霸赛成功举办，共评选出10位四川传统武术名人、10位四川传统武术明星、5位四川传统武术名家。

41. 2013年8月2—4日，第3届“打金章”在成都市武侯实验中学体育馆成功举办。

42. 2013年2月1—3日，第4届四川传统武术名人明星争霸赛成功举办。共评选出6位四川传统武术名人、8位四川传统武术明星。

43. 2013年8月9—11日，第4届中国·四川国际峨眉武术节成功举办。主题为“弘扬峨眉武术、发展文旅产业”。来自海内外共计115支代表队、1173名运动员、60名裁判员、118名大学生志愿者，以及赛会有关人员近2000人云集峨眉山，实现了赛事规模新的突破。

44. 2014—2016年，四川省武术协会组织出版了《峨眉武术史略》《当代四川武术群英榜（大型画册）》《峨眉武术段位制教程》《巴蜀武林传奇》《四川省武术队建队四十周年（大型画册）》等系列相关专著图书。

45. 吕小林在美国创立美国峨眉少林功夫武术学院，黄纪富、史密斯等人在英国创立“国际峨眉武术联合会”，陈坚、陈朝辉父子在美国创立峨眉文武学院，徐浩在意大利创立峨眉武术馆，李蓉在加拿大创办峨眉武术气功保健中心，并创编三星太极拳。

46. 2016年9月30日，四川省委宣传部以急件形式下达了成立“四川武术文化研究传承工程实施方案”编写小组的函件。成立了由四川省委宣传部副部长李酌为组长、成都体育学院副院长潘小非为副组长的起草小组。“方案”确定的目标是：①以“四川武术”为载体，打造四川省又一张“文化名片”；②提升四川国际、国内的知名度、影响力、美誉度；③立足四川地域性武术资源，做大做强武术文化产业。

后　记

新中国成立以来，四川对峨眉武术的研究工作可以追溯到1983年。从1983年起至1986年四川省武术挖掘整理小组，对四川全省及重庆地区（当时重庆市由四川管辖）做了大规模的武术普查工作，走访了数以百计的武术老拳师。由此初步摸清了峨眉武术在四川、重庆的分布情况，整理编写了《四川武术大全》，为以后的峨眉武术史的研究奠定了基础。2010年3月，四川省武术运动管理中心、四川省武术协会组织省内武术专家召开峨眉武术发展对策研讨会，与会代表在讨论中一致认为：峨眉武术目前在挖掘整理和推广上各级地方政府都非常重视，出台了系列强有力的支持政策。但峨眉武术尚没有一个完善的理论体系，相关研究也较为分散、不成系统，这与峨眉武术当前的发展态势不相适应。四川省武术运动管理中心、四川省武术协会基于一种历史的担当与使命，在2010年底向四川省体育局、四川省体育总会上报了“关于完善峨眉武术理论体系的请示”，并很快得到了四川省体育局、四川省体育总会朱玲局长、蒋显仑副局长的认可和批复。

2011 年初成立了由朱玲、蒋显仑、习云泰、邓昌立、陈兴东任顾问，任刚任主编，温佐惠、赵斌、史敬建任副主编，肖家泽、吴信良、尤再清、付尚勋、龚茂富、曾庆宗、陈振勇、王民建、赵幼生、李威、刘思言、历娜、李庆国、陈琳、庞廷华任编委的研究写作班子。自此峨眉武术史的研究工作很快得以展开，经过四年的艰苦努力，八易其稿，《峨眉武术史略》等系列峨眉武术理论研究成果得以面世。

在研究之初，曾庆宗同志为《峨眉武术史略》撰写了部分文字；研究后期，由李威同志在调研、访谈、查阅与整理人物资料基础上，为第七章近代以来峨眉武术杰出人物简介进行了部分文字的撰写。在研究过程中，著名武术史专家习云泰教授不断给予鼓励和指导，并提供了部分素材。任刚对《峨眉武术史略》的总体构架提出了方向性指导和思路。温佐惠、吴信良、肖家泽等同志多次提出修订意见与建议。在此基础上，龚茂福同志作为《峨眉武术史略》的主要撰写者，将前期的研究成果等资料进行了重新构建和撰写，形成了《峨眉武术史略》初稿。书稿初成后，四川省武术协会三次牵头组织召开了有关专家、学者、著名拳师等参加的学术讨论会，并将初稿印制成册广征意见。经过八易其稿，最终得以形成终稿。课题在进展过程中，还得到了各地市州文体局、武术协会、峨眉武术相关研究会、各地武术名家的帮助与支持。在《峨眉武术史略》即将出版之际，向上级相关领导部门的鼎力支持，以及给予帮助单位和个人致以衷心的感谢！

期待我们的研究成果能够助推峨眉武术走向更加辉煌的明天！

《峨眉武术史略》编委会

2015 年 1 月 8 日